Josef Gülpers

Wie die Schokolade nach Aachen kam

und andere neue Sagen und Legenden
aus der Zeit Karls des Großen

Mit Illustrationen von Franz-Josef Kochs

ELV

Impressum

1. Auflage 2023

In der Verlagsgruppe Mainz

Printed in Germany

Eifeler Literaturverlag
Verlagsgruppe Mainz
Süsterfeldstraße 83
52072 Aachen
www.eifeler-literaturverlag.de

Gestaltung, Druck und Vertrieb:
Druck & Verlagshaus Mainz
Süsterfeldstraße 83
52072 Aachen
www.verlag-mainz.de

Lektorat:
Christoph Swiontek

Umschlaggestaltung:
Dietrich Betcher

Abbildungsnachweis:
Alle Illustrationen auf dem Umschlag und im Innenteil von
Franz-Josef Kochs

ISBN-10: 3-96123-073-0
ISBN-13: 978-3-96123-073-0

Dieses Werk wurde durch ein Stipendium des Ministeriums für Kultur und
Wissenschaft des Landes Nordrhein-Westfalen gefördert.

Inhalt

Ich widme dieses Buch demjenigen, der diese Geschichten sammelte und sie in jenem Bunker in jener Blechdose vergrub, und ich danke dem Schicksal oder der glücklichen Fügung, dass ich diese Blechdose fand. Nicht auszudenken, wäre der Bunker vorher gesprengt worden …

Prolog: Ein wundersamer Fund

Ich besitze einen Schatz. Nicht aus Silber, nicht aus Gold. Keine Saphire, keine Rubine, keine Smaragde, keine Diamanten. Nein, mein Schatz ist um vieles wertvoller. Um den unermesslichen Reichtum dieses Schatzes zu begreifen, erzähle ich euch am besten die Geschichte, wie ich diesen Schatz fand. Es ist eine alte Geschichte, und es ist meine Geschichte.

Vor ungefähr einem halben Jahrhundert war ich ein Junge von zehn Jahren und wir Kinder spielten damals nicht zuhause mit Computern – die gab es noch nicht – sondern wir lasen Bücher – oder besser gesagt, ich verschlang Bücher – und die Fantasie ließ mich all die Orte, über die ich las, hautnah erleben, als wäre ich dort, und all die spannenden Geschichten, die ich las, erlebte ich gemeinsam mit den Helden. Ich schwitzte mit Kara Ben Nemsi in der Wüste, suchte mit ihm Hadschi Halef Omar vom christlichen Glauben zu überzeugen, weinte mit ihm über den Tod Rihs, ich wanderte mit Lederstrumpf, Chingachgook und Uncas durch die amerikanische Wildnis, hing mit Heinrich Harrer in den eisigen Felsspalten des Himalaya, und manchmal glaubte ich, mich schmerzte der Hintern von den langen Ritten.

Wenn aber die Sonne schien, hielt uns Kinder nichts mehr in den eigenen vier Wänden. Dann wurden die Bücher zugeklappt und wir fuhren Rad, liefen durch Wiesen und Felder und Wälder und erlebten Abenteuer. Ja, wir waren Abenteurer und wir erlebten Abenteuer …

Ich wohnte in einem kleinen, auf einem Hügel gelegenen Ort in der Nähe von Aachen, vielleicht kennt ihr ihn: Verlautenheide. Damals ein verträumtes Dorf mit ein paar hundert Einwohnern und nahezu ebenso vielen Bauernhöfen. Mit Haaren und Eilendorf bildet Verlautenheide ein Dreieck und in diesem Bereich zwischen den Dörfern liegen heute noch Wälder und geheimnisvolle Orte. Das war unsere Abenteuerwelt. Wir rannten wie die Wiesel, kletterten wie die Eichhörnchen, schwammen im Haarbach wie die Fische, ahmten Vogelstimmen nach, krochen auf allen Vieren durchs Unterholz. Einsame Wälder mit spektakulären Bäumen, Pfade, auf denen wir zunächst einen Weg bahnen mussten, gewaltige Büsche, die mit Lianen überwuchert einen jeden modernen Kletterpark in den Schatten stellten, ein stillgelegter Steinbruch und – Überreste eines unseligen Weltkrieges – gesprengte Bunker. Kein für Kinder geeigneter Spielplatz, aber mit dem Duft von Gefahr versehen für uns das ideale Gelände.

Morgens in der Schule vergaßen wir den Unterricht, die Worte und Sätze unserer Lehrer rauschten unaufgenommen an uns vorüber, wir schauten träumend aus den Fenstern und konnten kaum das Klingeln zum Schulschluss erwarten. Dann rannten wir nach Hause, der Ranzen flog in eine Ecke, wir schlangen das Mittagessen in uns hinein, brachten unsere Hausgaben – wenn unbedingt nötig – aufs Papier und verwandelten uns in den Drachentöter, in Roland oder auch in Winnetou. Als diese verbrachten wir unsere Nachmittage und oft gab es Geschimpfe der besorgten Eltern, wenn wir die Zeit vergessen hatten und erst nach Einbruch der Dunkelheit nach Hause kamen.

Und an einem dieser Nachmittage fand ich in einem dieser Bunker einen Schatz.

Ich erinnere mich, es regnete in Strömen, die anderen Jungen blieben daheim, nur mich zog es in meine Welt. So saß ich in diesem Bunker, vor Regen geschützt, hatte die Augen geschlossen und träumte mich in vergangene Zeiten. Ich hatte ein Buch über Karl den Großen gelesen und überlegte, wie das Leben in früheren Zeiten in Aachen und besonders in Verlautenheide gewesen sein könnte, was die Kinder gegessen, was sie geglaubt, was sie gespielt hatten. Und während ich saß und träumte, meinte ich plötzlich eine

Stimme zu hören. Ich erschrak nicht wenig und fuhr auf. Ich blickte mich um, trat nach draußen in den Regen, aber niemand war zu sehen.

Bestimmt will mich ein anderes Kind necken, dachte ich und setzte mich wieder. Ich tat, als sei ich in Gedanken versunken, richtete aber all meine Aufmerksamkeit nach außen. Ich schärfte meine Sinne, wie ich es von den Indianern gelernt hatte, spitzte die Ohren, blähte die Nase und suchte die Anwesenheit des anderen zu spüren. Wenn ich den zu fassen bekäme! Aber ich hörte, ich roch, ich spürte nichts und alsbald schweiften meine Gedanken wieder zu Karl. Da ertönte die Stimme wieder und ich sprang auf. So ging es einige Male und immer glaubte ich, diese Stimme zu hören.

Irgendwann bemerkte ich, dass die Töne nicht von außen, sondern von innen kamen, aus meinem Inneren. Auch diese Erkenntnis ließ mich zusammenschrecken. Ich hatte von Menschen gelesen, die Stimmen hörten und in einer Klapsmühle landeten. War ich verrückt geworden?

Nach einiger Zeit beruhigte ich mich und versuchte den Wortlaut der Stimme zu verstehen. Ich hätte nicht einmal sagen können, ob sie männlich oder weiblich war, aber sie klang nicht furchteinflößend. Ich lauschte gebannt, bis ich begriff, dass sie mir etwas zeigen wollte. Als lenkte sie mich, stand ich auf, trat zum Rand des kleinen Raumes, kniete mich nieder und begann mit einem spitzen Stein den Boden aufzuscharren. Es war eine mühselige Arbeit, der scharfe Stein schnitt in meine Finger und die Erde war hart.

Die ersten zehn Zentimeter gingen noch leicht vonstatten, aber mit jedem Zentimeter, den ich tiefer grub, wurde es schwieriger. Blut tropfte von meinen Fingern und ich wollte aufgeben, aber die Stimme forderte mich auf, weiter zu graben. Ich überlegte, nach Hause zu gehen und mit einem Werkzeug zurückzukehren, aber wahrscheinlich durch die vielen Abenteuergeschichten, die ich zu Dutzenden gelesen hatte, glaubte ich mich einem Schatz nahe und fürchtete, dass während meiner Abwesenheit ein anderer weitergrübe und den Schatz fände. Ich kratzte und hieb, schabte und klopfte. Irgendwann spürte ich meine Finger nicht mehr, aber das Loch wurde tiefer und tiefer.

Heute überlaufen mich eiskalte Schauder bei dem Gedanken, was hätte passieren können. In diesen alten Bunkern lagen oft Munitionsreste aus dem Krieg, wenn ich mit meinem Stein auf eine Patrone oder auf eine Granate geschlagen hätte …

Aber zum Glück geschah nichts. Ich weiß nicht mehr, wie lange ich grub, aber irgendwann ertönte ein hohler Klang. Metallisch und hohl. Eine Schatzkiste? Fiebernd und doch vorsichtig entfernte ich die letzte Schicht Erde und endlich hielt ich das Resultat meiner Mühen in Händen: eine Dose aus verrostetem Blech. Sie war arg zerbeult und die Aufschrift war nicht mehr zu lesen. Eine alte Blechdose! Ich war enttäuscht. Sie würde bestimmt nichts Wertvolles beherbergen. Ein Schatz gehörte in eine entsprechende Schatztruhe!

Minuten hielt ich sie unschlüssig in der Hand, wagte nicht sie zu öffnen aus Furcht vor der endgültigen Enttäuschung. Dann fasste ich mir ein Herz und versuchte, den Deckel aufzuklappen. Aber er ließ sich nicht öffnen, er war angerostet. Ich zog und zerrte und endlich sprang er auf.

Zunächst hielt ich die Augen fest geschlossen, dann blinzelte ich und schaute genauer hin. Wie ich befürchtet hatte, strahlten mir weder Gold noch Diamanten entgegen, sondern ein Paket, das mich an die Pausenbrote meiner Mutter erinnerte: etwas war in Butterbrotpapier eingewickelt. Hätte ich mir eigentlich denken können! Als ob ich einen Schatz fände! Ich war weder Long John Silver noch Siegfried, weder Lara Croft noch Indiana Jones.

Ich berührte das Päckchen mit dem Zeigefinger, es war auch nichts Hartes darinnen. Sondern etwas Weiches, Papier. Vielleicht eine Schatzkarte? Ich wickelte das Butterbrotpapier ab und hielt ein kleines Büchlein in der Hand. Flüchtig blätterte ich hindurch. Keine Schatzkarte, sondern eng von Hand geschriebene Seiten mit klitzekleinen Buchstaben. Ich liebte Bücher, aber als Schatz hätte ich mir etwas anderes gewünscht. Am liebsten hätte ich das Büchlein zornig auf den Boden gepfeffert und wäre darauf herumgetrampelt, aber trotz meiner Enttäuschung siegte die Neugierde. Jemand hatte sich viel Mühe gegeben, die vielen Seiten mit dieser winzigen Schrift zu füllen, das Buch einzupacken, um es vor Schmutz und Feuchtigkeit zu schützen, in diese Dose zu legen und hier zu vergraben. Also musste es für diesen Jemand von außerordentlicher Wichtigkeit gewesen sein.

Ich blätterte auf die erste Seite und versuchte die mikroskopischen Buchstaben zu entziffern. Hoch und steil war die Schrift und seltsam verschnörkelt. An manchen Stellen hatten Flecken ganze Passagen unkenntlich werden lassen. Es war mühsam, aber nach einigen Zeilen gewöhnte ich mich an die altertümliche Handschrift und ich las und las.

Geschichten über Kaiser Karl. Ich kannte die vielen Sagen und Legenden über Kaiser Karl – wer in Aachen kennt sie nicht? – aber diese hier waren mir völlig neu. Woher mochten sie stammen? Ich schaute auf die erste Seite, ich schaute auf die letzte Seite, aber ich fand nicht den geringsten Hinweis, wer diese Zeilen geschrieben hatte, ob dieser jemand sich diese Geschichten ausgedacht oder ob er sie gesammelt hatte. Ebenso konnte ich nicht herausfinden, wann dieser Jemand diese Zeilen geschrieben hatte.

Ich verstaute das Büchlein sicher in meiner Jackentasche und machte mich nachdenklich auf den Weg nach Hause. Natürlich kam ich zu spät und natürlich gab es Schelte. »Wo bist du nur so lange und dazu in diesem furchtbaren Regen gewesen, Junge?«, schimpfte meine Mutter. »Du holst dir ja den Tod bei diesem Wetter!«

Abends im Bett las ich weiter und die nächsten Abende, und die nächsten Wochen und die nächsten Monate. Wieder und wieder schmökerte ich in dem Büchlein, hütete es wie einen Schatz und nie erzählte ich irgendjemandem davon.

Bis heute. Nun bin ich sechzig Jahre alt und immer noch lese ich wieder und wieder die Geschichten. Einige lassen in mir sonderbare Saiten anklingen, als kennte ich sie. Dann stelle ich mir die Frage, ob nicht schon andere vor mir von diesen Geschichten inspiriert worden waren? Einige erinnern mich an Oscar Wilde. Ob er diese Blätter vor vielen Jahren einmal in seinen Händen gehalten hat? Hatte er ebenfalls jene geheimnisvolle Stimme gehört, die mich zu ihnen führte? Und wenn dem so ist, auf welch verschlungenen Pfaden gelangten diese Blätter in diese Blechdose?

Ich schrieb sie sorgfältig ab und ergänzte Stellen, die unleserlich waren. Einiges fügte ich hinzu, um die Hintergründe jener Zeit zu beleuchten ...

Aber heute glaube ich, dass sie mir nicht allein gehören, dass dieser Schatz nicht mein persönliches Eigentum ist. Ich bin überzeugt, dass diese Geschichten allen gehören und dass es meine Pflicht ist, euch allen diese Geschichten zu geben.

Wie die Schokolade nach Aachen kam

Eltern arbeiten und Eltern ziehen ihre Kinder groß. Oft ergeben sich daraus nahezu unüberbrückbare Schwierigkeiten, als stünden die beiden Dinge sich komplementär entgegen. In steigendem Maße wird heute von einem Arbeitnehmer erwartet, lange Fahrstrecken zu seinem Arbeitsplatz zurückzulegen, die Arbeitszeiten zu variieren, nachts und am Wochenende zu arbeiten. Flexibilität lautet das Zauberwort! Wir heute haben das Gefühl, dass diese Erwartungshaltung der Arbeitgeber in den letzten Jahren zu unzumutbaren Zuständen führte.

Aber das ist nicht erst seit heute so, das war zu Zeiten Karls nicht anders. Ständig reisten in jenen Jahrhunderten die Herrscher mit ihrer Familie und ihrem Hofstaat und all ihrem Hab und Gut durch ihre jeweiligen Reiche. Sie verfügten über keinen festen Wohnort, über keinen festen Regierungssitz; sie waren nicht in der Lage, von einer zentralen Hauptstadt aus zu regieren, sondern mussten vor Ort sein, um Streitigkeiten zu schlichten, um Recht zu sprechen, um den Adel zu überwachen und an sich zu binden, um persönliche Beziehungen zu pflegen, um sich die Sorgen und Nöte der Menschen anzuhören. Deshalb waren diese Reiche mit Pfalzanlagen überzogen. Schließlich musste man auf den langen und anstrengenden Reisen irgendwo unterkommen. Das Wort *Pfalz* leitet sich von dem lateinischen Wort *Palatium* ab, was so viel wie *Palast* bedeutet. Die meisten Pfalzen muss man sich jedoch eher wie eine Ansammlung hölzerner Hütten und Scheunen vorstellen. Nur einige wenige waren aus Stein errichtet, dort verbrachte man die Winter, da in dieser Jahreszeit das, was man Straßen zu nennen pflegte, unpassierbar war. Hier gab es Kirchen oder Pfalzkapellen, um das Weihnachts- oder Osterfest feiern zu können.

So war auch Karl ständig in seinem riesigen Reich unterwegs und bis er in späteren Jahren Aachen zu seiner Lieblingspfalz erkor und sich häufig dort aufhielt, hatte er kein Heim.

Das heißt, der gesamte Hausstand, Kleidung, Waffen, sein Thron, aber auch seine Kinder und seine jeweilige Frau begleiteten ihn, aber häufig – besonders bei anstrengenden Reisen und bei Kriegszügen – blieben sie in einer Pfalz zurück und erwarteten sehnsüchtig seine Rückkehr.

Und jedes Mal, so wie es auch heute ist, wenn ein Vater seine Koffer packt, um seinen fernen Geschäften nachzugehen, gab es Spektakel und Tränen, wenn Karl seine Koffer – damals hatte man keine Koffer – aber wenn Karl seine Reisevorbereitungen traf. Die Kinder jammerten und wollten ihren Vater nicht weglassen. Besonders die kleine Hruodtrud weinte herzergreifend. Und so überlegte Karl jedes Mal, was er der kleinen Hruodtrud sagen würde, wenn eine neue Reise anstand.

Ihren älteren Brüdern erklärte er, dass ein bedeutender König oder der Papst im fernen Rom ihn eingeladen habe, und sie waren stolz, dass ihr Papi so bedeutende Leute wie den Papst kannte. Sie begriffen auch, dass man eine Einladung des Papstes nicht ablehnen konnte. Nur die kleine Hruodtrud wollte davon nichts hören. Selbst ihre Mutter Hildegard war nicht in der Lage, sie zu beruhigen. Wie ein Luchs beobachtete das Mädchen ihren Vater, und Karl konnte seine Reisevorbereitungen noch so vorsichtig, noch so in aller Stille treffen, irgendwann bemerkte sie es. Sei es durch ein Wort einer fremden Sprache, welches Karl sich von seinen Gelehrten sagen ließ, um die Menschen in jenem fernen Land in ihrer Muttersprache begrüßen zu können, sei es, dass Karl mit ihnen über die günstigste Route diskutierte, sei es, dass Vorräte gepackt wurden.

Dann zeterte sie und weinte, als wolle ihr das Herz entzweispringen. Aus riesigen, dunklen Augen, in denen das Wasser stand und die überzulaufen drohten, stand sie vor Karl und fragte: »Warum? Warum?«

Sie fragte nicht ›Warum?‹, sondern sie benutzte einen fränkischen Dialekt, aber ich habe diesen Dialekt ins Neuhochdeutsche übertragen, damit ihr versteht, was die kleine Hruodtrud sagte. Sie würde auch nicht, selbst wenn sie ›Warum?‹ sagte, ›Warum‹ sagen, sondern ›Walum‹, weil sie das ›R‹ noch nicht richtig beherrschte.

Karl versuchte dann, ihr zu erklären, dass die Reise unabdingbar sei, dass sie für das Reich von existentieller Wichtigkeit sei, aber was interessierte die kleine Hruodtrud das Reich? Außerdem wusste sie nicht, was existentielle Wichtigkeit bedeutete. Sie wollte ihren Papa nicht missen!

Wieder einmal war es soweit. Karl wollte nach Rom zu Hadrian I., dem Papst.

»Nicht gehen!«, rief Hruodtrud.

»Na gut!«, sagte Karl, der seinen Kindern nahezu nichts abschlagen konnte. »Dann bleibe ich hier.«

Hruodtrud jauchzte und umhalste Karl und sie verbrachten einen glücklichen Nachmittag. Am Abend aber überlegte Karl, dass die Reise wirklich wichtig sei, und er sie nicht absagen könnte. Also verschob er sie um einen Tag.

Am folgenden Morgen bemerkte die kleine Hruodtrud natürlich sofort, was los war, und begann erneut zu weinen. Sie bettelte und flehte, sie weinte und jammerte. Karl hatte sich fest vorgenommen, dieses Mal unnachgiebig zu bleiben, aber Hruodtrud war seine älteste Tochter, sein Sonnenschein, sein Ein und Alles. Er hatte sie nach seiner Großmutter, der Frau Karl Martells, genannt. Wie könnte er sich mit dem Papst unterhalten, wenn seine Gedanken stets bei der weinenden Hruodtrud weilten. Also verschob er die Abreise um einen weiteren Tag.

Karl war ein gläubiger Mensch. Kinder zu haben war heilige Pflicht, ebenso wie sie zu erziehen, auszubilden, und ihnen eine gute Zukunft zu bieten. Besonders auf seine eigenen Kinder kam es an. Sie waren seine Erben, sie würden einmal verantwortungsvolle Aufgaben zu erfüllen haben, sie mussten die Härten des Daseins kennenlernen. Aber musste dieses kleine Mädchen, das so herzzerreißend schluchzte, heute schon die unerbittliche Härte des Lebens kennenlernen? Nein.

Karl wandte sich an seine erfahrenen Berater. »Was soll ich nur tun?«

Der eine meinte, man müsse Kinder mit und mit auf eine Reise vorbereiten, ihnen die Schönheiten des jeweiligen Landes schildern, sodass sie dem Vater, wenn schon nicht in der Realität, so doch in Gedanken folgen könnten.

»Ein guter Ratschlag«, murmelte Karl und schilderte der kleinen Hruodtrud die Schönheiten der grandiosen Alpen, das fruchtbare Norditalien und die prächtigen Bauten Roms, aber Hruodtrud wollte davon nichts hören.

»Nicht gehen!«, brüllte sie. »Das ist gefährlich!«

Was sollte Karl darauf erwidern? Natürlich war eine Reise durch die eisigen Gletscher, die scharfen Grate mit den drohenden Lawinen der Alpen gefährlich und manch einer war nicht zurückgekommen. Sollte er lügen? Nein! Er würde seine Tochter nicht anlügen. Also verschob er die Reise um einen Tag.

Ein anderer Berater sagte, dass Karl auf keinen Fall heimlich packen dürfe, Hruodtrud müsse bei den Vorbereitungen mit einbezogen werden.

»Ein guter Ratschlag«, murmelte Karl, stellte eine große Tasche auf den Boden und fragte Hruodtrud, was er für eine Reise über die Alpen mitnehmen müsse. »Soll ich auch meine Krone mitnehmen?«, fragte er und lachte. Hruodtrud presste sich ans Bein ihres Vaters, umklammerte seine Oberschenkel, Tränen rannen wie Gebirgsströme über ihre Wangen. »Nicht gehen!«, weinte sie. Also musste der Aufbruch um einen weiteren Tag verschoben werden.

Aber die Gesandten Hadrians drängten und Karls Gelehrte rieten, er dürfe die Reise nicht länger hinauszögern. Der Winter nahe und das Wetter in den Alpen würde immer unberechenbarer. Also beschloss Karl, am nächsten Morgen aufzubrechen. Er stellte sein Gefolge zusammen, erteilte die notwendigen Befehle und ließ die lange bereitgestellten Vorräte und Geschenke für Hadrian auf Ochsenkarren verladen.

Die kleine Hruodtrud zitterte. Karl hatte nie einen Menschen derart zittern sehen. Das Kind war ein einziges Schlottern und Bibbern und Zittern. Karl befürchtete einen Schock. Hruodtruds Arme ruderten durch die Luft, ihr Atem ging stoßweise. In ihrem kleinen Gesichtchen lag der ganze Schmerz der Welt. Er nahm sie in den Arm, küsste sie, strich ihr übers Haar und seufzte, selbst mit Tränen in den Augen: »Ist ja gut. Ich gehe nicht!« Was würden seine Berater sagen? Was würde der Papst sagen?

In diesem Moment trat der weise Alkuin ins Gemach, sah den verzweifelten Karl und das schluchzende Kind und sagte: »Hruodtrud, magst du Schokolade?«

»Was ist das?«, fragte Hruodtrud neugierig zurück. »Lokolade?«

Neben dem ›R‹ konnte sie auch das ›Sch‹ noch nicht richtig aussprechen.

Nun müsst ihr wissen, dass es in jener Zeit noch keine Schokolade gab. Da staunt ihr, nicht wahr? Noch keine Schokolade! Was muss das für eine armselige Zeit gewesen sein! Die Kakaobohnen stammen nämlich aus Mittelamerika. Amerika, ein Kontinent, der zu jener Zeit völlig unbekannt war, den erst Kolumbus fast siebenhundert Jahre nach Karl, nämlich 1492, entdecken sollte. Aber doch müssen über sagenhafte Umwege einige dieser Kakaobohnen über Tausende von Kilometern zusammen mit Gewürzen und anderen exotischen Dingen nach Europa gelangt sein, nur wusste man nichts mit ihnen anzufangen. Jedoch in Italien … aus Italien, so sagt man, stammen die ersten Chocolatiers.

»Komm und probier!«

Die kleine Hruodtrud rutschte von Karls Knie und trat zu Alkuin, der ihr ein Stück Schokolade anbot. Vorsichtig schob sie es in den Mund und im selben Moment zog ein leuchtendes Strahlen über ihr Gesicht, als hätte die Sonne sie auf die linke Wange, der Mond gleichzeitig auf die rechte geküsst. Das wunderbare Strahlen eines glücklichen Kindes.

»Die Schokolade habe ich in Rom vom Papst bekommen«, sagte Alkuin.

Hruodtrud runzelte nachdenklich die Stirn.

»In Lom?«

»Mhmm!«, nickte Alkuin.

»Vom Papst?«

»Mhmm!«, nickte Alkuin.

»Papi?!« Die kleine Hruodtrud drehte sich zu Karl. »Wenn du in Lom beim Papst bist, bringst du mir dann auch Lokolade mit?«

»Ja, natürlich!«, gab Karl lachend zurück.

»Dann helf' ich dir packen!«, rief sie, nahm ein Hemd und warf es in die Tasche. Sie klatschte in ihre kleinen Händchen, sang »Lokolade!«, und konnte gar nicht erwarten, dass ihr Vater endlich aufbrach, sodass Karl schließlich nicht mehr wusste, ob er sich über den plötzlichen Sinneswandel seiner kleinen Tochter freuen oder darüber traurig sein sollte.

Von dieser Reise brachte Karl Schokolade mit und die kleine Hruodtrud war zufrieden, aber da Karl nicht bei jeder Reise dieses Theater durchstehen, Hruodtrud aber auch nicht missen wollte, beschloss er, nur noch zu reisen, wenn es unbedingt notwendig wäre. Außerdem schmerzten seine Knochen. Er war schließlich nicht mehr der Jüngste und den ganzen Tag auf einem Pferd zu hocken und abends in zugigen Zelten und nicht weniger zugigen Pfalzen zu schlafen, war nichts mehr für ihn.

Lange überlegte er, welchen Ort er als ständigen Wohnsitz wählen sollte. Da kam ihm diese alte Römerstadt Aquae Granni in den Sinn, die er als Junge mit seinem Vater Pippin besucht hatte. Dort gab es eine steinere Pfalz, eine Pfalzkapelle und – das war das beste: dort sprudelten heiße Schwefelquellen, die seinen schmerzenden Knochen Linderung versprachen. Also wählte er Aachen zu seiner Lieblingspfalz und baute den kleinen Ort zu einem Secunda Roma, zu einem zweiten Rom aus. Den Chocolatier Hadrians soll er aus Rom abgeworben und nach Aachen gebracht haben, damit die kleine Hruodtrud ihre Schokolade bekam. Auf diese Weise wurde Aachen so etwas wie die Hauptstadt seines riesigen Reiches – und so soll die Schokolade nach Aachen gekommen sein.

Wie Karl die Karolingische Minuskel erfand

Gesagt! Getan! Aber eine Hauptstadt zu gründen, ist nicht so einfach. Ein Rattenschwanz von Problemen folgte.

Alkuin, der gerade die Leitung der Hofschule zu Aachen übernommen hatte, klärte Karl auf: »Früher bist du durch dein riesiges Reich von Pfalz zu Pfalz geritten und hast deine Befehle mündlich übergeben. Wenn du hier in Aachen bleibst, musst du Boten mit einem schriftlichen Befehl schicken, damit man über deine Wünsche und Anordnungen unterrichtet ist.«

»Ein guter Ratschlag«, stimmte Karl zu, der zwar lesen, aber des Schreibens nicht mächtig war, und diktierte seine Befehle einem Schreiber. Emsig flog dessen Feder über das Pergament.

»Nun muss noch dein Siegel darauf«, sagte Alkuin, »damit man weiß, dass der Brief wirklich von dir stammt.«

Karls Schreiber fertigte das Siegel. Ein Kreuz verband die Buchstaben K, R, L und S, in der Mitte eine Raute, die die geschlossenen Buchstaben O und A ergab, in der Raute ein V – damals wurde das U wie ein V geschrieben. Damit konnte man in der entsprechenden Reihenfolge alle Buchstaben seines lateinischen Namens *Karolus* lesen. Karl nahm eine Feder, setzte die Spitze an das untere Ende des V und verlängerte schwungvoll – natürlich mit goldener Tinte – den Buchstaben, sodass das V nun wie ein Y aussah. Das war seine Unterschrift und damit verlieh er seinem Signum Gültigkeit. Wenn man heute durch seine ehemalige Hauptstadt Aachen schlendert, findet man dieses Karolus-Monogramm an vielen Orten.

Zufrieden betrachtete Karl das Werk. Der Schreiber faltete das Pergament und ein Bote brach auf, um es an seinen Bestimmungsort zu bringen. Aber einmal kam ein Bote, den

Karl mit einem Brief nach Ingelheim geschickt hatte, völlig aufgelöst zurück. Man habe die Zeilen nicht entziffern können, meldete er. Auch aus Metz und Nimwegen und aus anderen Pfalzen erreichten diese niederschmetternden Nachrichten den Hof zu Aachen.

Karl war erstaunt. Wie konnte das geschehen? Überall in seinen Pfalzen gab es Gelehrte, die lesen und schreiben konnten. Darüber hinaus hatte er eigens Schulen gegründet, um Bildung zu verbreiten. Er wollte, dass nicht nur die Söhne Adliger und reicher Gutsherren und Händler, sondern talentierte

Menschen aus allen Schichten seines Volkes, die lernen wollten, an den Klosterschulen zugelassen wurden.

»Sind denn meine Gelehrten zu dumm zum Lesen?«, fragte er zornig. »Haben sie ihr Latein vergessen?«

»Natürlich können die Gelehrten lesen«, erklärte Alkuin, »aber fast jede Schreiberschule entwickelte im Laufe der letzten Jahrhunderte ihre eigene Schrift. Es existieren zahllose Kursiv- und Buchschriften. Die Verschnörkelungen der lateinischen Buchstaben haben sich von Ort zu Ort derart unterschiedlich entwickelt, sind derart verwildert, dass sie für andere nahezu unleserlich sind.«

»So ein Mist! Verflixt und zugenäht!«, (Anmerkung des Herausgebers: Karl benutzte einen anderen Fluch, der heute nicht mehr gebräuchlich ist)schimpfte Karl und Hroudtrud sah erschrocken zu ihm auf. Sie hatte ihren Vater noch nie im Haus fluchen hören. Sonst fluchte er nur während der Jagd.

»Dann entwickelt ihr halt eine neue Schrift!«, befahl er Alkuin.

Dieser schaute ihn mit großen Augen an: »Eine neue Schrift? Wie stellst du dir das vor?«

»Das ist mir egal! Wozu habe ich Gelehrte aus der ganzen Welt nach Aachen kommen lassen? Sie sollen eine neue Schrift entwickeln, die dann in meinem Reich verbreitet wird, sodass jeder sie lesen kann! Basta!«

Alkuin war ratlos. Manchmal war es nicht einfach mit Karl und hin und wieder fragte er sich, ob es richtig gewesen war, die Leitung der anerkannten Domschule in York aufzugeben, seine Heimat und seine Familie zu verlassen und die Einladung Karls, den er vor Jahren in Parma getroffen hatte, zu akzeptieren und an die Aachener Hofschule zu kommen.

Seufzend setzte er sich mit anderen Gelehrten zusammen und erläuterte ihnen das Problem. Sie berieten, aber keinem wollte etwas Sinnvolles einfallen. Also setzte sich Alkuin in die Bibliothek, die auch als Schreibstube fungierte, nahm ein Stück Pergament und begann Buchstaben zu schreiben.

»Eine neue Schrift!«, murmelte er ärgerlich. Da war er den weiten Weg von Northumbria gekommen und nun sollte er sich so einer Aufgabe widmen?

Im Skriptorium von Corbie hatte es unter Abt Leutchar bereits Versuche dieser Art gegeben, doch waren sie nicht ausgereift. Alkuin schrieb und malte, veränderte die Formen, die Höhe, die Länge der Buchstaben. Er zeichnete dicke Bäuche und schlanke Gestalten.

Die gelehrte Welt verständigte sich auf Latein. So wie heute das Englische war damals Latein die Weltsprache. Man schrieb in lateinischen Großbuchstaben, wie man sie heute noch aus in Stein gehauenen Inschriften kennt. Dabei wurde jeder Buchstabe von dem nächsten abgesetzt, allerdings existierte keine Worttrennung, ebenso wie es kein Komma und keinen Punkt gab. Um Platz auf dem wertvollen Pergament zu sparen, wurden sämtliche Buchstaben eng aneinandergesetzt.

Alkuin überlegte: Die Sprache sollte bleiben, ebenso das Alphabet, auch die Buchstaben. Nur sollten sie vereinfacht werden, die überflüssigen Schnörkel verschwinden. Er schrieb und tüftelte. Um Platz zu sparen, könnte man die Buchstaben verkleinern, überlegte er, und um flüssiger zu schreiben, könnte man die einzelnen Buchstaben verbinden. Das würde sowohl das Schreiben als auch das Lesen vereinfachen.

Aber noch eine andere Sache störte ihn. Er war ein geübter Leser, aber selbst ihm fiel das Lesen nicht leicht, da man ständig überlegen musste, wo das eine Wort aufhört und das nächste anfängt. »Wenn ich einzelne Buchstaben verbinden kann, muss doch ebenso möglich sein, eine kleine Lücke zwischen den Worten zu lassen.«

Einige Buchstaben waren ihm schon recht gut gelungen, andere sperrten sich widerborstig. Es war später Nachmittag und die Dämmerung brach herein. Notdürftig wurde die Schreibstube von zwei blakenden Fackeln und einigen rußenden Kerzen erhellt. Die anderen Gelehrten, die Schreiber und Mönche hatten ihre Plätze verlassen und waren zum Essen gegangen. Nur der unermüdliche Alkuin stand an seinem Stehpult, die Feder in der Hand, das kleine Kuhhorn mit der Tinte vor sich und schimpfte leise vor sich hin. Das D wollte ihm nicht gelingen, meist sah es aus wie ein O.

Wieder und wieder ließ er die kratzende Feder über das Pergament fahren, als ihn plötzlich jemand am Ellbogen stieß. Die Gänsefeder rutschte über das Blatt und hinterließ einen kleinen Strich und einen Tintenklecks.

»Du dummer Kerl!«, schimpfte er auffahrend.

Der Junge, der die Aufgabe hatte, den Boden zu säubern, hatte in der dämmrigen Schreibstube den Gelehrten bei seiner Arbeit nicht bemerkt. Er zog den Kopf zwischen die Schultern und senkte den Blick: »Entschuldigt, Herr!«, sagte er zerknirscht.

»Ist schon gut«, brummte Alkuin, der dem kleinen Henslin nicht böse sein konnte. »Pass das nächste Mal besser auf!«

Der Junge verzog sich in die hinterste Ecke der Stube, um dem Meister ja nicht wieder in die Quere zu kommen.

Alkuin widmete sich erneut seinem Pergament. Er griff zu dem Schabmesser, um den versehentlichen Tintenstrich abzukratzen. Da stutzte er. Oben rechts an dem kleinen O führte nun ein Strich empor.

»Heureka!« Neben unzähligen Dialekten und dem Latein war Alkuin auch des Griechischen mächtig. »Das könnte es sein!«, rief er. »Wer sagt, dass alle Buchstaben die gleiche Höhe haben müssen? Das ist mein kleines d!«

Er prüfte diese später so genannte Oberlänge auch bei anderen Buchstaben, beim b, f, h, k, l und t. So waren diese Buchstaben recht leicht zu erkennen.

»Hhm, wenn man die Buchstaben nach oben verlängern kann«, überlegte Alkuin laut, »müsste das doch auch nach unten funktionieren.« Und nach schier endlosen Experimenten gelangen ihm auf diese Weise das g, j, p, q und das y.

Zufrieden rieb er seine Hände, als er einige Tage später Karl sein neu entwickeltes Alphabet präsentierte.

Karl nickte ebenso zufrieden, deutete aber auf das Pergament und sagte: »Da ist noch ein Tintenklecks!«

Alkuin schmunzelte: »Das ist kein Tintenklecks. Das ist ein Punkt und dies ein Komma.«

»Was ist ein Punkt und ein Komma?«, erkundigte sich Karl, und Alkuin erklärte ihm die Satzzeichen.

Ob er ihm auch die Regeln, wann solch ein Komma zu setzen sei, erläuterte, über die heute so viele Schüler in der Schule schwitzen, ist nicht bekannt.

Später wurde dieses Alphabet *Karolingische Minuskel* genannt. Karolingisch, weil Karl den Auftrag gegeben hatte, Minuskel, weil in dem Begriff das Wort ›Minus‹ steckt, das bedeutet ›weniger‹ oder ›kleiner‹. Wir heute können diese Schrift prima entziffern, weil sich unser kleines Alphabet daraus ableitet.

Pippin und die kleine Nachtigall

Die meisten Menschen sind der Überzeugung, dass Tiere weitaus mehr als der Mensch von Trieben gesteuert sind und bei weitem nicht mit der Intensität ihrer eigenen Empfindung mithalten können. Dass dies nicht der Fall ist, zeigt folgende Geschichte.

Legendär sind die vielen Frauen Karls des Großen und seine zahllose Kinderschar. Davon konnte er in jungen Jahren noch nichts ahnen, als er seine Jugendliebe Himiltrud, die Tochter eines Heerführers, heiratete. Karl war so glücklich, wie ein junger Mann, der verliebt ist, nur sein kann. Himiltrud war hübsch, sie liebte ihren Mann und bald trug sie sein Kind unter dem Herzen. Die Schwangerschaft verlief problemlos, ebenso die Geburt. Karl hatte tausend Qualen ausgestanden, war vor dem Zimmer, in dem sich eine Hebamme um die in Wehen Aufschreiende sorgte, auf- und abgestürmt, wusste er doch, wie viele Frauen bei der Entbindung starben. Aber Himiltrud gebar nicht nur ein gesundes Kind, sondern sogar einen strammen Prinzen, der Karls Namen weitertragen und eines fernen Tages auf dem Thron sitzen würde. Voller Stolz nannte er seinen Erstgeborenen nach seinem Vater Pippin.

Doch das Glück der jungen Familie währte nicht lange. Eine schwere Knochenkrankheit warf das Kind aufs Bett und es war wie ein Wunder, dass es überlebte. Aber seine Wirbelsäule war verdreht und diese Missbildung verlieh dem armen Knaben seinen Beinamen: Pippin der Bucklige. Das ganze Ausmaß des Unglücks hatte damit jedoch noch nicht seinen Höhepunkt erreicht.

Karls Vater war vor nicht langer Zeit gestorben und hatte seinen beiden Söhnen je die Hälfte des Reiches vermacht. Allerdings war Karls Verhältnis zu seinem Bruder Karlmann angespannt. Das Reich war in Aufruhr. Karls Mutter Bertrada, eine willensstarke und einflussreiche Frau, suchte ein Bündnissystem aufzubauen und arrangierte eine Ehe zwischen Karl und der Tochter des ehrgeizigen Langobardenkönigs Desiderius.

Aus diesem Grund wurde die Verbindung zwischen Himiltrud und Karl als Friedelehe, als nicht vollwertige Ehe bezeichnet. Und auch wenn Papst Stephan III. in dem Bemühen, den fränkisch-langobardischen Bund zu verhindern, dies anders sah und protestierte, musste Himiltrud mit Pippin den Hof verlassen und ging ins Kloster Saint-Denis in der Nähe von Paris.

So lebte die von der Liebe und dem Leben enttäuschte Himiltrud mit ihrem buckligen Sohn, der überall verspottet wurde, in zwei armseligen Zellen des Klosters. Sie weinte ihrer großen Liebe nach und haderte mit einem ungerechten Schicksal, das sie vorzeitig altern ließ.

Diese Seiten sollen aber nicht die Geschichte der armen Himiltrud erzählen, sondern die ihres buckligen Sohnes.

Sommer und Winter gingen ins Land und der Heranwachsende mochte nicht ständig in der düsteren Zelle bei der weinenden Mutter sitzen und streifte durch die Umgebung des Klosters und die Vororte von Paris, das zu jener Zeit nicht mehr als ein Dorf war. An die grausamen Sticheleien der anderen Kinder, die nicht mit ihm spielen wollten, hatte er sich gewöhnt. Handgreiflichkeiten wagten sie nicht, weil sie wussten, wessen Sohn Pippin war. Da die Menschen ihm nicht freundlich zugetan waren, suchte er Trost bei Tieren und Pflanzen. Der Junge schlenderte durch Wiesen, Felder und Wälder und sang. Ja, er sang. Sang für sich und sang für die Tiere. Und so ungestalt sein Körper war, so schön war seine helle Stimme.

Eines Tages, als er durch die schmalen, schmutzigen Gassen von Saint-Denis schlenderte, sah er dieses Mädchen. Es summte eine Melodie und füllte am Brunnen einen hölzernen Eimer mit Wasser. Auch wenn es ärmlich gekleidet war, hatte er nie ein schöneres Mädchen gesehen. Wie angewurzelt blieb er stehen und starrte sie an. Langes, blondes Haar fiel ihr ins Gesicht, als sie Wasser schöpfte. Sie mochte vielleicht dreizehn Jahre zählen, war somit ein Jahr jünger als er. Als sie sich aufrichtete, strich sie das Haar aus der glatten Stirn, nahm den Eimer auf und schritt an ihm vorbei. Ein neugieriger Blick aus hellblauen Augen traf ihn, sie sah ihn an, bemerkte seine Schüchternheit, ein Lächeln umspielte des Mädchens Lippen, sie senkte den Blick, der nun über seinen krummen Rücken tastete, und abrupt wandte sie den Kopf ab.

Pippin stand noch lange am Weg. Ihm war, als könnte er sich nie wieder bewegen. Der Blick der blauen Augen brannte in ihm. Erst spät, Himiltrud hatte sich bereits gesorgt, fand er nach Hause. In der Nacht schloss er kaum ein

Auge, und wenn er in einen kurzen Schlummer fiel, gaukelte ihm seine Fantasie die wunderbarsten Bilder vor. War das Liebe? Beim Frühstück sagte er seiner Mutter, er habe keinen Hunger, schaute träumend aus dem kleinen Fenster hinauf in die ziehenden Wolken und glaubte, in ihren Gebilden das liebe Gesicht des Mädchens zu sehen. Seiner Mutter Fragen ließ er unbeantwortet und sie lächelte wissend, aber auch voller Sorge. Himiltrud liebte ihren Sohn, war er doch das Einzige, was ihr geblieben war. Sie wusste, dass der Spott und die Verachtung, die ihre Umgebung für Pippin zeigte, den Jungen schmerzten, auch wenn er dies geschickt verbarg. Damit würde er leben müssen und damit würde er leben können. Aber sie wusste auch um sein Zartgefühl und fürchtete, dass aufgrund seiner Missgestalt eine Liebe mit Hohnlachen beantwortet werden würde und seine Seele Schaden davontrüge.

Pippin kannte nicht einmal des Mädchens Namen und so beschloss er, an jenem Weg zu warten. Sicher käme sie irgendwann wieder Wasser holen. Er würde sie nicht ansprechen, dazu brächte er niemals den Mut auf, er wollte sich im Gebüsch beim Brunnen verbergen und ihr nachgehen, um herauszufinden, wo sie wohnte.

Drei Tage verharrte er auf dem kleinen Platz, von wo er den Weg und den Brunnen überblicken konnte. Hunderte kamen in diesen drei Tagen, um Wasser zu schöpfen, aber nicht das schöne Mädchen. Von Minute zu Minute wurde Pippin unruhiger. Er wollte beinahe verzweifeln, als er sie endlich sah. Beschwingt eilte sie fröhlich hüpfend und singend den Weg hinab, füllte den Wassereimer und trug ihn zurück. Wieder glaubte er, sein Herz müsse bersten, es klopfte so laut, dass er meinte, das schöne Mädchen müsse es hören. Sollte er zu ihr treten und anbieten, den schweren Eimer zu tragen? Er wagte es nicht, aus Angst, sie könnte mitleidig auf seinen verkümmerten Rücken blicken. Oder ihn gar auslachen. Nein, das würde sie nicht tun! Dessen war er sicher. Aber er wollte auch kein Mitleid. Wie könnte er das Mädchen auf sich aufmerksam machen, ohne dass sein Buckel es abstieße?

Er ging ihr nach. Manchmal war er ihr so nahe, dass er das Mädchen unter der schweren Last keuchen hörte, und glaubte, den frischen Geruch ihres Haares zu riechen. Endlich betrat sie ein Haus. Es war kein Palast, aber auch keine armselige Hütte. Eine kräftige Frau verkaufte im Eingang Gebäck und Brote, deren köstlicher Duft zu ihm wehte. Das Mädchen gab der Frau einen Kuss auf die Wange und verschwand mit dem Wassereimer im Inneren. Neben dem Haus befand sich ein kleiner Garten mit prächtigen Obstbäumen und einem gemauerten Backofen. Im Schatten einer Linde verborgen konnte Pippin durch eine Lücke in der Hecke beobachten, wie der Bäcker gerade mit einem Reisigbesen die glühende Asche aus dem Ofen kehrte, als das Mädchen zu ihm trat und auch ihm einen Kuss auf die Wange drückte. Die Tochter eines Bäckers? Der Mann lächelte glücklich, wischte seine rußigen Hände an der Hose ab und umarmte seine Tochter, die alsbald ins Haus ging.

Hinter einer Häuserecke stehend, hatte Pippin die friedliche Szene nicht aus den Augen gelassen und er fühlte sein Herz anschwellen und das Blut durch seine Adern rauschen. Nun wusste er, wo das schöne Mädchen wohnte. Wie aber könnte er sich ihr nähern? Wie sie ansprechen? Er war der Sohn des Königs, aber er galt als illegitim, als Bastard ohne Rechte, da sein Vater mittlerweile andere Söhne hatte und er von der Erbfolge ausgeschlossen war. Dennoch stand er weit über einer Bäckerstochter. Das war ihm trotz seiner Jugend schmerzlich bewusst. Eine Bäckerstochter war nicht standesgemäß. Mit Sicherheit würde ihre Familie einer Verbindung mit Freuden zustimmen, und seine Mutter liebte ihn derart, dass sie nicht nur einverstanden wäre, sondern alles daransetzen würde, ihren Sohn glücklich zu sehen. Sie könnte einen Boten mit einem Heiratsantrag zu dem Bäcker senden, und wenn dieser zustimmte, hätte das Mädchen keine Wahl. Ob sie wollte oder nicht, sie würde ihn heiraten müssen.

Aber das wollte er nicht. Nie würde er das schöne Mädchen zu irgendetwas zwingen. Gewänne er nicht ihre Liebe und würde sie nicht aus freien Stücken seine Gemahlin, bliebe er bis an sein Lebensende allein.

Aber sähe sie seinen Buckel, würde sie sich wie alle anderen angewidert abwenden. Er müsste das Herz des schönen Mädchens gewinnen, ohne ihr unter die Augen zu treten. Wenn ihm dies gelänge und sie sich in den fernen Unbekannten verliebte, dann könnte sie vielleicht über seine Missgestalt hinwegsehen.

In den nächsten Tagen wanderte er ruhelos im Klostergarten umher. Sollte er dem schönen Mädchen Kostbarkeiten schenken? Ihm in Gedichten seine Liebe erklären? Aber er verfügte weder über wertvolles Geschmeide, noch konnte er seine überbordenden Gefühle in Worte fassen.

Seine angespannten Nerven, seine flirrenden Gedanken, sein pochendes Herz mussten das enge Gefäß seines Körpers verlassen und sich einen Weg nach außen bahnen. Sie ließen ihn das tun, was er konnte: Ohne sich dessen bewusst zu sein, sang er Lieder, die von seiner Sehnsucht kündeten.

Diese süßen Melodien vernahm eine Nachtigall, die im Klostergarten lebte, und die Schwermut dieser Gesänge griff ihr ans Herz.

Was mag diesen armen Jungen derart traurig stimmen, fragte sie sich. Andere in seinem Alter spielen, treiben Sport oder üben sich im Schwertkampf.

Wäre eine Nachtigall in der Lage zu weinen, hätte sie heiße Tränen vergossen. Da sie selbst so gern sang und da sie selbst so gern melancholische Lieder sang, blieb sie in des Jungen Nähe und sang mit ihm, er unten auf dem Grün, sie oben in den Ästen. So ging es mehrere Tage, bis unsere Nachtigall eines Abends sah, wie der Junge abrupt stehenblieb, seine Schultern straffte und irgendetwas sagte. Was, konnte sie nicht verstehen, aber sie hatte das Gefühl, als habe er eine Entscheidung getroffen.

Schnurstracks marschierte er aus dem Klostergarten und auf das Dorf zu. Die Nachtigall wollte gern sehen, was er vorhatte und folgte ihm. Nach kurzer Zeit erreichten sie die ersten Häuser. Der Junge lehnte die Stirn gegen eine kühle Hauswand, während sie hoch über ihm in einer alten Linde saß. Er ließ seine Stimme ertönen und die Nachtigall lauschte gebannt. Hatte er im Garten leise und grübelnd vor sich hingesungen, tönte seine Stimme nun klar und rein. Die Worte konnte unsere kleine Nachtigall nicht verstehen, aber der Klang der Töne ließ sie erbeben.

Für wen mochte der Junge singen? Wen wollte er auf seine sehnsüchtige Liebe aufmerksam machen? Denn dass er verliebt war, daran bestand für sie kein Zweifel. Schon oft hatte sie Liebende beobachtet. Sie folgte seiner Blickrichtung und sah gerade noch einen blonden Schopf hinter einem Fensterladen verschwinden. Ihr galt sein Werben und das Mädchen hatte ihn vernommen. Sicher würde es gleich aus der Tür treten und den wunderbaren Sänger in die Arme schließen. Aber nichts geschah. Die Tür blieb verschlossen. Das Mädchen kam nicht hervor. Auch der Junge schien darauf gehofft zu haben, denn nach einiger Zeit ließ er enttäuscht die Schultern hängen und trat mit gesenktem Kopf den Heimweg an.

Zurück im Klostergarten ließ Pippin sich auf einer Bank nieder und sein gequältes Seufzen schnitt unserer lieben Nachtigall derart ins Herz, dass sie auf die Lehne der Bank flog. Pippin blickte sie verwundert an, aber man stelle sich sein Erstaunen vor, als sie zu sprechen begann.

»Ich beobachte dich seit Tagen, du bist in das schöne, blonde Mädchen verliebt und möchtest sie mit deiner Stimme verzaubern. Du singst so wunderschön, du hast mein Herz gewonnen.«

Pippin schüttelte seine Verwunderung ab: »Das ist lieb von dir, kleine Nachtigall, aber es wird dir nicht gelingen, mich zu trösten. Du hast recht, mein Herz sehnt sich nach eben jenem Mädchen und wenn ich sie nicht gewinnen kann, so glaube ich, muss ich sterben.«

»Wieso ist sie nicht vor die Tür getreten?«, fragte die Nachtigall. »Mich hat deine Melodie berührt.«

»Sie ekelt sich vor mir!«, antwortete Pippin.

»Sie ekelt sich vor dir?«, echote die Nachtigall. »Aber warum denn?«

»Sie hat meinen Buckel gesehen«, erwiderte der Junge traurig.

»Was ist ein Buckel?«, wollte die Nachtigall wissen.

Pippin deutete auf seinen Rücken. »Ich bin krumm und schief gewachsen. Ich werde nie ein Krieger sein können, die Menschen verachten mich und mein Vater, der König, hat mich verstoßen.«

»Dein Vater ist der König? Dann bist du ein Prinz!«, rief die kleine Nachtigall.

»Ich *war* ein Prinz«, gab Pippin zurück. »Aber hast du schon einmal einen Prinzen mit einem Buckel gesehen?«

»Ich habe noch nie einen Prinzen gesehen!«, staunte die Nachtigall.

»Und ich werde ...«, fuhr Pippin wehmütig fort, »... nie das Herz dieses Mädchens erobern.«

Seine abgrundtiefe Traurigkeit schnitt der Nachtigall erneut ins Herz, sodass sie sagte: »Ich möchte dir helfen!«

»Das ist lieb von dir, aber wie solltest du mir helfen können?«, fragte Pippin. »Ein kleiner Vogel wie du?«

»Ich bin zwar klein, aber meine Stimme hat schon viele Liebende zusammengebracht. Ich werde dir von meiner Stimme geben!«

Mit diesen Worten flatterte sie auf die Schulter des Jungen und rieb ihr winziges Köpfchen an Pippins Hals. Verwundert bemerkte er, wie aus dem kleinen Vogelkörper Kraft und Mut auf ihn hinüberströmte.

Die Nachtigall tapste seinen Arm herunter und ihre kleinen Krallen kitzelten ihn. Fröhlich lachte er auf: »Was hast du getan?«

Die kleine Nachtigall erwiderte heiser, und Pippin schien, als taumelte sie vor Schwäche: »Ich habe dir von meiner Stimme gegeben. Nun kannst du noch schöner singen und sicher das Herz des schönen Mädchens betören. Gehe morgen Abend um dieselbe Zeit wie heute zu ihrem Haus und singe!«

In der Nacht tat Pippin kein Auge zu, das Erlebte erschütterte ihn zu sehr: der Gedanke an das schöne Mädchen, die sprechende Nachtigall, die Kraft und den Mut, den er in sich spürte. Er war zuversichtlich, am Abend des folgenden Tages das Herz des schönen Mädchens zu gewinnen. Zäh rannen die Minuten, die Nacht schien kein Ende nehmen zu wollen, und auch am nächsten Tag war nichts Rechtes mit ihm zu beginnen. Aber kaum war die ersehnte Stunde gekommen, eilte er ins Dorf. Die Nachtigall flatterte über ihm.

»Hast du gut geschlafen?«, fragte sie spöttisch.

Er schüttelte den Kopf: »Ich habe kein Auge zugetan.«

Unter der Linde angekommen, holte er tief Luft, schloss die Augen und begann sein Lied. Staunend bemerkte er, wie seine Stimme feiner und kräftiger wurde, wie sie sich hoch und noch höher schraubte und dennoch rein und klar blieb. Nun müsste sie ihn doch erhören! Wieder bewegte sich der Fensterladen, ein blonder Kopf lugte hervor, verschwand und der hölzerne Laden wurde zugeschlagen. Und wieder trat das schöne, blonde Mädchen nicht auf die Straße. Bekümmert verließen Nachtigall und Pippin den Platz vor dem Haus und gelangten in den Klostergarten.

»Ich muss dir mehr von meiner Stimme geben!«, sagte sie entschlossen.

»Mehr?«, fragte Pippin und neue Hoffnung keimte in ihm auf.

»Ja, dann wirst du noch schöner singen!«

»Aber was ist mit dir?«, erkundigte sich der Junge. »Ich hatte gestern den Eindruck, als wärst du sehr erschöpft.«

»Ja, das stimmt«, gab die Nachtigall zu. »Es kostet viel Kraft, aber du dauerst mich.«

Wieder kletterte sie an seinem Arm hoch, wieder legte sie ihr Köpfchen an seinen Hals und wieder spürte Pippin Kraft und Zuversicht in sich anwachsen.

»Danke dir, liebe Nachtigall!«, sagte er zum Abschied. »Und erhole dich gut!«

Heute war sie ihm noch schwächer erschienen.

»Bis morgen Abend!«, rief er.

Die Nachtigall nickte und schaute dem Jungen nach. Lange noch blieb sie auf der Bank sitzen, sie war zu schwach, um zu fliegen. »Das darf ich nicht noch einmal tun«, sagte sie zu sich. »Das wäre mein Tod.«

Am nächsten Abend begleitete die Nachtigall Pippin erneut zum Haus des Bäckers. Er sang und seine Stimme klang noch reiner und noch schöner als tags zuvor, aber wieder erschien der blonde Kopf nur kurz und wieder wurde der Fensterladen geschlossen.

»Haben alle Nachtigallen deine Fähigkeiten?«, fragte Pippin bekümmert, als sie daheim im Klostergarten auf der Bank hockten. Auf dem Rückweg hatte sie erschöpft auf seiner Schulter gesessen.

»Ja, alle Nachtigallen.«

»Wieso weiß kein Mensch davon?«

»Die Götter haben uns erschaffen zu singen und bei Bedarf unsere Kunst weiterzugeben, aber wie du bemerkt hast, kostet es Kraft, und wenn wir zu viel geben, sterben wir. Du kannst dir denken, dass wir Nachtigallen deshalb unsere Kunst nur in besonderen Situationen einsetzen.«

Pippin nickte nachdenklich: »Und wenn du zu viel gibst, stirbst du?«

Wieder nickte die Nachtigall: »Ja, es sei denn, der Gesang gewänne das Herz der Angebeteten und führte die Liebenden zusammen. Daraus könnte ich neue Kraft schöpfen.«

Pippin schwieg.

Die Nachtigall, fast am Ende ihrer Kräfte, flüsterte: »Ich möchte dir mehr schenken! Damit wirst du ihr Herz erweichen!«

»Und wenn sie wieder den Laden schließt, stirbst du!« Pippins Stimme klang jämmerlich. Er war ein guter Junge und er war hin und hergerissen von der Aussicht, das Herz des schönen Mädchens zu gewinnen, und von der Gefahr, in die die kleine Nachtigall sich seinetwegen begab. »Das möchte ich nicht riskieren. Du hast schon so viel für mich getan!«

»Was hat das Leben für einen Sinn, wenn es dir nicht gelingt, sie zu erobern?«, hauchte die Nachtigall.

»Für mich verliert es seinen Sinn«, klagte der Junge. »Für dich nicht! Du bist ein Vogel, du bist frei zu fliegen, wohin du willst. Warum setzt du für einen buckligen Jungen dein Leben aufs Spiel?«

»Weil du so schön singst, weil deine Liebe mich anrührt und weil ...« Die kleine Nachtigall beendete ihren Satz nicht. Verlegen stapfte sie von einem Beinchen auf das andere und Pippin spürte ihre kleinen Krallen auf seinem Arm.

Dann schüttelte sie müde ihr Köpfchen, kletterte mühsam auf seine Schulter und ließ ihre letzte Kraft auf Pippin strömen. Der Junge fühlte unermessliche Stärke in sich und er war sicher, sänge er vor den Tieren und Pflanzen des Waldes, würden wie einst bei Orpheus – diese alte Sage hatte ihm sein Vater vor Jahren erzählt – die Tiere lauschen, die Bäume sich zu ihm herabbeugen und selbst die Steine weinen.

Aber die Nachtigall. Wie leblos lag sie in seinen Fingern, mit denen er sie behutsam umschloss, kaum spürte er ihr Herzchen pochen.

Am nächsten Abend ging er zu des Mädchens Haus, die Nachtigall in der Hand, die nur noch ein winziger Faden mit dem Leben verband. Er begann zu singen, schöner und reiner als jemals zuvor ein Mensch gesungen hatte. Nicht nur, dass er das geliebte Mädchen gewinnen wollte, seine Sorge um das kleine Vögelchen ließ ihn wahrlich mit Orpheus konkurrieren. Die Welt hielt den Atem an, alle Geräusche verstummten, die Blätter der Bäume neigten sich ihm zu und die Steine erwachten aus ihrem jahrtausendealten Schlaf. Die kleine Nachtigall hob ihr kleines Köpfchen und blickte Pippin voller Liebe an, der sang, als gelte es die Welt.

Stille war. Selbst der Wind hatte aufgehört zu wehen. Ein einziger Laut war zu hören, ein furchtbarer, Pippin ins Herz schneidender Laut: das Zuschlagen des hölzernen Fensterladens, als der blonde Kopf des schönen Mädchens verschwand. Er hatte ihr Herz nicht gewonnen, sein Buckel war abstoßender als sein Gesang lieblich.

In diesem Moment geschah etwas Seltsames mit ihm. Als hätte ein barmherziger Gott seine Sehnsucht nach dem schönen Mädchen aus seinem Leib geschnitten, erlosch wie eine zitternde Kerzenflamme im Sturm seine Liebe zu ihr, deren Herz härter als Stein war. Er begriff, seine Liebe vergeudet zu haben.

Erstaunt hielt er inne und horchte in sich hinein. Aber da war kein gähnender Abgrund, wie er erwartet hätte, sondern er erkannte, wem seine Liebe wirklich galt. Auch wenn dies ungewöhnlich klang: Er liebte die kleine Nachtigall. Warum sollte er nicht seine wahre Liebe in dieser kleinen Nachtigall finden! Und im selben Augenblick wusste er auch, warum sie bereit gewesen war, ihr Leben für ihn aufs Spiel zu setzen. Sie liebte ihn auch.

»Komm!«, sagte er leise. »Lass uns nach Hause gehen!«

Aber die kleine Nachtigall hörte ihn nicht mehr. Ihr Herzchen hatte aufgehört zu pochen. Sie hatte ihm zu viel gegeben und da er das Herz des schönen, blonden Mädchens nicht gewonnen hatte, woraus sie hätte Kräfte schöpfen können, war sie gestorben.

Pippin begrub die kleine Nachtigall im Klostergarten unter einer alten Linde.

Sein Herz schmerzte, Tränen rannen über seine Wangen und er schalt sich einen dummen, lächerlichen Narren. Wie hatte er so blind sein können! Wie hatte er sich in dieses schöne, aber herzlose Mädchen verlieben können! Aber konnte er ihr verdenken, dass sie ihn abgewiesen hatte? Eine Schönheit wie sie! Schließlich war er nur ein hässlicher Krüppel. Und war er besser? Hatte er nicht selbst sein Herz an die Bäckertochter einzig aufgrund ihrer Schönheit gehangen?

Warum nur hatte er nicht früher die wahre Liebe seiner kleinen Nachtigall erkannt! Denn dies hatte er begriffen. Sie hatte ihn wahrhaftig und allein um seinetwillen geliebt. Und doch hatte sie ihm selbstlos ihre Kraft übertragen, damit er, wäre sein Liebeswerben von Erfolg gekrönt, mit dem schönen Mädchen hätte glücklich werden können.

Jeden Abend ging Pippin in den Garten, netzte das winzige Grab mit seinen Tränen und sang für seine kleine Nachtigall.

So endet die Geschichte des buckligen Pippin recht traurig. Die Verachtung, die er sein ganzes Leben erfahren hatte, die Enttäuschung über seinen Vater, der ihn von der Thronfolge ausgeschlossen hatte und ihn nicht als legitimen Sohn anerkannte, die Erinnerung an das herzlose Mädchen und die Trauer über seine geliebte kleine Nachtigall ließen seine Gefühle verdorren und er wurde selbst hartherzig. Jahre später plante er mit fränkischen Adligen den Sturz seines Vaters, um sich sein Erbe gewaltsam zu verschaffen. Jedoch scheiterte er an Verrat. Die beteiligten Adligen ließ Karl hinrichten, seinen buckligen Sohn verbannte er ins Kloster Prüm, wo er bis zu seinem Lebensende verblieb. Man sagt, er sei recht verwirrt gewesen, habe Tag und Nacht im Garten auf einer Bank gesessen und gesungen.

In jenem Klostergarten aber in Saint-Denis wuchs einige Jahre später über dem Grab der kleinen Nachtigall ein wunderschöner Rhododendronstrauch, in dessen verzweigtem Inneren eine Vielzahl Vögel ihre Nester bauten und heute noch bauen und die Menschen mit ihrem herrlichen Gesang erfreuen.

Ein Kindermädchen namens Hildegundis

Wenn Eltern kleine Kinder haben, abends aber eingeladen sind, ins Kino oder in ein Restaurant gehen wollen, besorgen sie sich einen Babysitter. So ist das heute, zur Zeit Karls war dies nicht viel anders. Zwar standen weder Telefon noch Internet zur Verfügung, aber Karl hatte den nicht zu gering einzuschätzenden Vorteil, über genügend Geldmittel zu verfügen, und so brauchte er kein Kindermädchen für den einen Abend zu bestellen, er hatte gleich mehrere beschäftigt, schließlich hatte er ja genügend Kinder und eines der Kindermädchen könnte erkranken.

Hildegundis war der Name des Kindermädchens, das über die kleine Gisela zu wachen hatte. Gisela war ein aufgewecktes vierjähriges Kind, das Hildegundis oft an den Rand eines Nervenzusammenbruchs führte.

»Soll ich dir eine Geschichte erzählen?«, fragte Hildegundis die kleine Gisela an einem kühlen Abend.

Die kleine Gisela gähnte und gähnte, aber wie das bei kleinen Kindern so ist, wenn es Zeit ist, ins Bett zu gehen, ist alle Müdigkeit wie von Geisterhand verflogen. So auch bei Gisela. Sie lag in ihrem kleinen Bettchen und konnte nicht schlafen. Es war Herbst, der Wind heulte und pfiff durch die schmalen Gassen Aachens, rüttelte an den Fensterläden, die kahlen Äste der Bäume vor ihrem Fenster bewegten sich und warfen unheimliche Schatten an die Wand.

»Nein! Ich will nicht!«, rief sie. »Nein, nein, nein!«

Das beherrschte sie schon mit ihren vier Jahren. »Nein« war das erste Wort gewesen, das sie über die kleinen Lippen gebracht hatte. Und das zu einem äußerst ungünstigen Zeitpunkt, nämlich vor gut drei Jahren in dem Augenblick, als Thomas, der Erzbischof von Mailand, sie im Jahre 781 in der Basilika Sant'Ambrogio auf den Namen Gisela hatte taufen wollen. Der arme Bischof hatte beinahe die goldene Schale fallenlassen. Hildegard, ihre Mutter, hatte erschrocken geblickt, aber Karl hatte gelacht: »Sie weiß schon in ihren jungen Jahren, was sie will!«

Für die sechzehnjährige Hildegundis war das Babysitten wahrlich keine einfache Aufgabe. War sie zu streng mit Gisela und beschwerte diese sich bei ihrem Vater, bedeutete das Ärger. Schließlich war Gisela die Tochter des großen Karl, des Königs, der auf dem besten Wege war, ein gewaltiges Reich zu erobern, und sie die Tochter eines verarmten Grafen. Setzte sie der kleinen Gisela jedoch keine Grenzen, tanzte diese ihr auf der Nase herum. Und diese Balance zu finden, diesen Spagat zu vollziehen, war für die lebensunerfahrene Hildegundis eine kaum zu bewältigende Herausforderung.

»Komm, ich erzähle dir die Geschichte zweier Kinder.« Hildegundis hatte eine Strategie entwickelt.

Die kleine Gisela wurde hellhörig. »Zwei Kinder?«, krähte sie. »Keine Monster, keine Ungeheuer, wie sonst?«

»Es waren einmal zwei Kinder«, begann Hildegundis.

Gisela fixierte sie zweifelnd: »Bestimmt keine Monster? Wie heißen die Kinder?«

»Die Kinder heißen Hennslin und Grethlin. Hennslin ist fünf Jahre und seine Schwester wie du vier.«

»Fein«, freute sich Gisela, aber sie schaute weiterhin skeptisch auf Hildegundis. Sie traute der friedlichen Einleitung nicht. Zu oft schon hatten die Geschichten ähnlich harmlos begonnen und dann ...

»Sie lebten am Rande eines großen, finsteren Waldes und ...«

»Ich will keinen großen, finsteren Wald!«, schrie Gisela und zog die Bettdecke über den Kopf.

»Es waren ganz arme Leute«, fuhr Hildegundis ungerührt fort. »Der Vater war ein Besenmacher ...«

»Was ist ein Besenmacher?«, unterbrach Gisela, die zwischen Ängstlichkeit und Neugierde hin- und hergerissen war.

»Was soll schon ein Besenmacher sein?«, antwortete Hildegundis ein wenig ungeduldig. Sie wollte ihre Geschichte in einem Strang erzählen und hoffte, dass das Kind währenddessen einschlief, aber sie wusste, dass Gisela mit Vorliebe ihre Geschichten durch ständige Fragen unterbrach und sie so ins Unendliche ausdehnte. Außerdem brachten die störenden Unterbrechungen sie aus dem Konzept. »Ein Mann, der aus Reisig Besen macht und diese verkauft.«

»Ach so!«

»Also, wie gesagt, es war eine bitterarme Familie, die kaum etwas zu essen hatte. Der Vater hatte seine beiden Kinder sehr lieb, aber ihre Mutter war gestorben.«

»Ach, die armen Kinder!«, unterbrach sie Gisela. »Weshalb ist die Mutter gestorben?«

»Ich weiß nicht genau. Ich glaube an einer Krankheit.«

»Das ist aber traurig.«

»Oder an Unterernährung«, fügte Hildegundis unbedacht hinzu und lieferte dem Kind weitere Möglichkeiten nachzuhaken, die diese sogleich nutzte.

»Was ist Unterernährung?«, fragte Gisela.

Hildegundis seufzte: »Wenn die Leute so arm sind, dass sie kaum etwas zu essen haben, ist der Körper geschwächt und sie können an einer Erkältung sterben.«

»An einer Erkältung? Sterben? Oje! Zum Glück bin ich nicht unterernährt!« Gisela rieb mit der Hand über ihr kleines Bäuchlein.

»Nein, du nicht. Dein Vater ist schließlich der König!«

»Ja, wir sind nicht arm.«

»Aber zurück zur Geschichte: Der Vater von Hennslin und Grethlin hatte wieder geheiratet. Jedoch mochte die Stiefmutter die Kinder gar nicht. Sie war eifersüchtig und ärgerte sich, wenn der Vater das meiste des kargen Abendmahles seinen Kindern auf die Tellerchen lud und sie selbst hungrig zu Bett gehen musste.«

»Ist das eine böse Stiefmutter?« Die kleine Gisela saß kerzengerade im Bett.

»Ja, das war eine böse Stiefmutter.«

»Ich will keine Geschichte einer bösen Stiefmutter hören. Da passiert doch wieder etwas Schlimmes! Will nicht hören! Will nicht hören!«

»Unterbrich mich nicht immer, sonst erzähle ich dir die Geschichte nicht zu Ende!«

»Will nicht! Will nicht!« Die kleine Gisela steckte beide Finger tief in ihre rosigen Öhrchen, aber Hildegundis erhob ihre Stimme.

»Eines Tages, der Vater war im Nachbardorf und versuchte, Reisigbesen zu verkaufen, zerbrach der ungeschickte Hennslin eine tönerne Schale. Die böse Stiefmutter ...«, Hildegundis rollte mit den Augen und fuchtelte mit den Armen wild in der Luft, »... war furchtbar böse, schimpfte und tobte und schickte Hennslin und Grethlin in den Wald, um Beeren zu sammeln.« Sie senkte geheimnisvoll die Stimme und Gisela, die vergessen hatte, ihre Finger in den Ohren zu behalten, schaute sie ängstlich an. »Insgeheim hoffte die böse Stiefmutter, dass die Kinder sich im dunklen, finsteren Wald verlaufen, wilden Tieren zum Opfer fallen ...«

»Wilde Tiere?«, fragte Gisela bibbernd nach.

»Ja!«, hauchte Hildegundis. »Wölfe mit roten, glühenden Augen, hausgroße Auerochsen mit geschwungenen, messerscharfen Hörnern, riesige Bären mit gewaltigen Klauen, furchterregende Aare mit meterlangen Schwingen. Oder, was noch schlimmer wäre, sie begegneten der gräulichen Hexe und kehrten nie mehr zurück.«

»Ahhh!«, schrie Gisela, riss die Decke zur Seite, sprang aus ihrem Bettchen und suchte sich dahinter zu verstecken.

»Als etwas später der Vater nach Hause kam und nach den Kindern fragte, log die böse Stiefmutter und sagte, sie seien fortgelaufen. ›Wohin?‹, fragte der Vater. ›In den Wald‹, antwortete die böse Stiefmutter heimtückisch. ›In den Wald?‹, keuchte der Vater. ›Wie konntest du das zulassen? Du weißt doch, dass im finsteren Wald die böse, alte Hexe lebt.‹«

Gisela presste beide Hände auf die Ohren, sprang hinter dem Bett hervor und suchte sich hinter dem Tisch zu verstecken.

»›Wir müssen sie suchen!‹, rief der Vater.« Hildegundis ahmte seine tiefe Stimme nach.

»Ich will keine böse Hexe! Ich will nicht! Nein!«

»Komm wieder ins Bett! Der Vater geht also mit der Stiefmutter in den Wald, um die Kinder zu suchen.«

»Findet er sie? Oder die Hexe?«, fragte Gisela angstvoll.

»Wart es ab! Inzwischen waren Hennslin und Grethlin weit in den Wald hineingegangen und hatten sich tatsächlich verlaufen. Noch machten sie sich keine Sorgen. Sie aßen wilde Beeren und als es dunkel wurde, legten sie sich unter einen großen Baum schlafen.«

»Bestimmt findet sie die Hexe!«, schrie Gisela.

Hildegundis sprang auf einen Hocker und verzerrte ihr Gesicht zu einer fürchterlichen Miene. Mit rauer Grabesstimme zeterte sie: »Als sie am nächsten Morgen erwachten, waren sie hungrig, sie froren und mochten nach Hause. Hennslin nahm Grethlin an die Hand und sie gingen und gingen, aber der Wald wurde immer finsterer und immer dunkler.«

»Nein, ich will nichts von einem dunklen Wald hören!«

»Da kamen sie plötzlich auf eine Lichtung.« Die Erzählerin stieg von dem Hocker, setzte sich darauf und fuhr mit ruhiger Stimme fort: »Die Sonne schien herab, Vögel zwitscherten, überall blühten bunte Blumen und in der Mitte der Lichtung stand ein kleines Häuschen. Und weißt du, woraus das Häuschen gebaut war?«

Hildegundis hatte bei der Beschreibung der Lichtung die Stimme gesenkt und Gisela schaute neugierig hinter der Sessellehne hervor.

»Das ganze Haus war aus Printen errichtet. Aus Printen und Honig und Nüssen und Rosinen.«

»Das ganze Haus?« Gisela verschlug es die Sprache und leckte sich die Lippen. Sie mochte Printen.

»Ja, weil Printen so hart sind, kann man prima damit bauen. Also schlichen die Kinder näher, brachen ein Eckchen ab und begannen hungrig zu essen.«

Gisela klatschte freudig in die Händchen.

»Plötzlich …«, Hildegundis war abrupt aufgesprungen, dabei hatte sich ihr Haarband gelöst und ein Schwall dunklen Haares ergoss sich über ihre Schultern, während sie rief: »Plötzlich ertönte eine hohe, schrille Stimme: ›Knusper, knusper, Mäuschen, wer knabbert an mein' Häuschen?‹«

»Oh nein!«, schrie Gisela voller Verzweiflung mit weit aufgerissenen Augen. »Das ist die böse Hexe! Ich wollte doch keine Hexe! Nein, nein, nein! Warum muss immer eine Hexe in deinen Geschichten erscheinen, oder ein böser Wolf, oder ein Monster?«

Hildegundis ließ die Arme sinken und die wehenden Bahnen ihres Rockes glätteten sich. »Willst du denn gar nicht wissen, wie die Geschichte ausgeht?«

»Nein, will ich nicht!«

»Also, die Stimme ertönt und Hennslin antwortet: ›Der Wind, der Wind, das himmlische Kind.‹«

Mit Augen, so groß wie Untertassen schaute die kleine Gisela die Erzählerin an: »Laufen die Kinder weg?«

»Nein!«, stöhnte Hildegundis. »Als es wieder ruhig ist, bricht Hennslin ein neues Stückchen für sich und seine Schwester ab. Du weißt, wie gut Printen schmecken. Und das waren ganz besonders leckere Printen.«

»Aber das geht doch bestimmt nicht gut aus!« Tränen rannen über Giselas Wangen.

»Wieder ertönt die Stimme: ›Knusper, knusper, Mäuschen, wer knabbert an mein' Häuschen?‹ Und wieder antwortet Hennslin: ›Der Wind, der Wind, das himmlische Kind.‹«

»Ojeojeoje!«, jammerte die kleine Gisela.

»Das wiederholt sich dreimal«, ächzte Hildegundis. »Die Kinder essen ein Stückchen Printe, die Hexe fragt, wer an ihrem Häuschen knabbere, und Hennslin antwortet, es sei der Wind. Aber es hilft nichts. Die Hexe fängt die beiden Kinder und sperrt sie in einen winzigen Stall.«

»Tralalala!«, rief die kleine Gisela so laut sie konnte, um die Geschichte nicht mehr weiter hören zu müssen. »Tralalalalalala!«

Aber Hildegundis übertönte sie: »Die Hexe ...«, sie fuhr sich durch das Haar, »... hat ganz wirre Haare, eine ...«, sie deutete auf ihre Nase, »... riesige Warze und ist furchtbar grässlich. Schwarze Borsten wachsen in ihrem Gesicht und lange, gelbe Zähne schieben sich zwischen ihren blutleeren, gierigen Lippen hervor. Ihr Lachen ist, als wenn sich die Pforten der Hölle öffneten. Hahaha!«

Bei den letzten Worten stieß sie ein furchteinflößendes Lachen aus, und wenn es auch nicht wie aus den Pforten der Hölle klang, es genügte, um der kleinen Gisela eine eisige Gänsehaut über den Rücken zu jagen.

»Sie füttert die beiden Kinder, denn sie will sie ...«, an dieser Stelle legte sie eine bedeutungsschwangere Pause ein und die kleine Gisela starrte sie verängstigt an, »... wenn sie dick sind, fressen.«

»Nein, ich will nicht hören! Ich will jetzt Printen haben!«

»Wenn du lieb bist und schläfst, bekommst du welche.«

»Nein, jetzt!«

»Aber Hennslin ...«, fuhr Hildegundis unbeeindruckt fort, »... war nicht auf den Kopf gefallen. Immer wenn die Hexe kam und verlangte, dass er den Zeigefinger zwischen die Gitterstäbe stecken sollte, damit sie prüfen konnte, ob er schon dick wäre, hielt er ihr den Knochen von einem Hähnchen hindurch. ›Ahhh!‹, rief dann die Hexe enttäuscht. ›Ihr seid noch viel zu dünn! An euch ist ja nichts dran!‹«

»Ich habe Angst!« Tränen schossen der kleinen Gisela aus den Augen und sie versuchte, aus dem Zimmer zu fliehen. Hildegundis lief ihr hinterher.

»Eines Tages jedoch vergaß die böse Hexe, das Gitter zu schließen, und Hennslin konnte mit seiner Schwester entkommen.« Sie holte Gisela am Treppenabsatz ein, packte sie unter den Armen und schleppte die wild strampelnde und um sich schlagende zurück in ihr Zimmer.

»Hilfe! Hilfe!«, schrie die kleine Gisela und ihre Rufe hallten durch das Haus.

Hildegundis warf sie auf das weiche Bett und Gisela zog sich wieder die Bettdecke über den Kopf.

Plötzlich erschien Karls Kopf in der Tür: »Was ist denn hier los?«

»Gisela ist heute sehr unruhig«, sagte Hildegundis seufzend. »Deshalb habe ich ihr eine Gutenachtgeschichte zur Beruhigung erzählt.«

Karl strich seiner Tochter zärtlich über das Haar. Ihre Augen waren vor Angst weit aufgerissen und ihr Atem ging stoßweise. »Alles ist gut!«, murmelte Karl beruhigend. »Jetzt musst du aber schlafen. Oder möchtest du noch eine Geschichte von Hildegundis hören?«

»Nein, nein!«, rief die kleine Gisela, verschwand unter der Decke und schloss die Augen. »Ich schlafe schon!«

»So ist es brav, mein Kind«, sagte Karl und wandte sich an Hildegundis: »Ist sie nicht ein Engel?«

Das Kindermädchen nickte.

»Was würden wir ohne dich machen?«, lachte Karl mit sich und der Welt zufrieden.

Der Hühnerdieb

Vor langer, langer Zeit – es war die Zeit, als Karl der Große im Frankenreich herrschte – lebte in den dichten Wäldern um die Aachener Pfalz ein junger Mann namens Theodgelt allein mit seiner alten Mutter in einer winzigen Hütte einer winzigen Siedlung. Er hatte wie die meisten Menschen seiner Zeit kein angenehmes Leben. Hunger und Krankheit waren neben schwerster körperlicher Arbeit sein ständiger Begleiter.

Seine geliebte Frau war bei einer Entbindung vor zwei Jahren zusammen mit dem Neugeborenen, das nur einmal einen einzigen Schrei getan hatte, gestorben, und kurze Zeit später seine vierjährige Tochter an einer Lungenentzündung. Das behaupteten jedenfalls die Nachbarn, die sie gepflegt und versorgt und seiner Beatrix bei der Niederkunft geholfen hatten. Die wirkliche Todesursache bei Mutter, Neugeborenem und Tochter war Unterernährung gewesen. Das behauptete er.

Sie alle waren bitterarm, sie alle litten Hunger, ihre Holzhütten waren kalt, zugig und feucht, ihre Körper ausgemergelt, und wenn das Jahr eine schlechte Ernte bescherte, genügte eine Erkältung, den hauchdünnen Lebensfaden zu zerreißen. Sie hatten nicht die geringsten Abwehrkräfte, um gegen die Anstrengungen einer Geburt oder gegen Fieber anzukämpfen.

Theodgelt plagte sich mit Vorwürfen. Er war schließlich nicht unschuldig daran, dass seine Frau schwanger geworden war, und durch ihn, weil er nicht in der Lage gewesen war, seine Familie zu ernähren, waren sie so geschwächt gewesen, dass nach dem Hinscheiden seiner Frau auch noch sein kleines Mädchen dem Fieber erlegen war. Er trauerte um sie und das schlechte Gewissen lastete derart auf ihm, dass er verbitterte. Dazu kamen die Sorgen um seine alte Mutter.

Der Vater war früh gestorben und nie hatte er die Möglichkeit gehabt, einen Beruf zu erlernen. Die Tage verliefen in endloser Gleichförmigkeit. Seine Mutter sammelte frühmorgens im Wald Holz, während er die Reusen im Bach kontrollierte, ob sich mit viel Glück ein winziger Fisch darin verirrt hatte; hin und wieder verfing sich ein Kaninchen in seiner Schlinge oder er erleichterte gar einen Bienenstock um seinen Honig. Kam die Mutter zurück, bündelte er die trockenen Äste und verkaufte sie in der Stadt, während sie Beeren und Pilze suchte und den kleinen Gemüsegarten hinter dem Haus bewirtschaftete. So hatten sie über die Jahre mehr schlecht als recht leben können, aber sie hatten überlebt.

Sein Mütterchen aber wurde älter und älter und das Sammeln und Schleppen des Holzes wurde schwieriger und schwieriger für sie. Stets versuchte sie, ihre Qualen vor ihm zu verbergen, aber das gelang ihr nicht. Es schnitt ihm tief ins Herz, wenn sie sich bückte, um einen trockenen Zweig aufzuheben, und dabei vor Schmerzen in den Gelenken stöhnte, wenn ihr Gesicht sich beim Schultern des Holzbündels vor Anstrengung verzerrte, wenn ihr daheim angekommen Tränen der Erleichterung über die Wangen liefen.

Und nun lag sie mit einer Erkältung danieder. Theodgelt wusste nicht mehr ein noch aus. Die Stunden des Tages reichten nicht. Sie hatten beide von Sonnenaufgang bis weit nach Sonnenuntergang gearbeitet, nur um gerade satt zu werden. Wie sollte er dies allein schaffen? Es war kein gutes Erntejahr gewesen und da sie in der kleinen Siedlung alle Hunger litten, sammelten sie Beeren und Pilze, pflückten Obst von den Bäumen, hatten ihre Schlingen und Reusen. Und so war kaum etwas zu finden. Größeres Wild durfte nicht gejagt werden. Das war dem König vorbehalten. Vor einigen Wochen hatte man einen seiner Nachbarn, der ein junges Wildschwein in einer Fallgrube gefangen hatte, öffentlich ausgepeitscht. Dabei hatte er noch von Glück sagen können, dass es ihn nicht den Kopf gekostet hatte.

Aber Theodgelt war ein kräftiger junger Mann, der sich nicht so schnell entmutigen ließ. Er musste eben härter arbeiten. Weit vor Morgengrauen stand er auf, tapste durch den dunklen Wald, sammelte Holz, bündelte es, schleppte es in die Stadt, verkaufte es, rannte zurück, um die Fischreusen, die Schlingen und die Bienenstöcke zu inspizieren. Honig war ein kostbares Gut, für das er in der Pfalz immer einen Käufer fand. Da er jedoch zu wenig Muße hatte, sich vorsichtig zu nähern und die Bienen zu beruhigen, wurde er von den erbosten Tieren angegriffen und mit Stichen gepeinigt. Es war Herbst und man musste für den Winter vorsorgen. Mit geschwollenen Händen und zerstochenem

Gesicht kletterte er in die Bäume, pflückte mickrige Äpfel und lagerte sie auf Brettern in dem kühlen Verschlag. Er arbeitete auf dem steinigen Feld, das kaum Erträge abwarf, lockerte den Boden und zupfte, bis er seine Hände nicht mehr vor dem Gesicht sehen konnte, Unkraut in seinem kleinen Gemüsegarten, aber Schnecken und Mäuse fraßen den Kohl und den Salat. Wann sollte er Beeren und Pilze suchen?

Zudem wollte er sein altes Mütterchen pflegen, ihr Wasser auf die aufgesprungenen Lippen geben, die glühende Stirn kühlen, ihr heiße Suppe einflößen und ihr Geschichten erzählen, wie sie es getan hatte, wenn er als kleiner Junge krank gewesen war.

So stand er eines Tages sehnsüchtig am Fischmarkt und starrte auf die Fische und am Hühnermarkt auf die Hühner, wo die Bauern ihr prächtiges Federvieh feilboten. Aber der Preis für einen Fisch oder gar für ein Huhn war für ihn so weit entfernt, da hätte er auch gleich versuchen können, die goldene Krone seines Königs zu kaufen.

Der Bauer, der ihm einen Kanten angeschimmeltes Brot für sein Bündel Holz gab, beobachtete ihn argwöhnisch: »Versuch' es lieber nicht!«, drohte er. »Du weißt, was mit Dieben geschieht!«

Theodgelt nickte und rieb mit der Rechten das linke Handgelenk.

Am Abend gab er den Kanten schimmeligen Brotes und einige Beeren, die er am Wegesrand gepflückt hatte, seinem lieben Mütterchen. Sie schien ihm schwächer als am Tag zuvor.

»Mein lieber Junge«, sagte sie jedoch. »Iss du!«

»Ich habe keinen Hunger«, erwiderte er.

Am nächsten Tag schielte er wieder auf das gackernde Federvieh. Er erzählte dem Bauern von seiner kranken Mutter und bat ihn um ein Huhn: »Ich denke, eine kräftige Hühnerbrühe würde sie stärken, und wenn sie wieder gesund ist, könnte ich dir das Geld bezahlen!«

Der Bauer aber lachte ihn aus und ließ ihn für das Bündel Holz im Gemüseabfall einige Kohlblätter auflesen, woraus er am Abend eine dünne Suppe kochte, die er seinem Mütterchen gab. Und wieder schien sie ihm hagerer und schwächer als am Tag zuvor.

»Junge«, flüsterte sie. »Du musst etwas essen! Lass mich, ich bin alt!«

»Ach, Mütterchen!«, erwiderte er. »Ich habe keinen Hunger. Ich aß in der Stadt.«

So vergingen die Tage und trotz seiner Jugend fiel es Theodgelt zunehmend schwer, das Bündel Holz in die Stadt zu tragen. Seit Tagen hatte er nichts zu sich genommen und mit laut knurrendem Magen schaute er auf dem Fischmarkt nach den schillernden Körpern, die in Reusen im Wasser der Pau schwammen. Der Fischer gab ihm für sein Bündel zwei karge Fischköpfe, die bereits streng rochen und die selbst die Straßenhunde verschmäht hatten. Davon würde nicht einmal sein Mütterchen satt werden. Am Abend kochte er eine Suppe mit den Fischköpfen, die er ihr Löffel um Löffel einflößte, dann fütterte er sie mit kleinen Apfelstücken. Er selbst nahm nur einige Löffel heiße Brühe und aß von den Äpfeln die Gehäuse.

»Mein lieber Junge«, hauchte sie. »Du musst essen! Du musst bei Kräften bleiben!«

»Ach, Mütterchen!«, log er und eine Träne rann ihm die Wange hinab. »Ich habe keinen Hunger. Ich aß in der Stadt.«

Aber die Fischköpfe waren verdorben und in der Nacht erbrach sein Mütterchen die Suppe. Am Morgen lag sie matt und bleich auf dem Strohsack, kaum dass sie ihren Sohn erkannte. Wenn sie nicht schnell kräftige Nahrung erhielte, das begriff Theodgelt, würde sie die nächsten Tage, geschweige denn den nahenden Winter, nicht überleben.

Traurig und niedergeschlagen stand Theodgelt am Rande des Marktplatzes und richtete den Blick in einen grauen, wolkenverhangenen Himmel. Die Herbststürme hatten eingesetzt und der Wind blies feucht und kalt durch sein löchriges Hemd, als er einen unbeaufsichtigten Stand bemerkte. Die Bauersfrau bediente eine Kundin und war ihm abgewandt. Ohne zu überlegen und ehe ihm selbst klar wurde, was er vorhatte, stand er vor der Auslage, griff mit jeder Hand ein Ei und lief davon.

Er rannte und rannte und erst, als er weit von der Stadt entfernt in dichtem Wald war, wagte er innezuhalten. Er wusste nicht, ob man ihn verfolgt hatte, ob überhaupt jemand den Diebstahl bemerkt hatte. Sein Herz pochte laut, das Blut hämmerte in seinen Schläfen. Was hatte er getan? Er war ein Dieb! Er hatte gestohlen! Mit der Rechten massierte er sein linkes Handgelenk. Er wusste, was mit Dieben geschah. Aber sein altes Mütterchen war krank und wenn er ihr nichts zu essen brächte, stürbe sie.

Am Abend briet er die Eier, die er seinem Mütterchen Löffel um Löffel mit kleinen Apfelstücken gab. Er selbst aß nur ein winziges Stück und von den Äpfeln die Gehäuse.

»Woher hast du denn die köstlichen Eier?«, fragte sie erstaunt.

»Die gab mir die Obstfrau vom Marktstand für mein Bündel Holz«, log er.

»Das ist aber nett von ihr«, wunderte sie sich. »Früher war die geizig und gab niemals etwas her.«

Am nächsten Tag griff Theodgelt, als der Getreidehändler gerade zur Seite sah, in das Fass mit den Haferkörnern und lief mit zwei Handvoll nach Hause. An diesem Abend gab es Haferbrei und er konnte selbst zwei oder drei Löffelchen davon essen. Am Tag darauf stahl er ein halbes Dutzend Hühnerfüße und weil alles so gut funktionierte, sein Diebstahl ungeahndet blieb und sich sogar etwas Farbe auf den blassen Wangen seines Mütterchens zeigte, am folgenden Tag eine kleine Kanne Milch nebst einem Kohlkopf.

»Ach, die guten Menschen!«, sagte sein Mütterchen, sich auf dem Strohsack aufrichtend. »Sie leben das christliche Gebot der Nächstenliebe. Früher waren sie geizig und konnten uns arme Leute nicht leiden, und nun geben sie dir all die köstlichen Dinge, damit ich gesund werde. Ich werde für sie beten!«

Sein Mütterchen war stets fromm gewesen und hatte ein gottesfürchtiges Leben gelebt. Nie hatte sie die kleinste Sünde begangen. Aber er! Das Gewissen peinigte Theodgelt. So weit war es mit ihm gekommen! Gut, dass seine liebe Frau gestorben war, gut, dass das Neugeborene und sein Töchterchen tot waren und nicht miterleben mussten, dass ihr Vater ein Dieb war. Gut, dass sein altes Mütterchen zu krank war, um selbst auf den Markt zu gehen und sich bei den Bauern zu bedanken, die plötzlich für ein bisschen Holz ihre feinen Sachen hergaben. Sie alle würden sich seiner schämen.

Und er hatte Angst. Erwischte man ihn beim Stehlen, würde er diese feinen Sachen teuer zu bezahlen haben. Wieder rieb er mit der Rechten über sein linkes Handgelenk.

Andererseits empfand er Trotz. Bitterkeit und Trotz! Seine liebe Frau hatte an Jesus Christus geglaubt, sie hatte gebetet! Hatte es ihr genutzt? Nein, sie war elendig gestorben! Das Neugeborene! Ein unschuldiges Kind! Gestorben! Und was hatte seinem armen Mütterchen ihr gottesfürchtiges Leben eingebracht? Sie fror, sie hungerte, sie war krank und auch sie würde sterben! Der König, die Adligen und die Reichen dagegen plünderten ihre Wälder, zertrampelten bei wilden Jagden ihre Ernte und fraßen sich oben im Palast dick und fett.

Und er? Er würde ja gern arbeiten, er konnte arbeiten, sogar sehr hart, aber niemand gab ihm Arbeit. Er hatte auf den Märkten bei den Bauern gebettelt, aber niemand gab ihm ein Almosen! Niemand lieh ihm etwas! Was blieb ihm anderes übrig, als zu stehlen?

Das war, was er konnte: Einen Apfel oder ein Ei ungesehen in der Tasche verschwinden lassen. Und falls ihn jemand beobachten und Lärm schlagen würde, zu rennen. Ja, rennen konnte er. Er rannte wie der Blitz über Stock und Stein. Keiner würde ihn einholen.

So vergingen die Tage, aber nie hatte er mehr als ein wenig Obst oder Gemüse, ein Ei oder eine Handvoll Getreide gestohlen. Wegen eines Apfels oder eines Eis riefe kein Händler den Büttel. Anders wäre es, würde er mehr stehlen. Man würde ihn jagen, bis man ihn fände, und die Strafe auf Diebstahl lautete ... Er massierte mit der Rechten sein linkes Handgelenk.

Irgendwann, das wusste er, finge man ihn, denn er kannte das Sprichwort: Der Krug geht zum Brunnen, bis er bricht. Ein aufmerksamer Bauer packte ihn am Arm, oder ein heimtückischer Junge stellte ihm bei der Flucht ein Bein, oder man würde ihn erkennen, verfolgen, einkreisen. Er fürchtete sich. Er wollte seine Hand nicht verlieren. Zu deutlich stand ihm das grausige Spektakel vor Augen, wenn einem Dieb die Hand abgeschlagen wurde und das Blut weit umherspritzte, man den Stumpf mit einem glühenden Eisen versiegelte und der Geschändete vor unsagbarer Qual schrie, bis eine wohlmeinende Ohnmacht ihn umfasste. Viele überlebten diese Tortur nicht und starben an Wundbrand. Die, die überlebten, waren Ausgestoßene. Jeder sah, was sie verbrochen hatten, und wer wollte einen Dieb in seiner Nähe? Also stahlen sie weiter. Wurden sie zum zweiten Mal erwischt, schlug man ihnen die andere Hand ab. Derart verkrüppelt waren sie auf die Almosen Barmherziger angewiesen, die aber oft ausblieben. So wollte er nicht enden! So konnte es mit ihm nicht weitergehen! Was sollte er tun?

Sein Mütterchen vertraute auf Gott. Hatte sie mit ihrem Glauben an Christus vielleicht doch recht? Theodgelt war hin und hergerissen. Er ging in die prachtvolle Marienkirche und flehte zu Jesus, dem Sohn Gottes, der barmherzig sein sollte, und zu seiner Mutter Maria, die ebenfalls ein Herz für die Armen, Alten und Schwachen haben sollte. Er kniete vor einer wundervoll geschmückten Truhe, faltete die Hände und bat sie um Vergebung für seine Sünden. Diese Truhe beherbergte einen unermesslichen Schatz: Das Kleid Mariens, das sie in jener Nacht vor achthundert Jahren, als sie den Sohn Gottes in einem Stall gebar, getragen hatte. Dieses kostbare Kleinod hatte der Patriarch von Jerusalem Karl geschenkt, und dieser hatte es hier nach Aachen gebracht und darüber seine Kirche erbaut. Ein ehrfürchtiger Schauder rann über Theodgelts Rücken, der eine Gänsehaut hinterließ. Oder war es der kühle Lufthauch, der durch die Kirche wehte?

Gottvater persönlich schien ihm zu streng. Er wagte nicht, das Wort an ihn zu richten. Aber es gab Heilige, die er bat, bei diesem ein gutes Wort für – nein, nicht für sich, er hatte mit den Diebstählen furchtbare Sünden begangen – sondern für sein altes Mütterchen einzulegen. Aber er konnte beten, so viel er wollte, es kamen weder Hilfe noch Zeichen.

Enttäuscht ging Theodgelt in den Wald und richtete seine Bitten an die alten Götter, an die Heilgötter Belenus und Grannus. Die Priester konnten predigen, was sie wollten, die alten Götter waren immer noch lebendig und sie waren nicht so kleinlich. Sie waren verständnisvoll. Aber auch von den alten Göttern empfahl sich keiner.

Vor Trauer weinend und gleichzeitig vor Verzweiflung fluchend saß Theodgelt auf einem umgestürzten Baumstamm, als er plötzlich neben sich ein Geräusch hörte. In dem Glauben, er sei allein im dichten Wald, wandte er sich erschrocken um und sah sich einem seltsamen Wesen gegenüber.

»Ts, ts, ts!«, machte das Ding, und wiederholte: »Ts, ts, ts! Du machst vielleicht einen Lärm. Glaubst du, dass ich bei diesem Heulen und Fluchen schlafen kann?«

»Nein, ich, entschuldige, nein, ich wusste ja nicht ...«, stotterte Theodgelt.

»Schon gut!«, sagte das Wesen. »Ich verstehe. Du bist verstört. Wann sitzt man auch schon einmal einem Zwerg gegenüber.«

»Du bist ein Zwerg?«, wiederholte Theodgelt verblüfft.

»Nein, ich bin ein Riese!«, spottete der Zwerg. »Sieh mich doch an! Sehe ich nicht aus wie ein Zwerg?«

»Doch, ja, natürlich. Wenn du es sagst! Ich habe nur noch nie einen Zwerg gesehen.«

»Ja, ja, schon klar. Uns übersieht man ja auch leicht.«

Der Zwerg schien eingeschnappt.

»So habe ich das nicht gemeint. Entschuldige bitte! Ich habe nicht einmal gewusst, dass es Zwerge gibt.«

»Ja, siehst du! Es wird immer schöner!«

»Ach ...« Theodgelt wusste nicht mehr, was er sagen sollte. Er rieb seine Augen und starrte sein Gegenüber an. Ja, unverkennbar ein Zwerg, so wie seine Mutter diese in Märchen geschildert hatte. Aber er hatte geglaubt, dies seien Märchen. Es gab also tatsächlich Zwerge. Die Größe stimmte. Er war nicht einmal einen halben Meter: Die Größe eines Kleinkindes. Aber er war kein Kind, sondern ausgewachsen. Er war aber auch nicht wie die Zwerge, die mit Gauklern durch die Lande zogen, um die Leute zu belustigen. Diese waren verwachsen, verkrüppelt, mit kurzen Armen und Beinen, Menschen, die aus irgendwelchen Gründen irgendwann zu wachsen aufgehört hatten. Sie hatten grobe Gesichter und grobe Hände. Dieser hier war anders. Ganz anders. Oder eigentlich wieder völlig normal. Er sah aus wie ein normaler Mensch, nur eben klein. Er war zierlich und seine Glieder waren zart, die Finger dünn wie Gänsefedern.

»Wie heißt du?«, fragte Theodgelt, da ihm nichts anderes einfiel und es ihm ungehörig schien, nichts zu sagen und den Zwerg anzustarren.

»Amerund«, antwortete dieser und die Feder auf seinem grünen Hut, den er keck in die Stirn gezogen hatte, wippte. »Meister Amerund, du aber kannst mich Elen nennen.«

»Aha«, nickte Theodgelt. »Meister Elen Amerund? Ist Elen dein Vorname?«

»Nein, das ist mein Spitzname.«

»Und was für ein Meister bist du?«

Elen schaute ihn fragend an.

»Na ja, bist du ein Bäckermeister oder ein Waffenmeister oder ...«

»Nein, ich heiße so. Meister Amerund.«

»Ach so.« Theodgelt schwieg verwirrt. Plötzlich fiel ihm seine Unhöflichkeit auf. »Ich heiße ...«, begann er, aber Elen unterbrach ihn: »Ich weiß, du heißt Theodgelt.«

»Woher weißt du das?«

»Ich bin ein Zwerg!«

»Heißt das, ein Zwerg weiß alles?«

Elen wiegte bedächtig den Kopf. »Nein, nicht alles, aber vieles.«

Theodgelt staunte.

»Ja, ja«, nickte dieser wieder. »Ich weiß, dass deine Frau und dein Mädchen gestorben sind, ich weiß, dass dein Mütterchen alt und krank ist, ich weiß, dass ihr Hunger leidet und dass du die Arbeit nicht allein bewältigen kannst, ich weiß ...«, hier blickte Elen ihm tief in die Augen, » dass du auf dem Marktplatz gestohlen hast.«

Theodgelt senkte beschämt den Kopf. »Ja, das stimmt. Ich wusste keinen anderen Ausweg. Ich kann doch mein altes Mütterchen nicht verhungern lassen!«

»Ich weiß, ich weiß. Du brauchst dich vor mir nicht zu schämen! Ich bin weder der Büttel noch dein Richter, weder auf Erden noch im Jenseits. Aber du weißt, was passiert, ertappt man dich?«

Theodgelt nickte und massierte sein Handgelenk.

»Ich möchte dir helfen!«

»Du kannst mir helfen?«

»Natürlich!«, antwortete Elen.

»Besitzt du einen Schatz?«

»Woher ...?«, fuhr der Zwerg mit sprühenden Augen auf und seine feinen Gesichtszüge wurden hart und unbarmherzig.

»Ich weiß es nicht, ich dachte nur, weil in den Märchen Zwerge immer einen Schatz behüten.«

»Ach so!« Elen lachte erleichtert und seine Miene glättete sich wieder. »Ich dachte schon ... Nein, nein, ich habe keinen Schatz.«

Theodgelt verfügte über keine ausgeprägte Menschenkenntnis – auch wenn Elen ein Zwerg war und Menschenkenntnis ihm wahrscheinlich sowieso nicht helfen würde – aber ihm schien, als sagte dieser nicht die Wahrheit.

»Warum willst du mir helfen?«, fragte er. Trotz seiner geringen Lebenserfahrung hatte das Leben ihn eines gelehrt: Keiner hatte in dieser Welt etwas zu verschenken. Keiner gab etwas ohne Gegenleistung.

»Du scheinst ein netter Kerl und ich habe Mitleid!«

Theodgelt schaute Elen misstrauisch an.

Dieser hob die Hände und schnitt eine Grimasse: »Du brauchst meine Hilfe nicht anzunehmen, wenn du nicht willst. Ich zwinge dich nicht!«

Er schien eingeschnappt.
»Ist ja schon gut, entschuldige bitte!«, sagte Theodgelt.
»Phhh!«, zischte Elen.
»Ich wollte dich nicht beleidigen! Verzeih mir bitte!«
Der Zwerg drehte sein Gesicht zu ihm.
»Es ist nur, mir hat noch nie jemand etwas geschenkt.«
»Wer hat etwas von Schenken gesagt?«
»Also willst du eine Gegenleistung?«
»Natürlich! In dieser Welt verschenkt niemand irgendetwas!«
»Und was willst du? Meine Seele?«
»Deine Seele? Was soll ich mit deiner Seele?«
»Ich dachte ja nur ...«
»Ich bin doch nicht der Teufel ...«
»Was willst du also?«
»Nur eine Winzigkeit. Ich hätte gern einen Tag!« Elen inspizierte seine Fingernägel.
»Einen Tag?«, wiederholte Theodgelt verständnislos.
»Ja, einen Tag von dir!«
»Wie kann ich dir einen Tag geben? Das verstehe ich nicht.«
Offenbar hatte Elen eine winzige Verunreinigung unter seinem Daumennagel bemerkt, denn akribisch begann er diesen zu säubern. Endlich zufrieden, hob er den Blick zu Theodgelt und sagte: »Schau, mein Lieber! Das Leben besteht aus Sekunden, Minuten, Tagen, Wochen, Monaten und Jahren. Bei manchen mehr, bei manchen weniger.«
»Aha!«, murmelte Theodgelt.
»Ja! Das ist vorherbestimmt.«
»Und du weißt, wie viele Tage ich habe?«
»Nein, das weiß ich nicht, aber du kannst einen Tag an mich abtreten.«
»Du meinst, ich lebe dann einen Tag weniger und du einen Tag länger?«
»Genau!«, rief Elen freudig. »Du hast verstanden!«
»Und was ... und was ... für ein ... Tag?«, stotterte Theodgelt.

»Ach, nur ein Tag am Ende deines Lebens.«

»Das sehe ich als sehr hohen Preis«, keuchte Theodgelt erschreckt.

»Ach!« Elen machte eine wegwerfende Handbewegung. »Stell dir vor: Am Ende deines Lebens, wo du wahrscheinlich sowieso hilflos und krank im Bett liegst, Schmerzen leidest und den Tod herbeisehnst. Du siehst, ich tue dir einen Gefallen!«

»Na ja«, nickte Theodgelt. »Wenn man es so sieht! Was bekomme ich für einen Tag meines Lebens?«

»Einen Laib Brot.«

»Einen Laib Brot? Das scheint mir ein äußerst hoher Preis«, erwiderte Theodgelt. Wenn es noch ein Edelstein oder ein Klumpen Gold wäre, den er verkaufen und von dessen Erlös sein Mütterchen und er lange Zeit leben könnte!

Elen kicherte: »Glaubst du, ein Tag deines erbärmlichen Lebens könnte einen Edelstein oder einen Klumpen Gold wert sein?«

Theodgelt zuckte erschrocken mit den Achseln. Konnte der Zwerg seine Gedanken lesen?

»Nein«, sagte dieser, »ich kann keine Gedanken lesen. Ich lese in deinen Augen. Das ist nicht schwierig. Aber um auf unser Geschäft zurückzukommen: Ohne das Brot wird dein Mütterchen bald sterben und erwischt man dich beim Diebstahl – und mit jedem Diebstahl wächst die Gefahr, dass man dich erkennt – wird man deine Hand abschlagen und wenn du nicht verblutest, werdet ihr beide verhungern. Was ist dagegen ein Tag?«

»Na gut«, sagte Theodgelt. »Einverstanden.«

»Was ist ein Tag am Ende meines Lebens gegen das Leben jetzt?«, dachte er.

»Hast du das Brot bei dir?« Allein bei dem Gedanken an Brot lief Theodgelt das Wasser im Munde zusammen.

Der Zwerg schüttelte bedauernd den Kopf: »Leider nein. Das Brot ist auf dem Markt.«

»Gibst du mir Geld, es zu kaufen?«

Wieder folgte ein Kopfschütteln: »Du musst das Brot stehlen!«

»Was?«, fuhr Theodgelt zornig auf. »Was ist das für ein dummes Geschäft? Wenn ich selbst das Brot stehlen muss, brauche ich dich nicht! Weshalb sollte ich dir dann einen Tag meines Lebens geben?«

Der Zwerg kicherte: »Ja, du musst es stehlen, aber man wird dich nicht ertappen!«

»Ein blödes Geschäft!«, brummte Theodgelt.

»Du brauchst nicht, wenn du nicht willst!«, sagte Elen und machte Anstalten fortzugehen.

»Bleib!«, rief der Junge verzweifelt. »Ich will es ja tun.« Das Bild seines alten Mütterchens erschien plötzlich vor seinen Augen und wäre es nicht bedeutend besser, in – so Gott will – vielen Jahren einen Tag weniger lange zu leben, anstatt jetzt und hier des Hungers zu sterben?

Etwas später stand Theodgelt auf dem Markt und seine Augen schweiften über das bunte Gewusel. Rechts vor ihm war der Stand des Bäckers, auf welchem herrlich duftende Brote lagen. Er schluckte. Angst stieg in seinen Eingeweiden auf. Er wollte nicht wieder stehlen! Er wollte seine Hand nicht verlieren! Aber der Zwerg hatte versprochen, dass man ihn nicht erwischen würde. Und aus irgendeinem Grunde glaubte er ihm. Schließlich wollte Elen etwas von ihm und das Geschäft galt nur, wenn dieser sich an sein Versprechen hielte. Sein Magen rumorte und grollte und dennoch wäre er unverrichteter Dinge heimgegangen, wenn nicht der Gedanke an sein altes Mütterchen, das in der kalten Hütte fror und hungerte …

Er biss die Zähne zusammen, rannte los, dicht am Stand des Bäckers vorüber, und griff einen Laib Brot, den er im Laufen unter sein Hemd schob. Hinter sich hörte er den Bäcker brüllen: »Haltet den Dieb!«, und er lief noch schneller, kaum dass seine Füße wieder den Boden berührten.

Das gestreckte Bein nahm er erst wahr, als es zu spät war. Er strauchelte, verlor das Gleichgewicht und schlug der

Länge nach hin. Ehe er sich aufrappeln konnte, packten ihn mehrere kräftige Hände. Er öffnete die Augen und blickte in das gestrenge Gesicht des Büttels. Auch der Bäcker war herbeigelaufen und deutete mit dem Finger auf ihn: »Er hat ein Brot gestohlen!«, keifte er.

»Das wird dich teuer zu stehen kommen«, sagte der Büttel. »Wir haben dich schon länger im Auge.«

»Ich habe nichts gestohlen!«, log Theodgelt angstvoll. Hätte er bloß niemals auf den Zwerg gehört! Wie hatte er ihm vertrauen können! Das hatte ja geschehen müssen! Nun würde man ihm unter dem Jubel der Gaffenden die Hand abschlagen!

»Und was hast du hier unter deinem Hemd?«, schmunzelte der Büttel böse, griff unter Theodgelts Hemd und zog ein schmutziges Päckchen hervor. »Was ist das?«, fragte er siegessicher, faltete den fleckigen Stoff auseinander und starrte auf eine Handvoll Kastanien.

Auch Theodgelts Augen weiteten sich, aber er fasste sich schnell und erwiderte: »Das sind Kastanien, die habe ich im Wald gesammelt!«

»Aber ...«, stammelte der Bäcker.

»Verschwindet!«, fluchte der Büttel, bedachte den Bäcker mit einem zornigen Blick, drückte Theodgelt die Kastanien in die Hand und gab ihm einen Stoß.

Dieser ließ sich das nicht zweimal sagen und eilte davon.

Am Waldrand wartete der Zwerg.

»Da hast du mich aber hereingelegt!«, schimpfte Theodgelt. »Du sagtest, man erwischt mich nicht!«

»Hat man dich denn mit dem Brot erwischt?«, entgegnete dieser.

»Nein, das nicht, aber ich habe auch kein Brot!«

»Sieh in deinem Hemd nach!«

Theodgelt öffnete sein Hemd und zog staunend das duftende Brot hervor.

Elen grinste zufrieden: »Na, habe ich dir zu viel versprochen?«

Am Abend aßen sein Mütterchen und er von dem köstlichen Brot. Sie wurden beide satt und selbst am nächsten Tag war noch ein gutes Stück übrig.

»Siehst du, mein lieber Junge«, sagte sein Mütterchen. »Meine Gebete haben geholfen!«

»Ja«, murmelte Theodgelt und senkte den Kopf. Gut, dass sein Mütterchen nicht wusste …! Aber sie war heute kräftiger, konnte aufstehen und einige Schritte gehen. Die Erkältung schien überstanden. Was war dagegen ein Tag seines erbärmlichen Lebens!

Wie man sich denken kann, stellte sich alsbald der Hunger wieder ein. Theodgelt wagte nach seinen Erfahrungen mit dem Büttel nicht mehr, auf dem Marktplatz zu stehlen, und für die kargen Holzbündel gaben die Bauern immer weniger. So ging er in den Wald, den Zwerg zu suchen. Auf dem umgestürzten Baumstamm schien dieser ihn erwartet zu haben, denn er begrüßte ihn überschwänglich: »Schön, dich zu sehen, mein lieber Theodgelt. Du und dein Mütterchen habt Hunger?«

Theodgelt nickte: »Ja, das Brot hielt nicht lange.«

Elen lächelte: »Machen wir ein Geschäft?«

»Mir bleibt wohl nichts anderes übrig, als dir wieder einen Tag meines Lebens abzutreten«, seufzte Theodgelt. »Aber ich habe mir überlegt, ob du mir nicht etwas mehr für einen Tag geben könntest. Eine Gans vielleicht?«

Der Zwerg schmunzelte: »Das könnte ich schon, aber der Preis würde steigen. Eine Gans …?« Er fuhr überlegend mit dem winzigen Zeigefinger über seine winzige Stirn: »Eine Gans kostet eine Woche!«

»Eine Woche!«, keuchte Theodgelt. »Nein, das ist mir zu viel!«

»Wie du willst«, kicherte Elen. »Dann ein Brot für einen Tag.«

Am Nachmittag stahl Theodgelt auf dem Marktplatz wieder ein Brot, wurde wieder ertappt und wieder kam ein Bündel Kastanien zum Vorschein. Der Büttel schüttelte fassungslos den Kopf. »Das geht doch nicht mit rechten Dingen zu!«

Dieses Mal teilte Theodgelt das Brot sorgfältiger ein und es reichte vier Tage. Seinem Mütterchen ging es besser, sie konnte gar kleine Arbeiten im Garten verrichten.

Aber der Hunger ließ nicht lange auf sich warten und so fand sich Theodgelt kurze Zeit später bei dem umgestürzten Baumstamm ein. Erneut suchte er mit Elen zu verhandeln, erneut zeigte sich der Zwerg unerbittlich.

Auf dem Weg zum Marktplatz überlegte Theodgelt. Sein Mütterchen war glücklicherweise von der Erkältung genesen, aber sie war eine alte Frau und würde kein Holz mehr sammeln können. Allein bewältigte er die Arbeit nicht. Der Herbst hatte gerade erst begonnen und ein langer, kalter Winter stand bevor. Wenn er alle vier oder fünf Tage zu dem

Zwerg ginge und jedes Mal für einen Laib Brot einen Tag seines Lebens zahlen müsste, dann würde sein Leben nicht mehr lange währen.

Unentschlossen stand er am Markt, sein Blick schweifte zwischen dem Stand des Bäckers mit den köstlichen Broten und dem des Bauern mit den fetten Hühnern hin und her. Ein Huhn, sann er. Von dem Fleisch könnte sein Mütterchen und er eine Woche leben, oder noch besser, sie behielten das Huhn und aßen die Eier. Dann bräuchte er keine Tage seines Lebens mehr an den Zwerg abzutreten. Was ist ein Huhn viel mehr als ein Brot! Der Zwerg würde den Unterschied nicht bemerken.

Gedacht, getan. Vorsichtig näherte er sich dem Gehege und als keiner zu ihm schaute, nahm er ein Huhn und stopfte es unter sein Hemd. Aber er hatte auf die Umgebung und nicht auf das Tier geachtet, das nun zu seinem unsäglichen Entsetzen laut zu krähen begann. Er hatte kein Huhn, sondern einen Hahn gegriffen, dessen Kopf aus seinem Hosenbund lugte. Sogleich standen die Bauern und die Händler um ihn herum und riefen: »Ein Dieb!«

Der Büttel eilte herbei: »Was hast du unter deinem Hemd?«, rief er.

»Ein Bündel Kastanien!«, gab Theodgelt angsterfüllt zurück. »Die habe ich im Wald gesammelt.«

Der Büttel griff in sein Hemd und zog den Hahn hervor: »Ein Bündel Kastanien? Hah! Endlich habe ich dich erwischt! Das wird dich teuer zu stehen kommen!«

Verzweifelt suchte Theodgelt nach einer Fluchtmöglichkeit, aber der Büttel hielt ihn mit eisernem Griff. Sein Blick flirrte umher und er erkannte am Rande des Marktplatzes den Zwerg, der zu ihm hinübersah, traurig den Kopf schüttelte, sich abwandte und im Gewirr der Stände und Menschen verschwand. Da wusste Theodgelt, dass er von Elen keine Hilfe zu erwarten hatte.

Man warf ihn in einen fensterlosen, unterirdischen Kerker, in dem das Wasser nach den ausgiebigen Regenfällen der letzten Tage knöchelhoch stand. Theodgelt haderte mit dem erbarmungslosen Schicksal und den ungerechten Umständen. Er fluchte auf das schlechte Wetter, das den ohnehin kargen Ertrag seines Gartens nahezu ausgelöscht und seinem Mütterchen die Krankheit beschert hatte. Er schimpfte auf die geizigen Bauern, die ohne mit der Wimper zu zucken, ihn und sein Mütterchen verhungern ließen. Er schalt auf die alten und auf die neuen Götter, die seine Gebete unerwidert ließen. Er verwünschte den Zwerg und bedauerte, jemals auf diesen gehört zu haben. Er wetterte, keifte, zeterte.

»Ein furchtbares Loch, in das man dich gesteckt hat!«, sagte plötzlich eine bekannte Stimme, als Theodgelt gerade zornig auftrat, dass das Wasser hoch spritzte. Er wandte sich um und sah Elen, der auf der feuchten Pritsche hockte und sich schüttelte.

»Wie kommst du denn hierher?«, knurrte Theodgelt, zwischen Erstaunen und Wut hin und hergerissen.

»Hast du vergessen, dass ich ein Zwerg bin?«

»Nein, bestimmt nicht, aber ich wusste nicht, dass du durch Mauern gehen kannst.«

»Das kann ich auch nicht, aber ich kann mich sehr, sehr dünn machen!« Elen deutete auf die Gittertür und kicherte.

»Was gibt es da zu kichern? Kannst du mich hier rausholen?«

Elen schüttelte bedauernd den Kopf: »Nein, tut mir leid! Das liegt nicht in meiner Macht.«

»Dann solltest du besser verschwinden, ehe ich mich vergesse!« Theodgelt kochte vor hilfloser Wut.

»Na, na, na!«, gab Elen zurück.

»Was willst du hier? Willst du dich über mich lustig machen? Mich verspotten? Hast du mich hereingelegt, um dich nun an meinem Elend zu weiden? Dir habe ich doch den ganzen Schlamassel zu verdanken!«

»Nein«, sagte Elen ernst. »Das stimmt nicht. Ich war der einzige weit und breit, der dir hat helfen wollen.«

»Hat helfen wollen!«, wiederholte Theodgelt und seine Stimme klang gehässig. »Du hast für ein Brot, das ich selbst habe stehlen müssen, einen Tag meines Lebens erhalten!«

»Ja, das stimmt. Das war ein Geschäft und du hast eingewilligt. Ich habe viele Geschäftspartner, denen ich auf diese Weise helfe. Es herrschen schlimme Zeiten und viele hungern. Aber dein Unglück hast du dir selbst zuzuschreiben. Nicht das Wetter ist schuld, nicht die Bauern, nicht die Schnecken, nicht die Götter. Du! Du allein!«

»Ähhh!«

»Du hast, schon bevor wir uns getroffen haben, auf dem Markt gestohlen.«

»Zwei Eier, zwei Handvoll Körner und ein halbes Dutzend Hühnerfüße!«, brummte Theodgelt. »Mein Mütterchen ...«

Elen schüttelte das kleine Köpfchen: »Warum du gestohlen hast, ist völlig gleichgültig. Du hast gestohlen! Und mögen es auch nur Eier, Körner oder Hühnerfüße gewesen sein. Hätte man dich erwischt, das weißt du, wärst du ebenso hier in diesem Kerker gelandet.«

Theodgelt schlug die Augen nieder, sagte jedoch trotzig: »Man hat mich aber nicht erwischt!«

»Es wäre nur eine Frage der Zeit gewesen. Kennst du das Sprichwort: Der Krug geht zum Brunnen, bis er bricht?«

»Phhh!«, machte Theodgelt.

»Du hast keine Ahnung von Zauberei!«, sagte der Zwerg ungeduldig. »Glaubst du, ich brauche nur mit dem Finger zu schnippen, um Brot in Kastanien zu verwandeln?«

Theodgelt zuckte mit den Schultern.

»Du stellst dich beim Stehlen töricht an, lässt dich erwischen und ich muss meine Kräfte einsetzen.«

»Hmm!«, brummte Theodgelt.

»Brot ...«, fuhr Elen fort, »... in eine Tüte Kastanien zu verwandeln, kostet mich Lebenskraft. Von dem Tag, den ich von dir dafür erhalten habe, geht ungefähr die Hälfte für diesen Zauber verloren. Aber in Ordnung, so lautete unsere Abmachung. Ein Huhn aber ist viel mehr wert als ein Brot und die Verwandlung eines lebendigen Wesens in eine Tüte Kastanien hätte mich mehrere Tage meiner Lebenskraft gekostet. Du hast dich nicht an unsere Übereinkunft gehalten und wolltest mich betrügen. Gib mir also nicht die Schuld an deinem Unglück!«

Theodgelt senkte den Kopf. Elen hatte recht. Kein anderer war für sein Verderben verantwortlich als er selbst und die Strafe, die ihn erwartete, war gerecht. Aber sein Mütterchen …

»Es tut mir leid!«, sagte Theodgelt, »Ich hätte nicht versuchen sollen, dich zu betrügen. Verzeih mir!« Er hob die Augen, aber Elen war ebenso unbemerkt, wie er gekommen war, verschwunden. Er war allein.

Theodgelt seufzte und der Gedanke an sein armes, altes Mütterchen trieb ihm Tränen in die Augen. Er hatte Elen bitten wollen, für sein Mütterchen zu sorgen. Dafür hätte er ihm gern weitere Tage seines nichtsnutzigen Lebens übertragen.

Aber der Zwerg war nicht mehr da und verzweifelt rang Theodgelt seine Hände. Hatte man inzwischen seinem Mütterchen berichtet, dass man ihren Sohn beim Diebstahl erwischt hatte, er im Kerker saß und seiner Strafe harrte? Sie würde sich seiner schämen. War sie gesund? Hatte sie zu essen?

Er flehte und betete zu Jesus Christus, dass dieser sich in Gedenken an seine Mutter Maria seines armen Mütterchens erbarme. Sie konnte schließlich nichts für ihren ungeratenen Sohn.

Weinend kniete er im kalten Wasser und wusste nicht, ob es Tag oder Nacht war, als plötzlich seine Kerkertür aufgerissen wurde. Voller Angst starrte Theodgelt dem Wärter entgegen, der ihn wortlos mit einem Wink aus der Zelle leitete. Schützend hielt er seine gefesselten Hände vor die Augen, denn selbst das düstere Herbstlicht stach. Er fürchtete sich und seine Knie drohten nachzugeben, glaubte er doch, auf den großen Platz zwischen Pfalzkapelle und Königshalle geführt zu werden, wo der Henker ihm eine Hand abschlagen würde. Stattdessen brachte man ihn in den Palast. Mit anderen zerlumpten Gestalten wartete Theodgelt am Rande der Halle. Flüsternd ging die Kunde, dass Karl heute persönlich Gericht halten würde.

Als Theodgelt an der Reihe war und vor den Thron geführt wurde, warf er sich bäuchlings zu Boden. Er wagte nicht, den Blick zu heben, während ein Sprecher berichtete, dass er auf dem Markt einen Hahn habe stehlen wollen.

»Du weißt …«, donnerte die Stimme Karls auf ihn herab, »welche Strafe auf Diebstahl steht?«

Theodgelt hob den Kopf ein wenig: »Ja, mein König.«

»Und doch hast du gestohlen?«

»Ja, Herr! Mein altes Mütterchen ist krank und schwach und …«

Und Theodgelt erzählte die ganze Geschichte. Nichts beschönigte er, nichts ließ er aus, auch nicht, dass er schon öfter gestohlen hatte. Er berichtete von dem Zwerg, wie er ihm im Wald begegnet war, wie er ihm einen Tag seines Lebens übertragen hatte, um ein Brot zu bekommen, wie aus einem gestohlenen Brot ein Bündel Kastanien geworden war und wie er schließlich den Zwerg hatte betrügen wollen.

Karl hörte aufmerksam zu und schüttelte skeptisch den Kopf. Solch eine absonderliche Mär war ihm lange nicht zu Ohren gekommen. Ein Zwerg mit Zauberkräften! Andererseits waren ihm selbst die eigenartigsten Dinge begegnet: eine sprechende Schlange, ein Zauberring, der Teufel höchstpersönlich. Warum also nicht ein Zwerg mit Zauberkräften?

Auch wusste Karl, dass das Überleben für die Armen in seinem Reich selbst in einem guten Jahr schwierig war, geschweige denn bei einer schlechten Ernte. Er wollte die Situation für die Menschen verbessern und durch seine Landgüterverordnung hatte er bereits viel Elend lindern können, aber es war noch viel zu tun. Dies verdeutlichte ihm die Geschichte Theodgelts.

Karls unaufhörliche Reisen, seine Erfahrungen, seine intensiven Gespräche mit Menschen aller Schichten und Bedürfnisse hatten ihn zu einem herausragenden Menschenkenner werden lassen, und er erkannte Theodgelts aufrichtige Reue.

Er dachte an seine Mutter Bertrada und Mitleid regte sich in ihm. Der junge Mann war vom rechten Wege abgekommen, aber er hatte den Pfad des Unrechts nicht aus

Eigennutz, sondern wegen seiner alten und kranken Mutter beschritten. Er hätte sie ebenso gut sich selbst überlassen, fortgehen und sein Glück irgendwo anders suchen oder sich einer Räuberbande anschließen können, die die Straßen unsicher machten. Aber er hatte sich entschieden, zu bleiben, das karge Los auf sich zu nehmen und seine Mutter zu pflegen.

Das nötigte dem König Respekt ab und er verkündete seinen Richterspruch, denn er durfte den Diebstahl auch nicht ungesühnt lassen: »Ich verurteile dich, weiterhin für deine alte Mutter zu sorgen. Damit du aber nicht mehr stehlen musst, werde ich dir Arbeit bei den Holzfällern geben. Du kennst dich im Wald aus!«

Theodgelt glaubte, seinen Ohren nicht trauen zu dürfen und benötigte einige Zeit, um zu begreifen, was der Richterspruch Karls bedeutete. »Meine Hand wird nicht abgeschlagen?«, fragte er ungläubig.

»Nein, sonst könntest du nicht im Wald für mich arbeiten. Aber wehe dir, erwischt man dich ein weiteres Mal beim Stehlen!«

Theodgelt wurde freigelassen, er erhielt saubere Kleidung, konnte sich waschen und mit einem Korb voller Gemüse, Brot und einem Huhn eilte er nach Hause. Sein Mütterchen empfing ihn besorgt und staunte nicht schlecht über seine neue Kleidung und den Korb voller Leckerbissen.

Einige Monate später wurde Theodgelt wieder zu Karl gerufen und er musste den König zu dem umgestürzten Baum führen, wo er einst den Zwerg getroffen hatte. Allerdings war kein Zwerg zu sehen, so oft und so laut Theodgelt auch nach ihm rief.

Karl zog die Stirn in Falten: »Bist du sicher, einen Zwerg gesehen zu haben oder hat dir deine Fantasie vor Hunger einen Streich gespielt?«

Theodgelt zuckte unschlüssig mit den Schultern. Mittlerweile waren Monate vergangen und die Ereignisse schienen ihm selbst in fernem Nebel zu versinken. Hatte er wirklich mit einem Zwerg gesprochen, fragte er sich, als er mit dem König den Heimweg antrat.

Das ist die Geschichte von Theodgelt. Er arbeitete fleißig, pflegte sein Mütterchen noch viele Jahre, bis sie eines Tages friedlich entschlief. Wegen seiner Zuverlässigkeit wurde er befördert und beaufsichtigte die Holzfäller. Er kam zu hohen Ehren und nur heimlich hinter geschlossenen Türen nannte man ihn den Hühnerdieb. Über viele Generationen hinweg erzählten die Alten ihren Kindern von Theodgelt, dem Hühnerdieb, von dem Zwerg Elen und von dem gerechten Karl.

Im Verlaufe vieler Jahrhunderte jedoch gerieten die genaueren Umstände von Theodgelts Geschichte in Vergessenheit und auch Hermann Joachim Pagels aus Berlin, der das wunderbare Bildwerk des Hühnerdiebes in Aachen schuf, konnte nur auf spärliche Überlieferungen zurückgreifen. Vielleicht sähe sein Hühnerdieb anders aus, hätte er die ganze Geschichte gekannt.

Isanfrid

»Guten Morgen, meine allersüßeste Hruodtrud. Ich bringe dir die besten Wünsche zu deinem Namensfest!«

Die kleine Hruodtrud schlug die Augen auf. Die hohe Gestalt ihres Vaters ragte neben ihrem Bettchen auf und seine Stimme klang gerührt. Im ersten Moment wusste sie nicht recht, wie ihr geschah, zu tief war sie in Träumen versunken, doch mit einem Schlag war sie hellwach. Heute war der 23. September und damit ihr Namenstag und zugleich ihr Geburtstag. Man hatte sie am Tag ihrer Geburt auf den Namen der Tagesheiligen getauft, auf Hruodtrud. Neun Jahre wurde sie heute.

»Mein großes Mädchen!«, murmelte Karl und Hruodtrud schlang die Arme um seinen Hals.

»Vorsicht! Du erdrückst mich ja!«, ächzte er schmunzelnd.

Hruodtrud setzte sich im Schneidersitz auf ihr Bett und blickte ihren Vater ernst an: »Können wir heute den Unterricht ausfallen lassen? Bitte!«

Karl lachte: »Elissaios wird enttäuscht sein.«

»Das wird er überleben. Bitte! Er ist so streng und ich habe gestern keine Vokabeln geübt. Nur heute! Bitte! Bitte! Bitte!«

»Na gut!«, grummelte Karl. Wie schon vor Jahren konnte er seiner Tochter immer noch keinen Wunsch versagen. »Aber morgen musst du alles nachholen!«

Hruodtrud verzog das Gesicht.

»Du willst dich schließlich mit Konstantin unterhalten können.«

Sie nickte kläglich. »Ja! Versprochen.«

Sie war kein kleines Mädchen mehr, sie sagte nicht mehr ›Walum?‹ und sie weinte und zeterte nicht mehr, wenn ihr Vater zu einer Reise aufbrach. Sie war beinahe erwachsen. Bald würde sie heiraten und zwar den byzantinischen Kaiser Konstantin und sie würde in Byzanz wohnen.

Man hatte ihr sein Bild geschickt, Konstantin war vier Jahre älter als sie, also dreizehn, ein gutaussehender Junge und schon vor vier Jahren war er seinem Vater auf dem Kaiserthron gefolgt. Da aber ein Dreizehnjähriger nicht über ein Reich herrschen konnte, fungierte seine Mutter Irene als Regentin. Konstantin schien Hruodtrud sympathisch und in nicht allzu ferner Zukunft würde sie die Ehefrau des Kaisers sein und mit diesem über das gewaltige byzantinische Reich herrschen. Das erfüllte sie mit Stolz, aber sie müsste ihren Vater, ihre Geschwister und Aachen verlassen. Wahrscheinlich würde sie ihre Heimat und ihre Lieben nie wiedersehen. Das stimmte sie traurig.

Der Eunuch Elissaois unterrichtete sie seit nunmehr drei Jahren nicht nur in der griechischen Sprache, sondern versuchte auch ihr die Geschichte und die Lebensgewohnheiten seines Landes nahezubringen, die so verschieden von ihrer fränkischen Heimat waren.

Auf ihres Vaters zweifelnden Blick wiederholte sie: »Ja, ich verspreche es!«

»Du bist ein gutes Kind!«, sagte Karl und wischte mit der Hand möglichst unauffällig über seine Augen. Hruodtrud erinnerte ihn schmerzlich an ihre Mutter, seine geliebte Hildegard. Dreizehn glückliche Jahre hatten sie gemeinsam verbracht, in denen sie ihm neun Kinder geschenkt hatte. Und dann war sie voriges Jahr bei der Geburt einer kleinen Tochter, die nach der Mutter benannt wurde und die ihr nach sechs Wochen ins Grab folgte, gerade als er im April zu einem Feldzug gegen die Sachsen aufbrechen wollte, in Diedenhofen an der Mosel gestorben. Ihren Tod hatte er längst nicht verwunden.

Hildegard hatte ihn auf vielen seiner Reisen begleitet, sie hatte mit ihm bei der Belagerung von Pavia vor den Mauern der Stadt gestanden und eben dort eine ihrer Töchter geboren, in Rom hatte sie Papst Hadrian eine kostbare Altardecke als Geschenk für die Peterskirche dargebracht. Hildegard war nicht nur eine liebevolle Frau gewesen, sondern auch eine kluge, die ihm mit Rat und Tat zur Seite gestanden hatte. Er hatte sie in der Kirche des Heiligen Arnulf, des Stammvaters seines Hauses, bei Metz beisetzen lassen und dem gelehrten Langobarden Paulus Diakonus den Auftrag erteilt, eine Grabinschrift zu entwerfen, die seinen Gefühlen Ausdruck verlieh.

Wenn er daran dachte, sein geliebtes Mädchen in ein Land nahezu am anderen Ende der Welt zu schicken, um dort einen Fremden zu heiraten, wollte ihm das Herz im Leibe stehenbleiben. Aber die Hochzeit würde ihn mit dem mächtigen byzantinischen Kaiserreich vereinen und er gewänne einen wichtigen Verbündeten, der sich seinen hochfliegenden Plänen nicht widersetzen würde.

Aber nun suchte er diesen Gedanken zu verbannen. Seine Tochter war neun und die Hochzeit lag in weiter Ferne. Sicher blieben ihnen noch zwei oder drei Jahre.

»Willst du denn gar nicht wissen, was heute geschieht?«, schmunzelte er, den Schmerz im Herzen verbergend.

Hruodtrud blickte ihn fragend an.

»Um das herauszufinden, müsstest du aufstehen. Ich verrate nur so viel: Es gibt ein großes Fest!«

»Ein Fest? Für mich?« Mit einem Satz sprang Hruodtrud aus ihrem Bett.

»Natürlich! Für mein großes Mädchen!« Er drückte ihr einen Kuss auf die Stirn und erhob sich. »Wasch dich und zieh dich an!«

Regina half ihr beim Ankleiden und schimpfte über Hruodtruds Ungeduld: »Wenn du nicht still hältst, bekomme ich die Häkchen nie zu.«

Diese hüpfte von einem Bein auf das andere: »Beeil dich!«

In aller Eile stopfte sie ein wenig süßes Brot in sich hinein und sprang die Stufen in den Hof hinunter. Überall wurde gebaut, überall lagen Haufen großer Steine, standen Gerüste an halbfertigen Gebäuden, wurde gehämmert, gemauert und geklopft. Ihr Vater wollte den alten Gutshof zu einer prächtigen Pfalzanlage mit einer gewaltigen Königshalle und einer Pfalzkapelle ausbauen. Er hatte ihr erklärt, hier in Aachen ein neues Rom nördlich der Alpen errichten zu wollen und es als ständigen Wohn- und Regierungssitz seines fränkischen Reiches zu nutzen. Die Arbeiten waren seit Jahren in vollem Gange, aber längst nicht abgeschlossen.

Heute aber ruhte die Arbeit. Karl hatte die Handwerker nach Hause geschickt und einen großen Platz freiräumen lassen. Eine hölzerne Tribüne ragte vor einer kleinen Bühne am Kopfende empor, auf der die wichtigen Leute bereits ihren Platz eingenommen hatten. Um den Platz saßen und standen die Bewohner der Stadt. Es herrschte Jubel und Trubel. Händler boten lautstark ihre Waren an und Garküchen dampften, Gaukler sprangen umher und ein Mann führte einen mächtigen Bären an einem Nasenring. Eine Symphonie der Farben, Klänge und Gerüche.

Hruodtrud klatschte vor Freude in die Hände. Sie wollte zu ihrem Vater rennen, der ihr zuwinkend auf der Tribüne stand, aber Regina erwischte sie gerade noch am Zipfel ihre Kleides.

»Eine junge Dame rennt nicht!«, mahnte sie und Hruodtrud setzte hoch erhobenen Hauptes gemessen ihre Schritte, obwohl sie lieber wie der Wirbelwind gelaufen wäre. Als sie neben ihrem Vater stand, hob dieser die Hand und Schweigen kehrte auf dem weiten Platz ein.

»Meine Tochter Hruodtrud«, hob er mit mächtiger Stimme an, »feiert heute ihren Namenstag. Ich habe euch alle eingeladen, um mit ihr zusammen das heutige Fest zu begehen. Lasst den Chor beginnen!«

Eine Gasse zwischen den Menschen öffnete sich, durch die Männer in bodenlangen, weißen Gewändern auf den Platz traten. An ihrer Spitze geübte Sänger, die auf Bitte Karls an Papst Hadrian I. aus Rom gekommen waren und ein wertvolles Antiphonar, eine Notenhandschrift, mit Gregorianischem Choral nach Aachen gebracht hatten. Ihnen folgten die Chorschüler der Palastschule. Sie stellten sich auf und ein einstimmiger Gesang in lateinischer Sprache ertönte. Hruodtrud kannte die Worte genau. Ihr Vater wollte den Gesang im christlichen Geist nach dem Vorbild Roms, diese Musik aus dem römisch-hellenistischen Kulturkreis erhalten, wenn diese auch mit germanischen Traditionen verschmolz.

»Ich freue mich, wenn meine Pfalzkapelle errichtet und das feierliche Offizium dort gesungen werden kann!«, murmelte er und hielt Hruodtrud an der Hand. Sie sah zu ihrem Vater auf und hörte, wie er leise die lateinische Weise mitsang.

Beifall brandete auf, die Chorsänger verließen den Platz.

»Lasst nun die Musikanten aufspielen!«, rief Karl.

Die Menschen applaudierten und eine Gruppe bunt gekleideter Musiker betrat den Platz und bald erschallten lustige Melodien von Fideln, Flöten und Dudelsäcken. Nach den schweren liturgischen Chorälen sangen die Menschen begeistert mit. Artisten und Akrobaten traten auf, Seiltänzer sprangen, Jongleure warfen Bälle in die Luft, ein Feuerschlucker stieß mächtige Flammen aus, Taschenspieler lockten mit ihren Tricks den Zuschauern das Geld aus den Beuteln, an den Seiten hockten Kartenleger und Wahrsager.

Hruodtruds Wangen glühten vor Aufregung und sie sprang von ihrem Sitz, als eine Gruppe Komödianten vor die Tribüne trat und sich tief verbeugte. Karl gab ein Zeichen und sie begannen ihr Spiel. Hruodtrud konnte dem verworrenen Verlauf nicht ganz folgen, es handelte von den siegreichen Schlachten ihres Vaters gegen die Sachsen, die sich immer wieder erhoben und die nahezu jedes Jahr erneut niedergerungen werden mussten.

Besonders ein verwachsener Zwerg hatte es ihr angetan. Ein Junge, vielleicht zwei oder drei Jahre älter als sie, aber einen guten Kopf kleiner, watschelte mit seinen kurzen, krummen Beinen über die Bühne und wedelte mit seinen plumpen Händen. Aber nicht deshalb fiel er ihr auf, sondern wegen seines Spiels. Die anderen Schauspieler leierten ausdruckslos ihre Texte herunter, sprangen unsinnig umher und ihr Talent bestand in erster Linie darin, obszöne Gesten und Geräusche einzuflechten, ob diese nun zur Handlung passten oder nicht. Der Zwerg war anders. Er lebte seine Rolle, seine Bewegungen waren knapp, aber angemessen, und seine tiefe, kräftige, eindringliche Stimme klang deutlich. Er spielte in dem Stück den Feind ihres Vaters, den Sachsen Widukind, der in der Schlacht kläglich versagte, und die Zuschauer jubelten und jauchzten über die ungelenken Bewegungen des Zwerges, als dieser verzweifelt um die zerstörte Irminsul trauerte.

Kaum einer aus dem weiten Rund, das erkannte Hruodtrud, wusste das schauspielerische Vermögen des Zwerges zu schätzen, im Gegenteil spornte sie die Ernsthaftigkeit seines Spiels zu Spott und Gelächter an. Sie blickte zur Seite in das Gesicht ihres Vaters. Seine Stirn war umwölkt, sie wusste, dass er solche Possenspiele nicht mochte, aber die Menschen liebten sie.

»Wäre Widukind tatsächlich solch ein Trottel wie in dem Stück, wäre dieser elende Krieg längst gewonnen«, grollte er.

Irgendwann lagen alle Feinde Karls getötet am Boden, sie ließen letzte Winde fahren – die beiden Jungen am Rande der Bühne, die die entsprechenden Balge bedienten, hatten alle Hände voll zu tun – und die Zuschauer grölten vor Begeisterung. Ein Schauspieler in einem Priestergewand betrat die Bühne und gebot Schweigen. Die Menschen hielten inne und starrten gebannt auf das Geschehen. Er erhob seine Hände, sprach ein Gebet und die Getöteten erhoben sich. Der Priester taufte sie und stimmte einen lobpreisenden Gesang an. Die Getauften fielen ein und bald auch die Zuschauer, die ihre Hände falteten und ihre Gesichter ehrfürchtig dem Himmel zuwandten.

Schließlich standen die Darsteller vor der Tribüne und verneigten sich vor ihrem König und Hruodtrud. Beifall brandete auf, die Menschen warfen Münzen und auch Karl ließ mit einem Wink Geld unter die Schauspieler verteilen.

Die Männer verließen die Bühne und nachdem Artisten und Akrobaten ihre Fertigkeiten präsentiert hatten, begannen erneut Musiker zu spielen. Wie erstaunte Hruodtrud aber, als sie den Zwerg erkannte, der nun zu den Liedern sang. Sein Spiel war eindrucksvoll gewesen, aber sein Gesang schien von Gott gesandt. Die Menschen, die bei seinen unbeholfenen Schritten die Treppe hinauf wieder zu lachen begonnen hatten, schienen, als er zu singen anhob, seine verkrüppelte Gestalt nicht mehr wahrzunehmen und lauschten ergriffen. Nie hatte Hruodtrud schöneren Gesang vernommen, selbst die geübten Sänger aus Rom reichten bei weitem nicht an diese Stimme heran.

»Gott gab ihm eine verkrüppelte Gestalt, aber er beschenkte ihn mit dieser Stimme«, sagte Alkuin, der neben Karl saß, beeindruckt.

Als die Musiker und der Zwerg nach nicht enden wollendem Applaus die Bühne verließen, bat Hruodtrud ihren Vater: »Kann der kleine Junge nicht bei uns am Hof bleiben? Er spielt und singt so schön. Ich würde ihn gern öfter hören.«

So kam es, dass Isanfrid, so hieß der kleine Sänger, in Aachen verblieb und nun jeden Tag für sie spielte und sang, wenn ihn auch die Schauspieltruppe nicht gern ziehen ließ, aber was war gegen den Wunsch des Königs auszurichten? Außerdem wurden sie von Karl reichlich entlohnt.

»Meine Eltern hassten mich, sie schämten sich meiner und mochten mich nicht behalten. Deshalb verkauften sie mich als Baby an diese Schauspieltruppe, die mich, um mich zu verspotten, Isanfrid, den Eisenmann, nannten.«

»Das tut mir leid«, sagte Hruodtrud. »Aber jetzt soll es dir besser ergehen!«

»Mir ging es nicht schlecht bei den Schaustellern. Sie zogen mich auf und ich fand Freunde. Sie waren meine Familie. Die Menschen liebten meinen Gesang und ich konnte sie durch mein Spiel zum Lachen bringen. Aber hier, bei Euch, Prinzessin, gefällt es mir besser.«

Hruodtrud errötete und Isanfrid, der dies bemerkte, fügte eilig hinzu. »Ihr lacht nicht wegen meines verwachsenen Körpers, Ihr wisst, mein Spiel zu würdigen!«

Hruodtrud mochte nicht nur sein Spiel und seinen Gesang, sie genoss die Unterhaltungen mit ihm. Isanfrid war anders als die Menschen, mit denen sie sonst zusammenkam. Das waren Gelehrte, die die Aufgabe hatten, ihr irgendetwas beizubringen, wie Elissaois, der sie mit unaussprechlichen griechischen Vokabeln und komplizierter griechischer

Grammatik quälte, oder Bedienstete, die sie zu gängeln versuchten. Außer ihren Geschwistern kam sie nie mit Kindern zusammen und auch, wenn Isanfrid mit seinen dreizehn Jahren schon ein junger Mann war und sich wie ein junger Mann verhielt, schien er ihr – vielleicht weil sie ihn an Größe überragte – gleichaltrig.

Er war klug, aber er wollte sie nicht belehren, sondern unterhielt sich unbefangen mit ihr, er erzählte ihr von seinem Leben bei den Schaustellern, von seinen Reisen, er war witzig und brachte sie zum Lachen. Sie liebte die kurzweiligen Stunden mit ihm und mit den Monaten wurde er ihr derart vertraut, dass ihr sein missgestalteter Körper nicht mehr auffiel. Sie erzählte ihm ihre Mädchengeheimnisse, weihte ihn in ihre Träume und Fantasien ein und scherzte und lachte mit ihm.

Stolz berichtete sie von ihrer bevorstehenden Hochzeit mit Konstantin und dass sie bald als Kaiserin an dessen Seite das mächtigste Land der Erde regieren würde. Es enttäuschte Hruodtrud, dass Isanfrid ihre Begeisterung nicht teilte, sondern missmutig und gar traurig blickte, wann immer ihre Gespräche dieses Thema berührten. Das konnte sie nicht verstehen.

»Denk doch nur!«, schwärmte sie. »Ich, die kleine Hruodtrud, als Kaiserin des byzantinischen Reiches!«

»Mhm«, machte Isanfrid.

»Weißt du, wie groß dieses Land ist? Und es soll unermesslich reich sein!«

»Mhm«, machte Isanfrid erneut.

»Dort gibt es prächtige Paläste und Kirchen. Und erst das Wetter!« Ihre Begeisterung schlug hohe Wellen. »Nicht wie hier in Aachen das ewige Schmuddelwetter, es soll warm sein und immer scheint die Sonne!«

»Mhm«, brummte Isanfrid. »Und ganz weit weg!«

»Ja, ganz weit weg«, gab ihm Hruodtrud recht. »Sicher werde ich meinen Vater und Aachen vermissen.«

»Nur den König und die Stadt?«, hakte Isanfrid nach.

»Ja, und natürlich noch viele andere Dinge. Meine Geschwister und das heiße Wasser und …«

»Nur deine Geschwister und das stinkende Wasser?«

Hruodtrud schaute ihn an. Sie verstand nicht, worauf er hinauswollte.

»Nicht ein bisschen mich?«, fragte er schüchtern.

»Doch, auch, natürlich! Ich werde dein Spiel und deinen wunderbaren Gesang und unsere Gespräche vermissen!«, lachte sie.

»Nur mein Spiel, meinen Gesang und unsere Gespräche?«

»Was denn sonst noch?«

»Ich dachte, du würdest vielleicht auch ein Bisschen mich vermissen!«

Hruodtrud lachte: »Wo denkst du hin? Ich bin dann Kaiserin!«

Sie staunte, als sie sein trauriges Gesicht bemerkte.

In den nächsten Wochen erkundigte sich Isanfrid immer häufiger, ob eine Nachricht aus Byzanz eingetroffen sei, ob es einen festen Termin für die Hochzeit gebe, und er fragte jeden Tag unumwunden, ob sie ihn nicht vermissen würde. Hruodtrud fühlte sich geschmeichelt und lachte in dem Glauben, Isanfrid scherze. Aber nach einiger Zeit mochte sie davon nichts mehr hören, es wurde ihr langweilig, außerdem hatte sie bemerkt, dass über sie beide getuschelt wurde, ihr Bruder hatte sie gar neckend gefragt, ob sie einen Zwerg liebe.

»Ich mag nichts mehr hören!«, sagte sie eines Abends zu Isanfrid.

Es war ein milder Frühlingstag und sie saßen auf einer Terrasse. Er hatte für sie gesungen und ihr war gewesen, als hätte seine Stimme die Sterne berührt. Dann aber hatte er wieder angefangen, von seiner Sehnsucht zu sprechen, wie er sie vermissen würde, ginge sie nach Byzanz, und dass er nicht verstehen könne, dass sie ihn nicht vermissen würde und, und, und ...

»Ich mag nichts mehr davon hören!«, wiederholte sie zornig. »Schließlich bin ich eine Prinzessin und die zukünftige Kaiserin des mächtigen byzantinischen Reiches und du bist ...«

Sie brach ab und Isanfrid vollendete ihren Satz: »... und ich bin nur ein verwachsener Gnom!«

»Nein!«, rief sie. »Das wollte ich nicht sagen! Ich wollte sagen, ich bin eine Prinzessin und du bist ... ein ... ein ... ein Schausteller!«

»Du wolltest sagen, ich bin nur ein Zwerg«, beharrte er.

»Das stimmt nicht! Aber wenn es so wäre, entspricht es schließlich den Gegebenheiten. Eine Prinzessin und ein Schausteller! Was würde mein Vater sagen? Außerdem bin ich verlobt!«

Sie warf sich in die Brust. Insgeheim tat ihr Isanfrid leid, aber das konnte sie ihm nicht zeigen. Auch mochte sie ihn gern, aber auch das konnte sie ihm nicht zeigen.

»Aber magst du mich denn gar nicht?«, fragte Isanfrid und Hruodtrud konnte die Angst in seiner Miene lesen.

»Doch!«, rief sie. »Ich mag deine Stimme!«

Traurig senkte Isanfrid den Kopf. Was sollte er noch sagen? Im Inneren hatte er dies immer gewusst. Was sollte eine Prinzessin von einem verkrüppelten Zwerg schon wollen! Er hätte es besser wissen müssen! Und Hruodtrud war nicht nur eine Prinzessin, ihr Vater nicht nur der mächtigste König weit und breit, sie sollte nicht nur einen byzantinischen Prinzen heiraten und dessen Reich mit ihm regieren, sie war nicht nur ein Mädchen mit weichen Zügen und großen, klugen Augen, sie war nicht nur gebildet, nein, als ob das alles nicht genug wäre: Sie war darüber hinaus ein außerordentlich hübsches Mädchen, eine Schönheit. Auch wenn sie erst neun Jahre zählte und ihre Gestalt kindlich war. Sie würde eine wunderschöne Frau werden.

Isanfrid begriff, dass er in dieses Mädchen verliebt war. Und er begriff, dass seine Liebe zu ihr hoffnungslos war. Sie mochte ihn, sie mochte seine Unterhaltung, sein Spiel und seine Stimme. Sie war ein guter Mensch. Sie verspottete ihn nicht wegen seiner Gestalt, ja, sie nahm sie nicht einmal mehr wahr. Aber der Gedanke, ihn in ihr Herz zu schließen, war für sie derart weit entfernt, dass er ihr nicht einmal in den Sinn kam.

Hin und wieder, wenn ihn die pure Verzweiflung schier überrollen wollte, schob er dies ihrer Jugend zu. Sie war so jung, so unschuldig. Deshalb kam sie gar nicht auf den Gedanken, in ihm mehr als nur einen Freund zu sehen. Sie liebte auch nicht jenen fernen Konstantin. Sie kannte ihn ja nicht einmal. Sie war vernarrt in das Bild, das sie von dem Prinzen hatte, sie mochte die Vorstellung, an seiner Seite zu herrschen. Welches Mädchen, ob nun die Tochter eines Bauern oder die Tochter eines Königs, träumte nicht von einem Prinzen? Viele der erfolgreichen Stücke, die er und die Theatergruppe aufgeführt hatten, handelten davon. Und sie waren erfolgreich, weil sie exakt die Wünsche der Menschen widerspiegelten. Was hatte er dagegen zu bieten! Ein Schausteller! Ein Komödiant! Aber vielleicht, wenn sie ein paar Jahre älter …? Aber nein, das war Wunschdenken! Wunschdenken eines Gnoms!

Von Tag zu Tag begriff er mehr, dass seine Liebe niemals erwidert würde, dass er von Tag zu Tag, den er länger in ihrer Nähe verbrächte, trauriger, dass er niemals mehr der fröhliche Spaßmacher sein, sondern ein melancholischer Narr werden würde. Die Menschen hatten ihn nie geliebt, sie hatten ihn auf der Bühne akzeptiert, weil er sie zum Lachen brachte. Das wäre vorüber. Einen traurigen Zwerg würde man verspotten. Er sollte den Palast, er sollte Aachen, er sollte das Land verlassen, er sollte so weit weg wie möglich reisen, um Hruodtrud vergessen zu können. Nein, vergessen könnte er sie nie, aber vielleicht könnte er den Gedanken an sie verdrängen, vielleicht stäche der Schmerz, wäre er weit weg, nicht mehr so tief.

Mehrere Versuche hatte er bereits gestartet, aber ihm gelang es nicht, die Stadt zu verlassen. Er hatte sein Bündel geschnürt, war aus dem Hof geschlichen, aber stets hatte er vor einem der Tore kehrt gemacht. Der Gedanke, nie mehr Hruodtruds glockenhelles Lachen zu hören, nie mehr in ihr verzücktes Gesicht zu blicken, wenn er für sie sang, sie nie mehr freudig in die Hände klatschen zu sehen … das ertrug er nicht. Er wusste, verweilte er am Hof, wäre dies sein Untergang, aber er wusste auch, dass er ohne ihre Nähe wie eine Blume ohne Wasser verkümmerte. Es gab keinen Ausweg.

Er wurde trauriger und trauriger, sein Spiel melancholischer, sein Gesang schwermütiger.

Hruodtrud mochte nicht das ausgelassene Springen und Singen der anderen Spielleute, aber eines Tages sagte sie zu Isanfrid: »Du singst zu traurig. Wenn ich dir lausche, stimmt es mein Herz schwer. Nachts träume ich von deinem Gesang und ich wache weinend auf.«

»Das tut mir leid!«, sagte Isanfrid und Tränen standen in seinen Augen, dass er seine geliebte Hruodtrud betrübte. »Ich werde wieder lustigere Lieder singen!«

Aber Isanfrid konnte sein Versprechen nicht halten. Zu groß war sein Herzeleid, und das Bewusstsein, Hruodtrud traurig zu stimmen, machte sein Herz gewiss nicht leichter.

Wieder und wieder überlegte er, was er unternehmen könnte. Eines Abends saß er in seinem Kämmerchen, als ihm eine Idee kam. Er war Sänger und was lag für einen Sänger näher, als das Mädchen, das er liebte, mit einem Lied zu gewinnen? Aber nicht mit einem Lied, das ein anderer verfasst hatte, sondern er selbst müsste ein Lied schreiben, in welchem er seine Liebe, seine Sehnsucht und all sein Gefühl hineinlegen und dazu eine wunderschöne Melodie ersinnen würde. Wenn dies Hruodtrud nicht für ihn einzunehmen vermochte, würde sie nichts für ihn einnehmen und er würde die Stadt endgültig verlassen.

Am nächsten Tag bat Hruodtrud ihn, für sie zu singen. Die ganze Nacht hatte er an den Zeilen gesessen und er war aufgeregt, wusste er doch, was von diesem einen Lied abhing. Und er sang, wie er noch nie gesungen hatte, seine Stimme füllte den Raum und es war, als läge nicht nur sein Leid, sondern das Leid der ganzen Welt in seiner Musik. Jeder, der das Lied hörte, wurde im tiefsten Inneren ergriffen. Ich glaube, selbst die Blumen am offenen Fenster hörten auf, ihre Köpfe im sachten Luftstrom zu wiegen, und lauschten dem Sänger, und die Menschen auf der Straße, zu denen der Gesang reichte, ließen die Hände sinken, unterbrachen ihre Arbeit und lauschten voller Andacht. Die Melodie schwebte durch das Haus, Bedienstete, Wachen, Köche hielten inne und selbst Karl legte den Kopf zur Seite und gab Alkuin, mit dem er gerade wichtige Staatsgeschäfte besprach, ein Zeichen zu schweigen. Für einige Minuten kehrte in der sonst lebhaften Pfalzanlage völlige Stille ein.

Als das Lied endete, nahmen die Menschen ihre Tätigkeit wieder auf, manche ergriffen und mit Tränen in den Augen, einigen lief derart das Herz über, dass sie nach Hause eilten und ihre Lieben in die Arme schlossen.

Auch Hruodtrud war von Rührung übermannt, aber sie erkannte, dass die Liebe und die Sehnsucht, die jeder Silbe und jeder Note des Liedes entströmte, ihr galten, und das durfte nicht sein! Schließlich war sie eine Prinzessin und sie war verlobt! Auch wenn sie Isanfrid mochte! Auch wenn er ihr leid tat! Was bildete sich dieser Zwerg bloß ein? Ärger flammte in ihr auf. Sie war eben noch ein junges, unschuldiges Mädchen, fast noch ein Kind. Und was sollte dieses Kind von der Macht aufrichtiger Liebe wissen!

»Es geht nicht mehr! Ich kann dich nicht mehr hören!«, rief sie, ergriff ein Väschen und warf es zornig zu Boden, wo es zu tausend Scherben zerschellte. Ihr Tun erschreckte sie selbst, war sie ansonsten zarten Gemüts. Isanfrid dauerte sie, aber er musste einsehen, dass sie Konstantin heiraten würde. Mit einem befehlenden Fingerzeig schickte sie ihn fort.

Am nächsten Morgen entstand gehöriger Tumult. »Was ist geschehen?«, fragten die Menschen verwundert. »Was ist los?« Gerüchte liefen durch die Pfalz, aber niemand wusste Genaues. Erst als Karls Leibarzt, der berühmte arabische Medicus, gerufen wurde und in die Unterkünfte der Bediensteten trat, ahnte man Schlimmes. Isanfrid lag reglos in seinem Bett. Äußere Verletzungen waren nicht zu erkennen. Der Medicus untersuchte ihn und kam zu dem Schluss, dass er an gebrochenem Herzen gestorben sei.

»Und das ist möglich?«, fragte Karl erstaunt, als dieser ihm berichtete.

»Ja«, antwortete jener. »Ganz selten, aber ich habe davon gehört. Wenn die Liebe unermesslich ist und sie nicht erwidert wird, kann das Herz dem Druck nicht standhalten und es bricht in tausend Stücke.«

Und so endet diese Geschichte recht traurig. Isanfrid wurde wie ein Ritter in Ehren beigesetzt. Auf seinem Grabstein stand, dass er an unermesslicher Liebe gestorben sei, aber nur wenige Menschen ahnten, wen der Zwerg derart geliebt hatte, dass sein Herz zerborsten war. Hruodtrud war untröstlich und weinte tagelang. Aber verstehen konnte sie es nicht. Sie war ja fast noch ein Kind.

Heute ist der Grabstein längst verschwunden, man verwendete den kostbaren Marmor wohl in späterer Zeit als Baumaterial, und so gerieten der Name und die Geschichte des verkrüppelten Zwerges Isanfrid in Vergessenheit und wären vollends der Vergessenheit anheimgefallen, hätte sie nicht irgendwann irgendjemand aufgeschrieben.

Theodrada und die winzige Meerjungfrau

»Kommst du nicht mit?« Enttäuschung klang aus ihres Vaters Stimme, als er in ihr Zimmer trat und sie, ein Buch in der Hand und in Gedanken versunken, am Fenster saß und hinaus auf das bunte Gewusel des Marktplatzes blickte. »Ich hatte gehofft, du seist für den Ausritt fertig gekleidet!«

Theodrada schüttelte den Kopf: »Nein, Vater. Du weißt, dass ich mir nichts aus der Jagd mache.«

»Schade, ich hätte gern einige Stunden mit dir verbracht.«

Erst vor zwei Tagen war Karl zurück an den Aachener Hof gekommen und außer einer knappen Begrüßung hatten Vater und Tochter kaum ein Wort miteinander wechseln können. Drängende Staatsgeschäfte forderten des Königs Zeit. Aber nun, nach langweiligen Gesprächen mit den Mächtigen seines Reiches und endlosen Ritten in Schritttempo, brannte er darauf, seinem Pferd die Zügel schießen zu lassen, über Bäche und Hecken zu setzen und in den wildreichen Hügeln der Eifel zu jagen.

»Ich werde später fischen gehen«, sagte Theodrada.

»Ach, Fischen! Das ist doch langweilig.«

»Ich mag die Ruhe. Wenn ich am Bach sitze, höre ich die Vögel in den Bäumen zwitschern, ich schaue auf das glitzernde Wasser und kann irgendeine Sache oder ein Problem von allen Seiten betrachten.«

Karl schüttelte schmunzelnd den Kopf: »Du warst schon immer ein nachdenkliches Kind. Aber ich, ich brauche jetzt Bewegung!«

»Viel Erfolg bei der Jagd!«, rief Theodrada ihrem Vater nach, der aus ihrem Zimmer stürmte.

Wenig später hörte sie das Klappern der Hufe und sah ein Dutzend Männer und ihren Vater mit wehendem Umhang über den Platz traben. Die Meute der Jagdhunde folgte ihnen kläffend.

Karl blickte zu ihrem Fenster hoch und sie winkte ihm zu. Er sorgte sich um seine Tochter. Sie war stets ein stilles, in sich gekehrtes Mädchen gewesen, aber sie war auch gern mit ihm ausgeritten, hatte wie ihre Geschwister gespielt, getobt und gelacht. Dann aber war vor drei Jahren ihre Mutter Fastrada in Frankfurt gestorben, und er fand sie immer öfter grübelnd in der Bibliothek vor, wo sie in Handschriften studierte. Die Lehrer lobten die Zwölfjährige wegen ihres Eifers und ihrer Hingabe, und die Gelehrten, mit denen sie diskutierte, zeigten sich verblüfft über die Tiefe ihrer Gedanken und ihre geschickte Argumentation. Im Gegensatz zur Tradition seiner adligen Vorgänger, die ihre Töchter gar nicht und ihre Söhne ausschließlich in der Jagdkunst und in der Kriegsführung hatten unterrichten lassen, legte er Wert auf die Bildung seiner Kinder und als Vater war er stolz auf Theodradas Gelehrsamkeit. Aber ihm schien, als habe sie ihr Lachen verloren.

Traurig winkte er seiner Tochter. Die Reiter ritten vom Platz, das Jagdhorn erscholl und man gab den Pferden die Sporen. Er spürte den geschmeidigen, muskulösen Körper des Tieres, der auf die kleinste seiner Bewegungen reagierte, und der kühle Wind, der ihm ins Gesicht wehte, vertrieb seine trüben Gedanken und bald erfasste ihn Jagdeifer.

Theodrada warf sich indes einen Umhang über die Schultern, ergriff ihr Angelgerät und machte sich auf den Weg. Sie musste ein gutes Stück von der Pfalz einem Bachlauf hinauf folgen, dorthin, wo die Bewohner noch nicht ihre Abwässer in den Bach leiteten und das Wasser klar und sauber war. Sie setzte sich an die Uferböschung, die mit dichtem Gras bewachsen war, und ließ den Blick schweifen. Sah sie zurück, schaute sie hinab auf die Dächer der Pfalz, aus der sich majestätisch die fast vollendete Marienkirche erhob.

Das war ihr Lieblingsort. Eine weite Grasfläche, auf der duftende Wildblumen wuchsen und durch die der Bach mäanderte und uralte Bäume uralte Geschichten zu erzählen wussten. Weiden ließen wie traurige alte Männer ihre Äste zu Boden sinken und die Blätter der Silberpappeln glitzerten im Sonnenlicht. In einer Senke am flachen Ufer standen junge Birken mit ihren weißen Stämmen. An heißen Tagen suchte sie Schutz unter den weit ausladenden Ästen einer mächtigen Eiche.

Still war es hier. Das laute Rufen der Marktleute, das Bellen der Hunde, das Hämmern der Schmiede und das geschäftige Treiben der Handwerker hatte sie ebenso wie den unangenehmen Geruch der Pfalzanlage hinter sich gelassen. Hier war nur das heitere Zwitschern der Vögel, das Summen und Brummen der Insekten, die sich am Nektar der Blüten labten, und das sanfte Murmeln des Baches zu hören, wenn er kalt und klar von den bewaldeten Hängen in den Talkessel herabplätscherte, sich dabei im Laufe vieler Jahre sein Bett grub und die Steine zu glatten Kieseln feilte und schliff.

Umsichtig befestigte sie einen Köder am Angelhaken und hielt diesen träumend in die Strömung. Vor Theodrada hatte das Wasser in einer Biegung eine kleine Bucht in den weichen Untergrund gewühlt und jedes Mal, wenn sie herkam, hatte sich das Antlitz des Bachlaufes ein wenig verändert. Wieder und wieder spülte das Wasser ganze Brocken Grassoden aus der Uferböschung, die gurgelnd mitgerissen wurden. Sie hatte sich schon oft gefragt, wo Lehm und Sand und Boden angespült würden und dem Gesicht des Baches wiederum ein neues Aussehen gäben.

Sie nahm ein Stückchen Birkenrinde, das neben ihr im Gras lag, und warf es in den Bach. Zunächst drehte es sich um die eigene Achse, trieb langsam durch das tiefere, ruhige Wasser der Bucht und wurde, diese verlassend, von der Strömung fortgerissen. Alsbald verschwand es hinter der nächsten Biegung aus Theodradas Augen.

»Wo mag es wohl hinschwimmen?«, fragte sie sich laut.

Oft war sie mit ihrem Vater den Bachläufen folgend ausgeritten. Dieser kleine Bach mündete in einen größeren, dieser in einen Fluss und wieder in einen Fluss, um irgendwann nach vielen Meilen das Meer zu erreichen. Ob dieses kleine Rindenstückchen ans Meer gelangte? Sie wusste von ihrem Vater und ihren Lehrern viele Dinge über die Länder, durch die das Wasser dieses Baches floss, und sie wusste ein wenig von fernen Ländern, die weit, weit weg am anderen Ende des unendlichen Meeres lagen. Wie gern wäre sie mit dem Rindenstückchen geschwommen, um fremde Länder, prächtige Städte und deren Bewohner kennenzulernen!

Der weise Alkuin hatte, als er noch in Aachen weilte und an der Hofschule lehrte, von wunderbaren Städten gesprochen: von Trier, wo der erste christliche Kaiser Konstantin seine Palastaula errichtet hatte, nach deren Vorbild ihr Vater seine Königshalle erbauen ließ, von Pavia, der Hauptstadt des Langobardenreiches, das ihr Vater erobert hatte, von Rom, wo Papst Leo III. lebte, am meisten jedoch von seiner angelsächsischen Heimat York, die er schmerzlich vermisste, aber er hatte auch von märchenhaften Städten, von Jerusalem, von Byzanz und dem fernen Bagdad erzählt. Er hatte manch wundersamen Brauch der dort lebenden Menschen geschildert, ihre Kleidung, ihren Glauben, ihre Wissenschaft beschrieben, und sie hatte mit offenem Mund und Ohren gebannt seinen Worten gelauscht.

Außerdem hatte er von seltsamen Tieren berichtet, die dort leben sollten. In diesem Fall war sie aber nicht sicher, ob er sie nur auf den Arm hatte nehmen wollen. Zu absonderlich wären diese Kreaturen gewesen: um ein Vielfaches größer als Auerochsen, Beine wie Baumstämme, allerdings ohne Kniegelenke, riesige Segelohren und eine Nase, die bis zur Erde reiche und mit der diese Tiere greifen könnten. So hatte Alkuin sie beschrieben. Dazu wüchsen zwei Zähne bis zu zwei Metern aus dem Maul heraus, die diese Wesen als Waffe und Werkzeug einsetzten. Sie seien nicht nur gefährlich, sondern äußerst klug und gelehrig, dem Menschen gegenüber treu und dankbar, sofern er sie gut behandele. Diese Dickhäuter, wie Alkuin sie nannte, sollten sehr fromm sein und Sonne und Mond verehren. Allerdings fürchte das riesige Tier, wie er schmunzelnd hinzufügte, nichts mehr als Mäuse.

Wie oft hatte sie diese Beschreibung in ihrer Vorstellung in ein Bild umzusetzen versucht, aber stets war etwas völlig Unmögliches dabei herausgekommen. Und auch, wenn sie ihrem Lehrer hierin misstraute, wie gern würde sie diese fernen Städte und ihre Bewohner kennenlernen! Und wenn es dazu noch solch bizarre Lebewesen gäbe ...

Plötzlich riss ein heftiger Ruck an ihrer Angel und sie aus den Träumen. Beinahe wäre ihr die Rute aus den Händen gerutscht und ins Wasser gefallen. Verwundert, weil sie nur selten ein winziges Fischlein fing und ihre Geschwister sie darob schon verspotteten, umklammerte sie die Angel mit beiden Händen und erhob sich. Wieder ein Ruck, der sie fast das Gleichgewicht gekostet hätte. Die Rute bog sich gefährlich, drohte zu bersten, aber nun hatte das Jagdfieber Theodrada ergriffen und eisern bäumte sie sich gegen die Kraft.

Nach dem Gewicht zu schließen, muss ich einen Wal an der Angel haben, dachte sie halb neugierig, halb verängstigt. Natürlich erinnerte sie sich ausgerechnet in diesem äußerst ungeeigneten Moment an die Berichte des weisen Alkuin, der nicht nur von merkwürdigen Dickhäutern erzählt hatte, sondern auch von kuriosen Fischen mit riesigen Mäulern und scharfen Zähnen.

Es war ein harter und langer Kampf. Manchmal zog es derart heftig an der Schnur, dass Theodrada sich kaum auf den Beinen halten konnte und kopfüber ins Wasser gestürzt wäre, hätte sie nicht ihre Füße in den Grund gestemmt und ihren Oberkörper wie eine gespannte Sehne nach hinten gebogen. Dann wieder ließ das Zerren nach und sie gewann an Boden. Wuchtige Flossenschläge peitschten das Wasser.

»Verflixt!«, schimpfte sie atemlos und fügte in Gedanken hinzu: Wie kann nur ein derart großer Fisch hier in diesem flachen Wasser leben?

Theodrada setzte all ihre Kräfte ein, die für eine Zwölfjährige nicht unerheblich waren. Jetzt war sie dankbar, dass ihr Vater sie zu Jagden und Ausritten mitgenommen hatte und sie sogar ein wenig mit dem Schwert umzugehen wusste. Sie musste wissen, was am Ende ihrer Angel war. Sie zog und sie zerrte, ihre Muskeln begannen zu protestieren, ihre Handflächen brannten wie Feuer, aber sie spürte, dass die Energie am anderen Ende des Jagdgerätes erlahmte. Das spornte sie zu einer letzten gewaltigen Kraftanstrengung an, in der sie all ihre Reserven mobilisierte. Sie trat einige Schritte zurück und staunte nicht wenig, als sie sah, was für ein Geschöpf sie ans Ufer zog, das mit seinem Schwanz wild um sich schlug.

Es war kein Fisch, es war kein Wal und auch kein Ungeheuer. Es war eine Meerjungfrau.

Schon oft hatte Theodrada Geschichten über die Wesen der Meere gehört, aber stets hatte sie gedacht, es seien Ausgeburten der Fantasie. Märchengestalten! Und nun hatte sie eine Meerjungfrau gefangen. Auch wenn es eine winzig kleine Meerjungfrau war. Stünde sie aufrecht – was für eine Meerjungfrau unmöglich ist, da sie keine Beine hat – wäre sie vielleicht einen halben Meter groß. Ein winziges Köpfchen, das von langem schwarzen Haar bedeckt war, in dem silberne und goldene Strähnen glänzten, ein winziges Gesicht, in dem Lippen rot wie Korallen schimmerten. Zwei winzige, feine Händchen, zarte Fingerchen, ein winziger Oberkörper, weiß wie Elfenbein, der – wie sich das für eine Meerjungfrau gehört – in einem winzigen Schwanz mündete, der blau wie Saphir und grün wie Smaragd leuchtete.

»Oh!«, sagte Theodrada.

Zwei schwarze Augen blitzten sie wütend an: »Was heißt hier: Oh?«

»Ich … ehm … ja, ehm … ich meine …«, stotterte diese.

»Du hast mir wehgetan!« Die winzige Meerjungfrau deutete auf den Angelhaken, der noch in ihrem Schwanz steckte. »Sieh nur, was du gemacht hast, du blöde Kuh!«

An dieser Stelle muss ich mich einmal als Berichterstatter einschalten. Sicher könnt ihr euch denken, wie ich staunte, als ich die Blätter fand und sie las. Ist dies nicht eine äußerst seltsame Geschichte? Und damit meine ich nicht die Größe der winzigen Meerjungfrau. Nein, in allen mir bekannten Erzählungen, in denen Meerjungfrauen eine Rolle spielen, ist es stets ein junger Mann, der eine Meerjungfrau fängt und sich in sie verliebt. Mal sehen, wie diese Mär weitergeht.

Theodrada war aus der Fassung gebracht. Wann fängt man schon einmal eine Meerjungfrau! Und wann wagt schon einmal jemand, eine Prinzessin als ›blöde Kuh!‹ zu betiteln!

Die winzige Meerjungfrau tat Theodrada leid, aber ihre ungehörig barschen und einer Prinzessin gegenüber inakzeptablen Worte vertrieben die Verwirrung: »Wie sprichst du denn mit mir? Ich bin eine Prinzessin!«

»Das ist mir doch egal! Was meinst du, was ich bin?«

»Du bist auch eine Prinzessin?«

»Ja klar, wenn du eine bist, bin ich auch eine! Würdest du jetzt endlich den dämlichen Haken entfernen!«

»Ja … nein … ehm …«, sagte Theodrada.

»Ja … nein … ehm …«, äffte ihr Gegenüber sie nach. »Mach schon!«

»Ich weiß nicht!«

»Was soll das heißen? ›Ich weiß nicht!‹«

»Ich weiß nicht, ob ich dich befreien soll. Du bist garstig zu mir.«

»Ich bin garstig zu dir?!« Die winzige Meerjungfrau betonte jedes einzelne Wort. »Wer hat denn wem diesen bescheuerten Haken in den Schwanz gerammt?«

»Das habe ich nicht mit Absicht getan!«, verteidigte sich Theodrada.

»Das ist mir so was von egal!«, giftete die winzige Meerjungfrau.

»Vielleicht werde ich dich behalten«, überlegte Karls Tochter. »Ich kenne keinen, der eine Meerjungfrau hat!«

Das elfenbeinerne Weiß des Gesichtchens wurde noch etwas weißer. »Was?«, schrie sie.

»Was?«, wiederholte nun die Prinzessin.

»Du willst mich einsperren?«, sagte die Meerjungfrau und aus ihrem winzigen Gesichtchen sprach Verzweiflung, während ihre schwarzen Augen vor Zorn funkelten.

»Mal sehen!«, gab Theodrada zurück. »Vielleicht setze ich dich in meinen Gartenteich.«

»In … deinen … Gartenteich …?« Die Stimme der winzigen Meerjungfrau versagte vor Empörung und kippte. »Mich?«

»Ja, wen sonst?«

Das Wasserwesen schlug vehement mit dem Schwanz, wobei der Haken tiefer in die Haut drang.

»Aua!«, rief die winzige Meerjungfrau. »Würdest du jetzt endlich diesen Sch… diesen blöden Haken entfernen!«

»Wenn ich den Haken entferne, springst du ins Wasser und schwimmst davon.«

»Nein, das werde ich nicht!«, versprach die winzige Meerjungfrau und senkte demütig das Köpfchen, wobei ihr schwarzes Haar vornüberfiel, sodass Theodrada ihr Gesicht nicht mehr sehen konnte.

»Na gut«, gab Theodrada versöhnlich zurück. Davon abgesehen, dass sie über keinen Gartenteich verfügte, hatte sie natürlich nie vorgehabt, die winzige Meerjungfrau gefangen zu halten. Sie hatte ihr wegen ihrer Unfreundlichkeit eine Lektion erteilen wollen. Vorsichtig versuchte sie, den Angelhaken aus der Flosse zu lösen. »Halt still!«

»Das tut weh!«, protestierte diese entrüstet.

»Stell dich nicht so an! Wenn du nicht stillhältst, dauert es länger.«

»Aua!«

»So«, sagte Theodrada und erhob sich.

Mit einem kräftigen Schlag ihrer Flosse sprang die winzige Meerjungfrau zurück in den Bach und verschwand unter Wasser.

»Das hätte ich mir denken können«, seufzte die Prinzessin. »Ich bin wirklich eine blöde Kuh! In Märchen heißt es immer, dass man Wasserwesen nicht trauen dürfe.«

Sie war vom Undank der winzigen Meerjungfrau enttäuscht. Aber sie wusste nun, dass Meerjungfrauen nicht nur im Märchen existierten, auch wenn ihr dies niemand glauben würde. Wie gern hätte sie mehr erfahren! Aber dazu würde es nicht mehr kommen. Nie wieder würde sie die winzige Meerjungfrau zu Gesicht bekommen. Dessen war sie sicher. Traurig nahm sie Angel und Umhang und wollte den Heimweg antreten, als hinter ihr eine Stimme ertönte.

»Ich danke dir, dass du mich freigelassen hast!«

Theodrada schaute sich erstaunt um. Das Köpfchen der winzigen Meerjungfrau ragte aus dem ruhigen Wasser der kleinen Bucht. Ihr schwarzes Haar mit den silbernen und goldenen Strähnen lag wie eine Decke auf der Wasseroberfläche.

»Schon gut«, sagte Theodrada. »Ich habe dir nicht wehtun wollen. Entschuldige bitte!«

»Kein Problem!«, erwiderte die winzige Meerjungfrau. »Du konntest ja nicht wissen, dass ich in dieser Bucht schwimme, als du deine blöde Angel hier hereinhieltest. Und ...«, fügte sie schelmisch grinsend hinzu, »... du hast mir auch nicht wehgetan. In meinem Schwanz sind keine Nerven. Da spüre ich nichts.«

»Du bist mir ja eine«, lächelte Karls Tochter. »Ich heiße übrigens Theodrada. Wie heißt du?«

»Mein Name ist Eudora. Das bedeutet die Gabenreiche!«

»Und was kannst du mir geben?«

»Was möchtest du haben? Was wünschst du dir?«

Theodrada überlegte: »Eigentlich habe ich alles, was man für Geld kaufen kann. Weißt du, mein Vater ist König.«

»Dann bist du tatsächlich eine Prinzessin?«, staunte Eudora.

»Ja, selbstverständlich! Das sagte ich doch!«

»Ich habe dir nicht geglaubt.«

»Eine Prinzessin lügt nicht!«

»Ich wusste ja nicht, dass du wirklich eine Prinzessin bist.«

»Und du? Bist du wirklich eine Prinzessin?«

»Nein, ich habe gelogen. Das darf ich. Ich bin ja schließlich keine Prinzessin.«

Theodrada kicherte: »Das stimmt.«

Sie überlegte eine Weile und sagte dann auf die Frage Eudoras zurückkommend: »Da ich nichts brauche, was man kaufen kann, wünsche ich mir von dir ... ehm ... einen wunderschönen Prinzen mit lockigem Haar, der jetzt aus dem Wasser steigt!«

»Ich bin eine Meerjungfrau«, sagte die winzige Meerjungfrau, »und keine Zauberin.«

»Aber du fragtest mich doch nach meinem Wunsch!«

»Ja, weil ich neugierig bin, aber ich sagte nie, dass ich diesen erfüllen kann.«

Die Prinzessin schüttelte schmunzelnd den Kopf: »Das habe ich mir schon gedacht. Ich wünsche mir auch keinen Prinzen. Ich wünsche, mehr zu erfahren. Mehr zu wissen! Ich möchte reisen und fremde Menschen und Länder kennenlernen. Das ist mein innigster Wunsch!«

Sie schaute Eudora nachdenklich an: »Hm, du bist doch sicher viel gereist. Kannst du mir mehr erzählen?«

Traurig schüttelte Eudora den Kopf: »Nein, das kann ich nicht. Ich lebe seit meiner Geburt hier in diesem Bach.«

»Aha«, machte Theodrada. »Ich weiß ja nichts über Meerjungfrauen, aber wie der Name Meerjungfrau vermuten lässt, leben diese im Meer und nicht in einem Bach.«

»Das stimmt«, seufzte Eudora betrübt. »Meine Ur-ur-ur-ur-urgroßeltern lebten im Meer.«

»Was ist geschehen?«

»Vor vielen, vielen Jahren gab es tief unten im Meer einen Vulkanausbruch mit einem heftigen Seebeben, das einen gewaltigen Tsunami auslöste. Meine Großmutter und meine Mutter erzählten mir davon. Dazu tobte an der Oberfläche ein gewaltiger Sturm. Meine Urahnen suchten Schutz in dem weit verzweigten System eines Flusslaufes, aber die Wucht der Strömung war so stark, dass diese sie weit den Fluss hinauftrieb. Die turmhohe Welle überspülte die Uferlinie bis weit ins Land und richtete große Zerstörungen an. Als die Woge zurückwich und dabei entwurzelte Bäume und ganze Häuser zurück ins Meer riss, blieben meine Ur-ur-ur-ur-urgroßeltern in einem kleinen Seitenarm und klammerten sich an Wurzeln, um nicht zwischen den Baumstämmen zerquetscht zu werden. Der Sturm ließ nach, sie wollten zurück ins Meer, aber das gesamte Mündungsgebiet hatte sein Antlitz verändert und der direkte Weg war ihnen versperrt. Sie schwammen in andere Zuläufe, in andere Flüsse, in Bäche, aber sie fanden den Weg zurück nicht mehr. Sie hatten sich immer tiefer ins Landesinnere vordringend verirrt. Und so leben wir seit Generationen in Seen, Flüssen und Bächen.«

»Oh«, sagte Theodrada. »Das ist ja furchtbar. Möchtest du denn zurück ins Meer?«

»Ich weiß nicht«, erwiderte Eudora zaghaft.

»Was heißt, ich weiß nicht? Du musst doch wissen, ob du zurück ins Meer willst.«

»Das ist nicht so einfach. Meine Urahnen suchten viele Jahre nach einem Weg ins Meer, aber ihre Körper passten sich in den kleinen Bächen den Umständen an und wurden immer kleiner. Meine Ur-ur-ur-ur-urgroßeltern waren viel größer, aber sieh mich an! Ich bin winzig!«

»So winzig bist du nicht!«, versuchte Theodrada zu trösten.

»Netter Versuch«, sagte Eudora. »Irgendwann hörten meine Urahnen auf, den Zugang zum Meer zu suchen. Irgendwann beschlossen sie, in den Flüssen und Bächen zu bleiben. Das war ihre neue Heimat.«

»Oh«, wiederholte Theodrada.

»Na ja«, sagte Eudora. »So schlimm ist es auch nicht. Es gibt viele Möglichkeiten, sich zu verstecken, es gibt Nahrung, ich mag die Wiesen und die Bäume und ich beobachte gern euch Menschen. Ihr seid so komisch!«

»Wir sind komisch?«

»Ja!«

»Hm«, überlegte Theodrada. »Ja, du hast recht. Die Menschen sind komisch. Aber du hast meine Frage nicht beantwortet: Möchtest du zurück ins Meer?«

Eudora zögerte: »Ich weiß nicht, ob ich mich im Meer zurechtfinden könnte. Außerdem habe ich Angst.«

»Wovor fürchtest du dich?«

»Wir waren vieeeel größer!« Sie dehnte betonend das Wort »viel« und deutete mit ihren winzigen Fingern die Größe an. »Wir waren viel größer und viel stärker als ihr Menschen. Niemals hättest du einen von uns mit der Angel fangen können! Nicht einmal die großen Haie fürchteten wir. Und jetzt? Jetzt müsste ich Angst vor einer Makrele haben!«

Theodrada nickte beklommen.

Dann musste sie trotz der traurigen Geschichte der winzigen Meerjungfrau schmunzeln, denn diese fügte mit ernstem Gesicht hinzu: »Außerdem weiß ich nicht, ob meine empfindliche Haut das Salzwasser verträgt …Du brauchst gar nicht grinsen!«, schimpfte die winzige Meerjungfrau entrüstet, als Theodrada die Lippen verzog. »Ich habe wirklich empfindliche Haut. Das liegt bei uns in der Familie. Deshalb lebe ich hier in der Nähe. Ein Stückchen weiter oben …«, sie richtete ihren winzigen Zeigefinger den Bachlauf hinauf, »… fließt heißes Thermalwasser aus einer Quelle in den Bach. Ich schwimme gern darin, das lindert den Juckreiz.«

Theodrada staunte: »Ich liebe auch, in dem warmen Wasser zu baden, auch wenn es recht streng riecht.«

Nun kicherten beide. Eudora schwamm einige Kreise und fügte nachdenklich hinzu: »Aber ich würde gern einmal die Heimat meiner Ur-ur-ur-ur-urgroßeltern sehen!«

»Das heißt, du warst noch niemals am Meer?«

»Nein, noch nie.«

»Es tut mir leid«, sagte die Prinzessin nach einer Weile, den Blick in den Himmel richtend. »Ich muss jetzt nach Hause. Es wird dunkel. Man wird sich um mich sorgen.«

Eudora nickte.

»Was ist mit dir? Was ist mit deinen Eltern?«

»Ich habe keine Eltern.«

»Und deine Geschwister?«

Eudora schüttelte das winzige Köpfchen und eine winzige Träne rann ihre Wange hinab. »Ich lebe ganz allein.«

»Oh«, sagte Theodrada. Das wurde ja immer trauriger. »Bist du immer hier am Bach?«

»Ja, meistens ein Stück weiter oben, da ist eine größere Bucht.«

»Sollen wir uns morgen wieder treffen?«

Die Augen der winzigen Meerjungfrau leuchteten auf: »Das wäre schön!«

»Weißt du was? Ich glaube, wir werden gute Freundinnen.«

»Meinst du? Ich habe gar keine Freundinnen.«

»Jetzt hast du eine!«, rief Theodrada fröhlich. »Wir sehen uns morgen.«

Mit diesen Worten drehte sie sich um, nahm Angel und Umhang und machte sich auf den Weg nach Hause, nicht ohne sich noch einmal umzuwenden und der winzigen Meerjungfrau zu winken. Diese winkte zurück und Theodrada glaubte in ihren schwarzen Augen ein glückliches Strahlen zu sehen.

Ihre Stiefmutter Liutgard, die ihr Vater nach dem Tod ihrer Mutter geheiratet hatte, empfing sie mit besorgter Miene: »Kind, wo warst du? Es ist bereits stockdunkel!«

»Ich war am Bach und habe geangelt.«

Diese schüttelte vorwurfsvoll den Kopf: »Du angelst, dein Vater jagt, und ihr lasst mich im Haus allein. Ich sterbe hier vor Langeweile!«

»Es tut mir leid«, sagte Theodrada und tat zerknirscht. Sie sah es nicht als ihre Aufgabe an, ihre Stiefmutter zu unterhalten, aber sie durfte sie nicht gegen sich aufbringen, denn sie wollte am nächsten Tag wieder zum Bach.

In der Küche holte sie sich zu essen und stieg mit dem Teller in der Hand nachdenklich die Stufen zu ihrem Zimmer hoch. »Du liebe Güte«, rief sie laut aus, als sie ihr kleines Reich betrat und sich auf ihr Bett setzte. »Was für ein Tag!« Abwesend kaute sie auf einem Stück dunklen Brotes. »Ich habe eine Meerjungfrau getroffen!«

Plötzlich erwachte ihr Magen und nun erst wurde ihr bewusst, dass sie seit dem frühen Morgen nichts mehr gegessen hatte. Schnell verschwanden das Brot und der Käse in ihrem Bauch. Sie wusch sich, entkleidete sich und legte sich ins Bett. Aber der Schlaf wollte sich lange nicht einstellen, sie dachte an ihre neue Freundin.

Am nächsten Morgen sprang sie nach einer Nacht voll wirrer Träume aus den Federn und lief nach einer Katzenwäsche wie der Blitz zum Bach. Sie war sich nicht sicher, ob die Begegnung mit der winzigen Meerjungfrau eine Ausgeburt ihrer Fantasie gewesen war. Wahrscheinlich schon, dachte sie. Zu unglaublich war das Geschehen.

»Eudora!«, rief sie außer Atem, an der kleinen Bucht angekommen. »Eudora!«

Alles blieb still. Die Blätter an den Bäumen rauschten im frühen Morgenwind, der Bach murmelte sein Lied, plätscherte über Kiesel, aber eine Meerjungfrau war nicht zu sehen. Sie ging ein Stück am Bach hinauf, legte die Hände wie einen Trichter um den Mund und rief. Aber nur ein Reh sprang erschreckt aus dem Birkenhain.

»Ich habe das alles nur geträumt!«, schimpfte Theodrada mit sich selbst, als sie mehrfach gerufen hatte und sich nichts tat. »Ich bin wirklich eine blöde Kuh! Eudora hatte recht!«

Über die eigenen Worte verblüfft, schwieg sie. Hatte sie das auch geträumt? Verwirrt fuhr sie mit den Fingern durch ihr langes helles Haar.

»Wenn ich sage, dass du recht hast, ist das dann eine Unverschämtheit einer Prinzessin gegenüber?«, ertönte eine ihr bekannte Stimme aus dem Wasser.

Theodrada fuhr herum und lachte: »Ach, Eudora! Schön, dass du da bist! Ich glaubte schon, unsere Begegnung nur geträumt zu haben.«

»Nein, ich bin wirklich. Und ich freue mich, dass du Wort gehalten hast.«

»Selbstverständlich!«, sagte Theodrada. »Eine Prinzessin hält immer ihre Versprechen!«

Sie setzte sich auf eine Böschung, zog ihre Schuhe aus und ließ ihre Füße im Wasser baumeln. »Huh!«, rief sie. »Das ist ja eiskalt!«

Eudora kicherte und schaute auf die kleinen weißen Füße der Prinzessin. »Hm!«, machte sie nachdenklich. »Und auf diesen winzigen Dingern kann man gehen?«

»Ja!«, lachte Theodrada und bewegte ihre Zehen. »Gehen, laufen, springen, rennen. Alles, was man will!«

»Das würde ich auch gern!«

»Aber du hast doch deine herrliche Flosse. Mit der kannst du schwimmen!«

Eudora legte sich auf die Seite, sodass ihre Schwanzflosse aus dem Wasser ragte.

»Und sie leuchtet wunderschön in Blau und Grün!«, begeisterte sich Theodrada.

»Findest du?«, fragte Eudora.

»Ja, natürlich! Und du schwimmst wie ein Fisch! Ich kann schwimmen, aber längst nicht wie du!«

»Aber ich kann nicht an Land und auf meinen Füßen laufen. Das würde ich so gern!« Sie klang bedrückt und auf ihrem Gesichtchen erschien ein sehnsüchtiger Ausdruck.

»Ach, ich weiß nicht«, sagte Theodrada. Sie mochte ihre neue Freundin nicht traurig sehen und suchte sie aufzumuntern. »So toll ist es hier nicht. In der Stadt ist es eng, viele Menschen eilen geschäftig hin und her und rempeln sich an. Die Wege und Straßen sind voller Schmutz und Dreck und wenn du nicht Obacht gibst, trittst du in … in …«

»In was?«, wollte Eudora Auskunft haben.

»Na ja, in … ehm … in …«

Die winzige Meerjungfrau blickte sie gespannt an.

»In die Hinterlassenschaften von Hunden!«

Es dauerte eine Weile, bis Eudora begriff, was Theodrada meinte. Dann lachte sie: »Ach so, in Hundesch …«

»Pst!«, fuhr Theodrada dazwischen. »So etwas sagt ein Mädchen nicht!«

»Ich bin kein Mädchen!« Eudora kicherte und öffnete den Mund, aber Theodrada fiel ihr eilig ins Wort: »Die Straßen stinken. Man stolpert über Wurzeln, reißt sich an spitzen Steinen die Haut auf und geht man längere Strecken, bilden sich Blasen.«

Zu ihrer Erleichterung ließ sich Eudora ablenken, sie zog eine Schnute: »Im Bach ist es auch eng, ich kann mich an spitzen Steinen verletzen und es ist nicht ungefährlich …« Sie warf Theodrada einen vorwurfsvollen Blick zu. »Denk mal an die vielen Angelhaken, und was meinst du, wie schmutzig es ist, weil ihr Menschen eure Abwasser in den Bach leitet. Bäh! Da treiben noch ganz andere Dinge im Wasser als Hundescheiße!«

Sie lachte glucksend, als sie Theodradas entsetztes Gesicht sah.

»Ja, da hast du wohl recht«, gab die Prinzessin kleinlaut zu und suchte, das Thema schleunigst zu wechseln, ehe Eudora das unanständige Wort mit ›Sch‹ noch öfter über die Lippen brachte. »Es soll, wenn Meerjungfrauen an das Ufer kommen, gefährlich für sie sein.«

»Wieso?«, fragte Eudora überrascht.

Theodrada zögerte. Ihr war peinlich, dass sie von der Existenz der Meerjungfrauen keine Ahnung gehabt hatte und so wenig darüber wusste. Aber nun hatte sie den Stein ins Rollen gebracht und wenn sie den einfordernden Blick Eudoras richtig deutete, würde die nicht eher lockerlassen, bis sie ihr alles, was sie wusste und sei es noch so wenig, gesagt hatte: »Ich weiß ja nicht, ich wusste bis gestern nicht einmal, dass es überhaupt Meerjungfrauen gibt, ich kannte sie nur aus Märchen.«

»Was geschieht in diesen Märchen?«, insistierte Eudora.

»Das ist ganz unterschiedlich. Aber immer geht es um Liebe!«

»Von der Liebe habe ich gehört!« Eudora platschte mit ihrer Flosse und das Wasser spritzte hoch. Auf ihrem Gesichtchen lag ein verträumter Zug: »Die Liebe soll etwas Wunderbares sein.«

»In den Geschichten von den Meerjungfrauen, die ich kenne, eher nicht. Immer enden sie traurig. Entweder für die eine oder für die andere Seite. In einigen Erzählungen sind die Meerjungfrauen sogar böse. Sie machen, dass sich Männer in sie verlieben und ziehen sie dann unter Wasser, wo sie ertrinken.«

»Das ist nicht nett!«

»Nein, ist es nicht.«

»Aber ich bin nicht böse!«, beteuerte Eudora mit betonter Unschuldsmiene.

Theodrada zog vorsichtig ihre Füße aus dem Wasser.

»Ich möchte dich nicht unter Wasser ziehen. Außerdem bist du kein junger Mann.«

Sie kicherten beide.

Dann hakte Eudora nach: »Und was ist in den Geschichten mit den Meerjungfrauen, die nicht böse sind?«

»In diesen Märchen ist es oft so, dass sich eine Meerjungfrau in einen Menschen verliebt und aus Liebe zu diesem Mann ihr Dasein als Meerjungfrau aufgibt. Mit einem mächtigen Zauber werden aus ihrer Schwanzflosse zwei Beine und sie kann an Land gehen und ...«

»Uähhh!«, schnitt die winzige Meerjungfrau ihr das Wort ab. »Dann hat man auch so blasse, mickrige Dinger?« Sie deutete au Theodradas Füße.

Diese nickte gekränkt: »Danke für das Kompliment! Das ist ja nett von dir! Ich dachte, wir wären Freundinnen! Aber ja, man hat dann auch so blasse, mickrige Dinger, wie du sie nennst.«

»Entschuldige bitte, ich wollte dir nicht zu nahetreten, aber ... aber ich würde nie aus Liebe zu einem Mann ...« Sie unterbrach sich: »Egal, und was geschieht weiter?«

»Die Meerjungfrau kann niemals wieder zurück und die Geschichten enden wie gesagt tragisch.«

»Tragisch?«

»Ja, traurig.«

»Ich weiß, was tragisch bedeutet! Aber weshalb enden sie tragisch?«

»Dieser mächtige Zauber der Verwandlung hat einen Preis. In der Geschichte, die ich kenne, weiß der junge Mann nichts von der Liebe der Meerjungfrau und diese hat nur einen Tag Zeit, seine Liebe zu gewinnen. Gelingt ihr dies bis zur Morgendämmerung nicht, stirbt sie.«

»Oh!«, machte Eudora. »Warum bis zur Morgendämmerung?«

»Ich weiß nicht. Dann ist der Tag und die Nacht vergangen.«

»Ach so. Das ist traurig.«

Theodrada nickte ernst. »Ja, das ist traurig.«

Plötzlich prustete die winzige Meerjungfrau vor Lachen. Übermütig schwamm sie im Kreis, sodass sich ein wilder Strudel bildete. Ihr helles, perlendes Lachen klang wie ein Glockenspiel. Sie ruderte mit den Armen und peitschte mit ihrer Schwanzflosse das Wasser, dass Theodrada glaubte, in einem Gewitterguss zu stehen.

»Hör auf!«, rief sie verärgert in der Annahme, die winzige Meerjungfrau mache sich über sie lustig. »Hör auf! Gleich bin ich pitschnass!«

»Entschuldige!«, quetschte Eudora mühsam hervor. »Du bist so drollig!«

»Ich bin nicht drollig!«

»Doch, bist du wohl!«

»Bin ich nicht! Das war eine traurige Geschichte. Was soll denn daran lustig sein?«

»Du lieber Gott«, kicherte Eudora. »Glaubst du das wirklich? Das ist ein Märchen! Es gibt keine Zauberei!«

Theodrada zuckte unschlüssig mit den Achseln: »Nein?«

»Natürlich nicht!«

»Na, ich weiß nicht. Für mich besteht kein großer Unterschied. Wenn es Meerjungfrauen gibt, dann kann es auch Zauberei geben.«

»Was ist das denn für ein bescheuertes Argument? Meerjungfrauen sind wie Menschen, ganz natürlich, Zauberei ist etwas Übernatürliches. Du kommst vielleicht auf Ideen! Und dann sagst du auch noch in völligem Ernst, du seist nicht drollig!«

»Also gut«, seufzte die Prinzessin. »Dann bin ich eben drollig. Also: Es gibt keine Zauberei?«

»Richtig!«

»Es gibt also für dich keine Möglichkeit, deine Schwanzflosse gegen zwei Beine einzutauschen und an Land zu kommen?«

»Richtig!«

»Wenn es unmöglich ist, dann solltest du auch nicht darüber traurig sein.«

Die winzige Meerjungfrau nickte nachdenklich: »Wahrscheinlich hast du recht. Weißt du, ab und zu ...«, sie hob ihre Hand und deutete über das Wasser, »... schwimme ich den Bach hinauf und gelange in einen See. Ha! Du solltest mich mal im freien Wasser sehen! Wie ein Pfeil geht es dann.«

Theodrada staunte, wie rasch Eudora das Thema wechselte, und fragte: »Wenn es dir im See so gut gefällt, warum bleibst du dann nicht dort?«

»Ach!«, winkte Eudora ab. »Das Wasser ist trüb und ich liebe die Strömung im Bach. Und im See werfen niederträchtige Fischer dreist und schamlos ihre Netze aus. Ich sehe sie nicht und kann mich darin verfangen. Ja, hier am Bach gibt es auch beknackte Angler ...«, sie warf einen schelmischen Blick auf Theodrada, »aber die sehe ich und kann ihren dämlichen Haken meist ausweichen. Nur gestern habe ich nicht aufgepasst.«

»Ja, schon gut! Tut mir leid!«, sagte Theodrada. »Ich habe mich doch entschuldigt!«

Eudora lachte und Theodrada fiel ein.

Die Beiden unterhielten sich noch lange und wieder hatte die Dämmerung eingesetzt, als Theodrada sich von ihrer neuen Freundin verabschiedete.

In den folgenden Wochen kam sie jeden Tag an den Bach und jeden Tag wartete Eudora bereits auf sie. Die Mädchen plauderten, kicherten und alberten, sie tauschten Mädchengeheimnisse aus und lernten sich mit jedem Tag besser kennen.

Im Palast wunderte man sich über Theodrada. Ihre Lehrer rügten sie ob ihrer häufigen Abwesenheit und drohten, ihren Vater zu informieren. Auch wenn sie hin und wieder spazieren gegangen war oder am Bach geangelt hatte, hatte sie die meisten Stunden des Tages im Palast über ihren Büchern zugebracht. Auf die neugierigen Fragen antwortete sie, dass sie am Bach angele und nachdenke. Ihre Geschwister verspotteten sie. »Sicher hat sie sich in einen der dämlichen Schäferjungen verliebt!«, lachten sie. Theodrada aber schwieg und behielt ihr Geheimnis für sich.

»Weißt du, weit draußen auf dem Meer, da liegt unermessliche Freiheit!«, schwärmte Eudora an einem schönen Tag.

»Woher weißt du das? Du warst noch nie im Meer.«

»Meine Großmutter und meine Mutter haben mir davon erzählt«, sagte die winzige Meerjungfrau stolz. »Es ist Tradition! Von Generation zu Generation wird diese Erinnerung an unsere frühere Heimat weitergegeben.«

»Hm!«, nickte Theodrada. »Mein Vater hat mir auch ganz viel über unsere Familie erzählt und wie das gewaltige Reich zustande kam.«

»Das Meer ist gigantisch groß und tiefer als die höchsten Berge auf dem Land hoch sind!«

»Tiefer als die Berge in der Eifel?«

Eudora kicherte: »Berge! Das sind Hügelchen!«

»Aber bestimmt nicht tiefer als die Alpen!«, sagte Theodrada im Brustton der Überzeugung. Ihr Vater hatte ihr von seinen Überquerungen dieses Gebirges erzählt. »Das ist so hoch, dass oben immer Schnee liegt, selbst im Sommer. Und dickes Eis! Und einer meiner Lehrer hat mir berichtet, dass weit im Osten ein noch höheres Gebirge liegen soll!«

»Das Meer ist tiefer!«, stellte Eudora mit ernster Stimme fest. »Und die Wasserwesen können bis ganz hinab tauchen und dann schießen sie empor bis an die Oberfläche und darüber hinaus.«

»Kannst du denn unter Wasser atmen?«

Anstelle einer Antwort schob die winzige Meerjungfrau ihr dichtes Haar am Hals zur Seite. Hinter dem Ohr war eine längliche rosarote Öffnung zu sehen.

»Oh!«, sagte Theodrada. »Was ist das?«

»Das sind Kiemen!«, erwiderte Eudora stolz.

»Das haben sonst nur Fische!«

»Ja, und wir Meerjungfrauen.«

»Woh!«

»Damit kann ich unter Wasser atmen und durch Mund und Nase über Wasser.«

»Woh!«, wiederholte die Prinzessin. »Weißt du was? Ich wäre auch gern eine Meerjungfrau! Ist das nicht seltsam?«

»Wieso sollte das seltsam sein?«

»Na ja, in den Geschichten ist es immer so, dass die Meerjungfrauen zu Menschen werden wollen, ich kenne keine einzige Geschichte, in der ein Mensch zu einer Meerjungfrau werden möchte.«

Die winzige Meerjungfrau hob die Schultern: »Das ist, weil die Menschen sich als etwas Besseres betrachten. Sie glauben, die Krone der Schöpfung zu sein und dass alle Wesen so sein möchten wie sie. Ich sagte ja, die Menschen sind komisch. Auf den Gedanken, dass es anders sein könnte, kommen sie gar nicht. Aber wenn sie die prächtigen Paläste im Meer sehen würden und ...«

»Im Meer gibt es Paläste?«, unterbrach Theodrada sie.

»Ja, natürlich! Wo glaubst du denn, dass die Wasserwesen leben? Meinst du, die graben sich im Sand ein?«

»Ich habe keine Ahnung. Wie gesagt, bevor ich dich traf, wusste ich nicht einmal, dass ihr existiert.«

»Tja, das ist das Problem der Menschen: Keine Ahnung zu haben. Unser König ...«

»Ihr habt einen König?«

»Ja, selbstverständlich! Neptun. Aber unterbrich mich nicht ständig! Lass mich erzählen!«

»Entschuldige bitte, aber das ist alles so neu für mich.«

»Also, unser König Neptun lebt tief im Meer in einem riesigen Palast, der von bunten Korallengärten umgeben ist.«

Theodrada schaute ihre Freundin mit weit aufgerissenen Augen an. »Hat Neptun auch eine Krone?«

Eudora nickte: »Ja, eine Krone und einen Dreizack. Das sind seine Herrschaftssymbole. Er gebietet über ein Reich, das hunderte Male gewaltiger ist als das Reich deines Vaters.«

Theodrada wollte etwas sagen, aber sie biss sich auf die Lippen und schluckte.

»Neptun besitzt eine fürstliche Kutsche, die von tausenden winzigen Seepferdchen, gezäumt aus geflochtenem Seegras, gezogen wird. Seine Berater sind Tumolt, ein griesgrämiger Zackenbarsch, der aber unglaublich klug ist, und Yragil, ein Nautilus, uralt und hochgelehrt. Seine Ehrenwache besteht aus Husarenfischen und gefährlichen Hammerhaien, die ihn ständig begleiten und mit ihren kalten Augen alles genau observieren.« Die winzige Meerjungfrau schüttelte sich bei dem Gedanken.

Theodrada wusste nicht, wie ein Zackenbarsch oder ein Nautilus aussieht, die winzigen Seepferdchen stellte sie sich wie wirklich Pferde in winziger Form vor, aber die Schilderung Eudoras war so lebendig, dass auch ihr bei der Erwähnung der Hammerhaie eine Gänsehaut über den Rücken lief.

»Ach!«, seufzte Eudora schwermütig. »Ich habe das alles nie gesehen, ich kenne diese Welt nur aus den Erzählungen meiner Großmutter und meiner Mutter. Wie gern sähe ich die bunten Korallengärten im Schlosspark! Dort leben bunte Papageienfische und wenn es dunkel wird, kommen Leuchtfische. Singende Muscheln, Trompetenfische und Flötenfische musizieren, von Riesenkrebsen dirigiert. Seenadeln tanzen und Kugelfische blähen sich auf. Nur die Muränen haben stets schlechte Laune und schauen mürrisch aus ihren Felsspalten.«

»Und was machen die Meerwesen den ganzen Tag?«

»Oh, da gibt es viele Dinge. Sie schwimmen mit lustigen Delfinen um die Wette oder reiten auf gewaltigen Walen, sie spielen Schach mit listigen Seelöwen oder Verstecken in unermesslich großen Fischschwärmen. Man muss sich nur vor den wilden Haien und den gewaltigen Kraken in Acht nehmen.«

Theodrada war sprachlos. Ob das wirklich stimmte? Sie kannte die Lebewesen in den Bächen und in den Seen, die Forellen, die Hechte, die kleinen Flusskrebse, ihre Lehrer hatten berichtet, dass im Meer riesige Fische lebten. Aber musizierende Fische? Dirigierende Krebse? Beratende Barsche? Schachspielende Seelöwen? Die winzige Meerjungfrau war noch nie im Meer gewesen. Alles, was sie sagte, kannte sie nur von den Berichten ihrer Großmutter und Mutter, die selbst nie dort gewesen waren. Hatten diese ihr die Wahrheit erzählt? Hatten sich alte Geschichten zu sagenhaften Legenden verwoben?

Sie wusste es nicht, aber sie spürte die Sehnsucht der winzigen Meerjungfrau.

»Möchtest du ans Meer?«, fragte Theodrada plötzlich entschlossen, ihrer Freundin zu helfen.

Diese schaute sie verwundert an.

Die Idee war schon länger in Theodrada gereift. »Weißt du«, sagte sie tatendurstig. »Du willst die Heimat deiner Vorfahren und ich möchte fremde Länder kennenlernen, warum sollen wir das nicht gemeinsam in die Tat umsetzen. Ich werde dir helfen ...«

»Ich weiß nicht«, gab die winzige Meerjungfrau zögerlich zurück. »Ich fürchte mich.«

»Vor dem Kraken?«

Eudora schüttelte den Kopf. »Nicht nur.«

»Wovor fürchtest du dich?«

Die winzige Meerjungfrau senkte beschämt das Köpfchen: »Ich fürchte, dass meine Großmutter und meine Mutter mir nicht die Wahrheit erzählt haben. Ich fürchte, dass dies nur Märchen sind. Ich fürchte, dass es gar keinen

König Neptun und kein prächtiges Schloss auf dem Meeresgrund gibt.«

»Oh!«, machte Theodrada. »Aber es können nicht nur Märchen sein, denn du lebst doch wirklich! Du bist eine Meerjungfrau.«

»Ja, schon, aber ...«

»Was aber? Wenn du lebst, wird es andere wie dich geben!«

»Ja, möglicherweise«, gab sie zögerlich zu. »Aber wenn es sie wirklich gibt, dann weiß ich nicht, ob sie mich mögen. Seit vielen Generationen leben wir nicht mehr dort und ... und ich bin so winzig. Was ist, wenn sie mich nicht leiden können? Wenn sie mich auslachen? Dann bleibe ich lieber hier. Hier habe ich eine Freundin.«

Theodrada lächelte: »Ja, das hast du.«

»Und du«, fuhr Eudora fort, »du hast hier deine Familie. Du kannst doch nicht einfach fortlaufen. Wir kennen den Weg nicht und es ist bestimmt sehr gefährlich. Überall können Räuber lauern.«

»Das stimmt«, musste Theodrada einräumen.

In den folgenden Tagen vermied die winzige Meerjungfrau, über das Leben in der Tiefe des Meeres zu sprechen, aber Theodrada überlegte hin und her, wie sie ihrer Freundin beistehen könnte. Sie würde ihr so gern helfen, aber auch sie fürchtete sich. Fürchtete sich, von zu Hause wegzulaufen, fürchtete sich vor der nicht ungefährlichen Reise und fürchtete, dass es wirklich keinen Palast auf dem Grunde des Meeres gäbe und ihre Freundin enttäuscht wäre. Und wenn sie ehrlich zu sich war, fürchtete sie auch das Gegenteil. Gäbe es einen prächtigen Palast im Meer, den König Neptun, die musizierenden Fische im Korallengarten, gäbe es andere Meerjungfrauen und Meerwesen und mochten diese Eudora, dann bliebe diese sicher dort und sie verlöre ihre Freundin.

Aber das war eigennütziges Denken, schalt sich Theodrada, und das wollte sie nicht. Sie wollte ihrer Freundin helfen.

Aber wie sollte sie dies bewerkstelligen, wenn Eudora ihre Hilfe ablehnte?

Eines Tages jedoch wurde ihnen die Entscheidung aus der Hand genommen. Theodrada saß wie so oft auf der Uferböschung am Bach und ließ ihre Füße im kalten Wasser baumeln, während Eudora in der Bucht ihre Kreise schwamm, als plötzlich eine scharfe Stimme ertönte: »Hier steckst du also!«

Theodradas Kopf fuhr herum und sie schaute in das erzürnte Gesicht ihres älteren Bruders Ludwig. Er war vor einigen Tagen nach Aachen gekommen, um als Unterkönig in Aquitanien mit seinem Vater über dringende Staatsgeschäfte zu reden. Sie hatte sich gefreut, ihn zu sehen, auch wenn er oft verdrießlich und in ihren Augen übertrieben fromm war.

»Wo ist es?«, grollte er.

»Was?«, fragte Theodrada eingeschüchtert. Vorsichtig schaute sie auf das Wasser, aber Eudora war rechtzeitig abgetaucht. Nichts war von der winzigen Meerjungfrau zu sehen.

»Du weißt genau, was ich meine!«

Theodrada schüttelte den Kopf: »Ich sitze nur hier und denke nach.«

»Lüg mich nicht an! Drei Jungen aus dem Palast sind dir gefolgt und haben dieses abscheuliche Ding gesehen. Das ist gefährlich! Komm sofort nach Hause!«

Ihr Bruder ließ keine Widerrede zu. Theodrada erhob sich und stapfte ihm hinterher. Erst als sie ein gutes Stück vom Bach entfernt waren, wagte sie sich umzudrehen, sah das winzige Köpfchen Eudoras aus dem Wasser lugen und erkannte ihre traurigen Augen.

Im Palast angekommen, schickte Ludwig sie auf ihr Zimmer und verschloss die Tür hinter ihr. Voller Angst legte sie ihr Ohr an das raue Holz. Laut schallten seine Befehle durch die Gänge. Ach, könnte sie doch mit ihrem Vater sprechen! Er würde sie verstehen, er würde ihr beistehen, aber dieser war mal wieder auf der Jagd.

Auf dem Platz vor dem Palast entstand Tumult. Theodrada eilte zum Fenster und schaute hinab. Dort hatte ihr Bruder ein Dutzend mit Spießen und Netzen bewaffnete Männer um sich geschart. Mit den Armen gestikulierend redete er beschwörend auf sie ein. Den genauen Wortlaut konnte sie nicht verstehen, so sehr sie sich anstrengte, aber das war auch nicht nötig. Sie wusste, was er vorhatte, und hilflose Tränen der Verzweiflung kullerten ihre Wangen herab.

Ludwig hatte seine Ansprache beendet. Er trat einige Schritte zurück, hob sein Schwert und rief mit lauter Stimme: »Wir werden Jagd auf diese Ausgeburt der Hölle machen! Wir werden sie erwischen und wir werden die Welt von dieser widernatürlichen und gotteslästerlichen Kreatur befreien! Möge der Herr uns beistehen!«

Die Männer brüllten zustimmend, schwenkten ihre Waffen und ritten vom Platz.

Theodrada hämmerte mit ihren kleinen Fäusten gegen die Tür und schrie sich die Seele aus dem Leib, aber niemand öffnete. Offenbar hatte ihr Bruder entsprechende Befehle erteilt. Als sie begriff, dass ihr Flehen, Rufen und Klopfen vergeblich war, kniete sie vor dem Fenster und schaute angsterfüllt in den Hof. Wie lange würde es dauern, bis die Männer die winzige Meerjungfrau aufgespürt und gefangen hätten und sie wie eine Trophäe auf den Platz schleppten?

Oder sollte Eudora die Flucht gelingen? Offenbar hatte diese ihren Bruder einen Augenblick früher als sie gesehen und war abgetaucht. Vielleicht konnte sie sich im Schilf des Sees verstecken oder noch weiter die Bäche hinaufschwimmen! Vielleicht gäbe Ludwig, fände er sie nicht sogleich, die Suche auf! Vielleicht würde er den Jungen, die sie verraten hatten, nicht mehr glauben!

Aber nein, das war Wunschdenken. Sie kannte ihren Bruder. So schnell würde er nicht kapitulieren. Besonders nicht, wenn, wie er glaubte, es sich um eine vom Teufel geschaffene Kreatur handelte, von der er die Welt befreien müsse. Die Bäche, die in den See mündeten, wurden immer flacher, und der See war nicht allzu groß und setzte er Schleppnetze ein ...

In dieser Art rasten ihre Gedanken und stets, wenn der winzige Funken eines Lichtblicks im unermesslichen Schwarz entstand, wurde dieser von schrecklichen Bildern zunichte gemacht. Ihre Gefühle wurden zwischen Hilflosigkeit, Hoffnung und Verzweiflung zerrissen. Theodrada war übel vor Furcht, sie betete zu dem christlichen Gott, wenn sie auch nicht wusste, ob dies der Gott der winzigen Meerjungfrau war. Aber hatte ihr nicht Bischof Turpin, als ihr Vater sie auf eine Reise nach Reims mitgenommen hatte, gesagt, dass der christliche Gott der Gott aller Wesen dieser Welt sei? Also auch für die Wesen des Meeres? Andererseits berief sich ihr Bruder ebenfalls auf den christlichen Gott. Wer hatte also recht? Ihr Bruder oder Bischof Turpin?

Die Männer ihres Bruders, raubeinige und wilde Kerle, waren alles andere als zart besaitet. Sie hatte schon miterleben müssen, was Soldaten mit Gefangenen taten. Wenn auch deren Verstand nicht weit reichte, schienen sie all ihre Energie auf eine einzige Sache zu konzentrieren: sich möglichst bestialische und blutrünstige Methoden auszudenken, eines Menschen Leben zu beenden. Und in dieser Hinsicht waren sie äußerst fantasievoll. Würden sie Eudora lebend habhaft, schleppten sie sie in ihren Netzen her. Sie würden sie nicht nur als Monstrosität öffentlich zur Schau stellen, verspotten und beschimpfen, sie würden sie aufs Grausamste quälen, sodass diese schließlich um ihren Tod flehen würde. Die Angst um ihre Freundin ließ die haarsträubendsten Bilder vor ihren Augen entstehen.

Es war tiefe Nacht, als Theodrada Geräusche auf dem Hof hörte. Die Erschöpfung musste sie eingeschläfert haben und ihr Köpfchen war auf den Fenstersims gesunken. Aber nun fuhr sie auf. Ihr Bruder kehrte mit seinen Männern zurück. Um nicht laut aufzuschreien, vergrub Theodrada ihre Zähne in ihre Fingerknöchel. Fackeln warfen zuckende und gespenstische Schatten, erhellten lediglich dürftig die Szene und sie strengte ihre Augen derart an, dass sie schmerzten. Sie schöpfte Hoffnung, als sie sah, dass die Männer kein Netz mit sich schleppten, auch wenn dies kein Beweis war, dass sie die winzige Meerjungfrau nicht aufgespürt hatten. Vielleicht hatten sie Eudora am Bach getötet und sie dort zurückgelassen. Ihr Blick suchte ihren Bruder. Seine Schultern hingen herab und seine Bewegungen waren eckig und hölzern. Das konnte nur bedeuten, dass seine Jagd erfolglos geblieben war.

»Morgen bei Tagesanbruch brechen wir wieder auf!«, rief er grimmig. »Dann werden wir diese Höllengeburt ergreifen!« Er überreichte die Zügel seines Pferdes einem Stallknecht und marschierte mit weit ausgreifenden Schritten davon.

Eine Woge der Erleichterung überspülte Theodrada. Sie hatten die winzige Meerjungfrau nicht gefangen. Sie hatte sich verbergen können. Aber wie lange würde ihr dies gelingen? Aus dem Verhalten ihres Bruders erkannte sie, dass dieser nicht eher ruhen würde, bis er ihrer habhaft geworden wäre. Wie ein Bluthund würde er sich auf ihre Fährte heften, und sie glaubte nicht, dass Eudora sich auf Dauer den Häschern entziehen könnte. Diese würde nicht wagen, den Bach durch die Stadt hinab zu schwimmen. Also würde sie hinauf schwimmen, in den See hinein, weiter in die Zuflüsse, aber die Bäche dort wurden immer flacher und schmaler. Ludwig und seine Schergen würden sie in die Enge treiben.

Nun, wo die entsetzliche Angst nicht mehr gar so sehr auf ihren Schultern lastete, überfielen sie Gewissensqualen. Es war ihre Schuld! Nicht nur, weil Ludwig, der unerbittlich Jagd auf Eudora machte, ihr Bruder war, nein, sie war unvorsichtig gewesen, sodass die Jungen aus dem Palast ihr unbemerkt folgen und die winzige Meerjungfrau hatten sehen können.

Wie könnte sie ihrer Freundin helfen? Theodrada sah nur eine Möglichkeit. Ludwig würde alle Hebel in Bewegung setzen, diesem nach seiner Meinung zu Unrecht auf dieser Welt existierenden Wesen ein Ende zu bereiten. Und früher oder später, dessen war sie sich sicher, würde Eudora in seine schonungslosen Hände fallen. Hier im Bach oder im See gab es keine Versteckmöglichkeiten. Eudora musste weit weg. Dies bedeutete: Sie musste ans Meer und sie, Karls Tochter, Prinzessin Theodrada, würde sie begleiten. Und sie mussten heute Nacht aufbrechen. Morgen könnte es bereits zu spät sein.

Der Gedanke flößte ihr mehr als Unbehagen ein und hätte sie Muße gehabt, über die möglichen Folgen nachzudenken, wäre nicht auszuschließen gewesen, dass sie ihn wieder verworfen hätte. Aber sie hatte keine Muße und es war ihre Aufgabe, ihrer Freundin beizustehen. Es war keine Zeit, sich Bauchschmerzen hinzugeben. Schließlich war sie die Tochter eines Königs. Theodrada hatte ihren Entschluss getroffen.

In aller Eile packte sie ein paar Dinge, schnürte ein Bündel, versteckte dies in einer Truhe, legte sich angekleidet ins Bett und zog die Decke bis ans Kinn. Etwas später – wie sie erwartet hatte – hörte sie, wie ihre Tür aufgeschlossen und vorsichtig geöffnet wurde. Jemand betrat das Zimmer. Theodrada tat, als schliefe sie tief und fest. Mit geschlossenen Augen mühte sie sich um gleichmäßiges Atmen, auch wenn ihr das Herz im Leibe pochte und sie fürchtete, dieser Jemand müsse das Rauschen ihres Blutes in den Adern und das Klopfen ihres Herzens in der Brust hören.

Sie spürte den durch das Zimmer tastenden Lichtstrahl einer blakenden Lampe, der bei ihrer Gestalt innehielt, sie vernahm das Rascheln von Stoff und ein tönernes Geräusch, dann wurde die Tür wieder geschlossen. Als die Schritte sich entfernten, wartete Theodrada einige Minuten und lauschte in die Stille, ehe sie aufstand. Richtig, auf dem Boden konnte sie eine Schüssel mit Käse und Brot ausmachen. Sie probierte es an der Tür und registrierte erleichtert, dass sie nicht mehr abgeschlossen war. Käse und Brot packte sie in das Bündel und auf Zehenspitzen schlich sie hinaus auf den dunklen Gang.

Es war tiefe Nacht und alles schlief. Eine unheimliche Geräuschlosigkeit lag über dem Palast. Theodrada war froh, dass fahler Mondschein den Gang in mattes Licht tauchte. Ihr erster Weg führte sie in die Speisekammer neben der Küche, wo sie wahllos Vorräte in ihr Bündel stopfte. Dann schlich sie hinab zum Tor und öffnete es. Zum Glück war es nicht verschlossen, da diese Tür zu den Toilettenanlagen auf dem Hof führte. Theodrada verharrte, horchte, ob niemand sie gehört hatte und ihr folgte, oder ob nicht just in diesem Augenblick sich jemand auf dem Hof aufhielt. Aber alles blieb ruhig und sie verließ ungesehen das Gebäude. Ein Wächter lehnte schläfrig, auf eine Lanze gestützt, an einer Mauer. Unbemerkt schlüpfte sie an ihm vorüber.

Auch in den Gassen der Stadt, die sie auf ihrem Weg zum Bach zu durchqueren hatte, begegnete ihr niemand. Nur einmal bellte ein aufgeschreckter Hund sie an und beinahe hätte sie ihr Bündel fallen lassen. Aber sie raffte es fester und eilte zu der Stelle, wo sie und Eudora sich immer getroffen hatten.

»Hoffentlich finde ich sie!«, sagte sie leise zu sich. Nun erst wurde ihr bewusst, dass die Wahrscheinlichkeit, Eudora an der Bucht anzutreffen, eher gering war.

Sicher würde diese sich nicht mehr dorthin wagen, wo sie gesehen worden war. Würde sie ihr noch vertrauen?

»Eudora!«, flüsterte sie, am Bach angekommen. »Eudora!«

Sie strengte ihre Augen an, aber eine Wolke hatte sich vor den Mond geschoben. Wäre sie in den letzten Wochen nicht hunderte Male den Weg gegangen und kennte sie nicht jeden Stein und jeden Grashalm, hätte sie die kleine Bucht nicht gefunden. Nur das sanfte Murmeln zeigte ihr an, wo sich der Bach befand, und hin und wieder, wenn ein Wolkenloch das Licht eines Sternes hindurchließ, glitzerte dessen Widerschein auf der Wasseroberfläche.

»Eudora!«

»Ich bin hier!«, flüsterte es zurück.

»Eudora!«, rief die Prinzessin erleichtert. »Ich bin so froh, dich unversehrt zu sehen.«

»Na ja«, erwiderte die winzige Meerjungfrau. »Unversehrt ist vielleicht übertrieben.«

»Ist dir etwas zugestoßen?«, fragte Theodrada angstvoll.

»Nein, außer dass diese furchtbaren Männer mich den Bach hinaufgetrieben haben und ich nur mit größter Mühe und Not ihren Netzen und ihren scharfen Speeren ausweichen konnte!« Ihre Stimme klang entrüstet.

»Gott sei Dank!«, seufzte Theodrada.

»Was wollen die von mir? Warum jagen die mich? Ich habe ihnen doch nichts getan!«

»Sie haben Angst vor dir!«

»Angst? Vor mir?«

»Ja, Angst vor dem Unbekannten.«

»Das verstehe ich nicht. Du hast doch auch keine Angst vor mir.«

»Ach, Eudora!«, sagte Theodrada. »Es tut mir so leid!«

»Es braucht dir nicht leid zu tun! Du kannst ja nichts dafür!«

Theodrada senkte beschämt den Kopf. »Es ist mein Bruder, der dich verfolgt hat, und es waren Jungen aus dem Palast, die mir nachgespürt sind, dich gesehen und dich an ihn verraten haben.«

Die Wolke hatte sich verzogen und das Licht des Mondes und der Sterne leuchtete herab.

»Dein Bruder?«, echote Eudora und Theodrada sah an ihrer Miene, dass diese Information sie traf.

»Ja, mein Bruder Ludwig. Es tut mir leid!« Tränen standen ihr in den Augen.

Eudora zögerte, überlegte und sagte dann: »Du kannst nichts für die Taten deines Bruders.«

»Ich danke dir!«, atmete Theodrada auf. »Aber wir haben keine Zeit zu verlieren! Wir müssen weg!«

»Warum?« Eudora hob ihre winzigen Hände aus dem Wasser und schmunzelte. »Ich bin ihnen doch entwischt!«

»Für heute! Meinst du, mein Bruder gibt auf? Er kommt morgen bei Tagesanbruch wieder. Ich hörte ihn. Und wenn er dich morgen nicht findet, dann übermorgen, oder am Tag danach. Er wird keine Ruhe geben!«

Das Gesicht der winzigen Meerjungfrau wurde blass.

»Los!«, rief Theodrada. »Beeil dich!«

»Wohin denn?«

»Ans Meer! Wohin denn sonst? Das ist der einzige Platz, wo du vor meinem Bruder sicher bist.«

Das Gesicht der winzigen Meerjungfrau wurde, wenn das möglich war, noch eine Spur blasser. »Ans Meer?«

»Dorthin kann er dir nicht folgen!«

»Und du willst mit mir kommen?«

»Ja, ich werde dich begleiten!«

Eudora starrte Theodrada mit weit aufgerissenen Augen an und sagte eine Zeitlang kein Wort.

»Du musst dich beeilen!«, mahnte die Prinzessin ungeduldig, sich der drohenden Gefahr bewusst. »In wenigen Stunden geht die Sonne auf. Dann werden sie kommen. Hast du … ehm … irgendwelche Sachen, die du mitnehmen musst?«

»Ja!«, Eudora nickte bestätigend. »Ich habe noch meinen Schlafanzug dort hinten unter dem Strauch!«

»Echt?«

»Quatsch! Sehe ich so aus, als trüge ich einen Schlafanzug? Hallo! Ich bin eine Meerjungfrau!«

»Ist ja gut! Schön, dass du deinen Humor nicht verloren hast. Können wir jetzt?«

»Ja! Kennst du den Weg?«

»Das ist einfach. Wir brauchen nur dem Bachlauf folgen.« Theodrada wandte sich zur Stadt und machte ein paar Schritte in der Erwartung, dass Eudora ihr im Wasser folgte.

»Wo willst du denn hin?«, rief die winzige Meerjungfrau ihr hinterher.

Theodrada blieb stehen: »Was? Wohin? Zum Meer natürlich!«

»Aber das Meer liegt in dieser Richtung!« Eudora deutete den Bach hinauf.

»Nein!«, sagte Theodrada. »Dort entspringt der Bach einer Quelle, er fließt in den See, von dort hier vorüber, dann in einen größeren Bach, in einen Fluss und wieder in einen größeren Fluss, bis dieser sich ins Meer ergießt. Das ist doch klar!«

»Nichts ist klar!«, maulte die winzige Meerjungfrau. »Meine Großmutter und meine Mutter haben mich gelehrt, dass es genau andersherum ist.«

»Wie andersherum?«

»Das Meer ist voll Wasser und wenn es regnet, läuft es über und fließt die Flüsse und Bäche hinauf.«

Theodrada starrte sie sprachlos an: »Na, jetzt weiß ich, warum deine Vorfahren Generationen über Generationen das Meer nicht fanden. Ihr seid immer in die falsche Richtung geschwommen!«

»Meinst du wirklich?«, hakte Eudora kläglich nach.

»Natürlich! Das weiß ich ganz genau. Wir brauchen nur dem Wasserverlauf folgen, dann kommen wir zum Meer!«

»So was Blödes!«, murmelte Eudora traurig.

»Ja, das stimmt!«

»Die Sache hat aber noch einen Haken«, sagte Eudora. »Wenn wir in diese Richtung schwimmen, beziehungsweise gehen, dann müssen wir mitten durch die Stadt, vorbei an den vielen Menschen!«

»Richtig!«, sagte Theodrada. »Deshalb sollten wir uns so schnell wie möglich auf den Weg machen, bevor alle aufwachen und bei Tagesanbruch ihre Arbeit beginnen.«

Erneut wandte sich die Prinzessin der Stadt zu und schritt zügig aus.

Eudora folgte ihr im Wasser, bis sie an eine Mühle kamen. »Diese blöden Wasserräder!«, schimpfte sie. »Das ist gar nicht so einfach, sich da hindurch zu schlängeln. Zum Glück bin ich klein.« Sie machte sich so dünn, wie ihr möglich war, und schlüpfte über die Rinne an den Schaufeln vorüber.

Bald erreichten sie die ersten Wohnhäuser, aber wie Theodrada vorhergesagt hatte, lagen die Menschen in tiefem Schlaf.

»Hier wohnen aber viele Leute!«, staunte Eudora.

»Warst du noch nie hier?«, wunderte sich Theodrada.

»Nein, ich traute mich nicht. Ich bin den Menschen und ihren Ansiedlungen wenn möglich immer ausgewichen.«

»Daran hast du wahrscheinlich gut getan«, murmelte die Prinzessin.

»Was sind denn das für riesige Gebäude?«, fragte Eudora und deutete mit dem Finger auf den Hügel hinter sie.

Theodrada wandte sich um: »Das ist die Marienkirche meines Vaters, ein Haus Gottes, und gegenüber wird seine Königshalle erbaut. Wir wohnen ein Stück davor. Siehst du?« Sie deutete mit dem Finger und Traurigkeit überfiel sie, als sie daran dachte, ihr Zuhause und ihre Familie zu verlassen. Ihr Weg war weit und alles andere als ungefährlich. Wer weiß, wann sie zurückkehrte.

Erleichtert atmeten das Mädchen und die Meerjungfrau auf, als sie unbemerkt die Stadt passiert hatten. Allmählich färbte sich der Horizont rosarot und Theodrada drängte zur Eile: »Wir müssen noch an den Bauernhöfen vorbei. Wenn wir das geschafft haben, sind wir fürs Erste im dichten Wald in Sicherheit. Außer einigen Köhlern lebt dort keiner.«

Und richtig: Auf den Höfen begann der lange und beschwerliche Arbeitstag, aber keiner der müden Bauern achtete auf das Mädchen, welches am Bach entlanggging, und keiner ahnte, was neben diesem Mädchen im Wasser schwamm.

Eine knappe Stunde marschierte Theodrada zügig. Mittlerweile floss der Bach durch dichten Wald und das erste Sonnenlicht fiel durch das Blätterwerk. »Puh«, sagte sie und ließ sich auf einem umgestürzten Baumstamm nieder. »Das hätten wir geschafft. Jetzt muss ich etwas essen.« Sie packte aus ihrem Bündel ein Stück Brot, Käse und einen Apfel. »Magst du auch?«, fragte sie Eudora.

Diese verzog das Gesicht: »Bäh!«

»Was essen Meerjungfrauen?«

»Wir essen Algen, Seegras, alle möglichen Wasserpflanzen, am liebsten mag ich Seerosen.«

»Ach so?«

»Ja, die schmecken prima. Willst du mal kosten?«

»Ach nein, lieber nicht. Ich bleib bei meinem Käse.«

Nach der Pause folgte das ungleiche Paar weiter dem Bachlauf. Das war nicht immer so einfach, wie man meinen könnte. Zwar führte, ein Stück vom Bach entfernt, ein schmaler Pfad durch den Wald, aber diesen mieden sie. Theodrada war überzeugt, dass man sie, sobald ihre Abwesenheit auffiele, suchte, und sie wollte nicht, dass Bauern sich an sie erinnerten und ihren Bruder auf ihre Fährte lockten. Sollte dieser ruhig bachaufwärts suchen. Außerdem wollte sie sich nicht zu weit von Eudora entfernen. Schließlich konnte diese nicht an Land.

So kletterte Theodrada über modernde Baumstämme, watete durch Morast und nicht nur einmal musste sie ihre steckengebliebenen Schuhe mühsam aus dem Schlamm zerren. Für Eudora gestaltete sich der Weg einfacher, aber auch sie hatte derart seichte Stellen zu passieren, dass ihr oft kaum genug Wasser blieb, um hindurch zu schwimmen. Sie musste sich vorwärts schnellen und manches Mal stöhnte sie vor Schmerz auf, wenn sie auf einem scharfkantigen Stein landete.

Sie kamen an kleinen Weilern vorüber, der Bach ergoss sich in einen größeren Bach und am Abend suchten sie ein ruhiges Plätzchen. Theodrada aß von ihren Vorräten und war froh, neben ihrem warmen Umhang auch eine Decke mitgenommen zu haben, denn es wurde empfindlich kühl.

»Ist es im Wasser nicht viel zu kalt?«, fragte sie, während sie sich in das dicke Wolltuch mummelte.

»Nein, wir Meerjungfrauen frieren nicht. Im Meer soll es noch viel kälter sein.«

Am nächsten Morgen brachen sie zeitig auf, um eine möglichst große Distanz zwischen sich und etwaige Verfolger zu bringen. Theodrada wanderte und Eudora ließ sich, an Seerosenknospen knabbernd, von der Strömung treiben. Die Mädchen unterhielten sich, Eudora erzählte Legenden von den Meerwesen, Theodrada berichtete von den Menschen, sie machten Späße und alberten. So wie es junge Mädchen in allen Ländern und zu allen Zeiten zu tun pflegen.

Es vergingen mehrere Tage. Der Bach war zu einem kleinen Fluss geworden und Eudora genoss den weiten Schwimmraum. Nicht immer konnte Theodrada den Menschen ausweichen, aber die Bauern auf den Höfen, an denen sie vorüberkamen, und die Frauen, die Lasten mit Brennholz aus dem Wald oder Körbe mit Waren in die nächste Ansiedlung schleppten, schenkten ihr keine Beachtung. Sie waren mit ihrem Tagwerk beschäftigt. Was interessierte sie ein mageres Mädchen, das mit einem Bündel über der Schulter am Fluss entlangging!

Zu einer Bedrohung könnten Wanderer und Pilger auf dem Weg nach Aachen werden.. Aber Theodrada hatte ihr Haar geschnitten und ihr Aussehen, soweit es möglich war, geändert, und auf neugierige Fragen antwortete sie mit geschickten Ausflüchten. Ihre Kleidung hatte arg gelitten, über und über war sie schmutzig, und keiner wäre der Idee verfallen, in diesem abgerissenen Mädchen eine Tochter ihres

Königs zu erkennen. Die winzige Meerjungfrau hatte keiner zu Gesicht bekommen.

Als ihre Vorräte zur Neige gingen, ernährte sich Theodrada von Früchten und Beeren. Hin und wieder fing Eudora für ihre Gefährtin einen Fisch, den diese abends am Feuer briet. Sie wurde von Tag zu Tag geschickter: Sie lernte, aus Ästen und Laub einen Unterstand zu bauen, der sie in der Nacht ein wenig vor den Unbilden des Wetters schützte, welche Blätter und welche Zweige am besten brannten, wie man den Fisch auf einen Ast spießte, wie man diesen über die Flammen hielt, ohne dass er verkohlte oder ins Feuer fiel. Auch kostete sie einige Wasserpflanzen, die aber bitter schmeckten und zäh wie Leder waren. Eudora kicherte, als Theodrada das Gesicht verzog und sie angewidert ausspuckte.

Der kleine Fluss war in einen größeren übergegangen, dieser wieder in einen größeren, der plötzlich in einen gewaltigen Strom mündete. So etwas hatte Theodrada noch nie gesehen und sie riss ebenso wie Eudora überrascht die Augen weit auf.

»Ist das das Meer?«, fragte die winzige Meerjungfrau und fühlte sich noch winziger.

»Nein«, schüttelte Theodrada den Kopf. »Das muss der Rhein sein!«

»Woh! Der ist groß!«

»Ja, der Rhein fließt ins Meer, das weiß ich, jetzt kann es also nicht mehr weit sein.«

Aber da irrte Theodrada. Sie hatte noch etliche Tage zu gehen. Die Blasen an ihren Füßen waren aufgegangen und mittlerweile verheilt, sodass jetzt eine dicke Hornhaut ihre Fußsohlen schützte.

Die winzige Meerjungfrau blieb in den ersten Stunden in diesem monumentalen Strom nahe am Ufer. Dann wagte sie sich zunächst vorsichtig weiter hinaus und konnte gar nicht fassen, wie breit und wie tief der Fluss war. Immer wieder tauchte sie für lange Zeit unter, sodass Theodrada um sie fürchtete, um dann couragiert durch die Oberfläche zu stoßen, weit in die Luft zu schnellen und ausgelassen mit ihrer Schwanzflosse auf das Wasser zu platschen. War sie erschöpft, schwamm sie prustend zu Theodrada und erzählte ihr begeistert von dem, was sie unter Wasser gesehen hatte.

Unbeschwert legten sie Meile um Meile zurück. Die Angst vor Verfolgern hatten sie abgestreift. Entweder wurden sie nicht verfolgt, oder man suchte sie in einer gänzlich anderen Richtung. Das konnte ihnen nur recht sein, aber hin und wieder traten Theodrada Tränen in die Augen, wenn sie daran dachte, wie traurig ihr Verschwinden ihren Vater stimmen musste. Aber, suchte sie sich selbst aufzuheitern, er wird sich umso mehr freuen, wenn ich wieder in Aachen bin.

»Komm doch ins Wasser!«, forderte Eudora sie auf. »Du kannst doch schwimmen!«

»Ja, aber ich bin noch nie in einem so großen Fluss geschwommen. Ist das nicht kalt?«

»Es ist ganz warm!«

»Ist die Strömung nicht zu stark?«

»Keine Ausreden! Dir kann nichts geschehen! Ich bin bei dir! Also zieh dich aus und komm rein!«

Theodrada schlüpfte aus ihren mittlerweile recht zerschlissenen Kleidern und probierte vorsichtig mit dem großen Zeh: »Brrrr! Das ist ja eiskalt!«

Eudora lachte und bespritzte ihre Freundin.

»Na warte!«, rief Theodrada und sprang ins Wasser. Die Kälte wirkte befreiend und wild kraulte sie zu Eudora, die aber brachte sich mit einem einzigen Schlag ihrer Schwanzflosse in Sicherheit.

»Das ist gemein!«, keuchte die Prinzessin lachend. »So bekomme ich dich nie!«

Sie spaßten und plantschten. Eudora hieß Theodrada, sich an ihren Schultern festzuhalten und schoss dann wie der Blitz durchs Wasser. »Hui!«, riefen sie beide, als die Gischt hoch aufspritzte.

»Komm, lass uns tauchen!«, lachte Eudora. Theodrada holte tief Luft, hielt sich an der winzigen Meerjungfrau fest und hinab ging es. Viel zu sehen gab es nicht, dazu war das Wasser zu trübe, aber ein alter Karren, der auf dem Grund lag, reizte ihr Interesse. Sie untersuchten ihn, bis die Luft knapp wurde und Theodrada auftauchen musste. Einige Fische schauten gelangweilt zu ihnen herüber.

Irgendwann war Theodrada durchgefroren und kletterte bibbernd an Land. Mit ihrem Umhang trocknete sie sich ab und schlüpfte in warme Kleidung. »Das hat Spaß gemacht!«, rief sie, auch wenn ihre Zähne klapperten.

»Ja!«, jauchzte Eudora. »Das hat Spaß gemacht! Ach, hätte ich nur immer jemanden, mit dem ich schwimmen könnte!«

»Vielleicht hast du das bald«, erwiderte Theodrada.

»Ja, vielleicht!«, sagte die winzige Meerjungfrau und ihre Stimme klang mit einem Mal bedrückt.

Dieses Thema hatten sie während ihrer Reise ausgeklammert. Jetzt verlieh Eudora ihren Ängsten Ausdruck: »Was mache ich, wenn es keine anderen Meerwesen gibt? Wir können nicht zurück. Dein Bruder!«

»Warte ab!«

»Und was mache ich, wenn es andere Meerwesen gibt? Ich kenne doch keinen! Und ich kann dich nicht allein lassen!«

»Lass uns abwarten! Erst müssen wir ans Meer gelangen, dann sehen wir weiter!« Auch die Prinzessin stimmte dieser Gedanke traurig. Bald würden sie das Meer erreichen und so oder so, alles würde sich für sie beide ändern.

Es währte aber geraume Zeit, in der sie wundersame Dinge sahen und erlebten, bis sie nach vielen Meilen der Wanderschaft und des Schwimmens tatsächlich am Meer standen. Der Fluss war breiter und breiter geworden, Theodrada hatte durch überschwemmte Wiesen waten und einige Passagen gar schwimmend zurücklegen müssen.

Eudora blickte ihre Freundin mit großen Augen an: »Das Meer!«, sagte sie tonlos, und wiederholte immer wieder: »Das Meer! Das Meer!«

»Ja«, erwiderte Theodrada und ihr Blick schweifte in die Unendlichkeit des Horizontes. »Das Meer!«

Die winzige Meerjungfrau saß neben Theodrada im seichten Wasser. Sanfte Wellen umspülten sie. Beide schwiegen, von der erhabenen Schönheit der Weite tief bewegt. Die Gedanken der Prinzessin schweiften zurück zu dem fernen Palast, wo sich ihr Vater um sie sorgen würde, als sie plötzlich Schluchzen neben sich vernahm. Erschrocken schaute sie zu ihrer Freundin, aus deren Augen dicke Tränen wie silbrige Perlen quollen.

»Was ist denn los? Bist du nicht glücklich?«

»Ja, doch! Ich bin glücklich, aber gleichzeitig traurig!«, rief sie lachend und weinend zugleich. »Ich bin glücklich, eine Freundin wie dich zu haben! Ich bin glücklich, hier am Meer zu sein! Ich fürchte mich, weil ich nicht weiß, was kommen wird! Und ich bin traurig, weil meine Großmutter und meine Mutter diesen Augenblick nicht miterleben können und meine Vorfahren so lange vergeblich den Weg zum

Meer gesucht haben. Du hattest recht! Es wäre so einfach gewesen! Bäche und Flüsse münden ins Meer.«

Theodrada ergriff ihre Hand und drückte sie fest. »Ja, aber vielleicht schauen deine Mutter und deine Großmutter, dort wo sie jetzt sind, auf dich und wissen, dass du es geschafft hast.« Sie wollte ihre Freundin trösten und fügte scherzend hinzu: »Magst du nicht ein wenig hinausschwimmen? Oder fürchtest du um deine empfindliche Haut?«

Eudora nickte lächelnd: »Es ist seltsam, in diesem Salzwasser zu schwimmen, aber es fühlt sich wunderbar an.« Sie stieß sich von dem kleinen Sandhügel, an dem sie gesessen hatte, ab und drehte vorsichtig einige Runden.

Theodrada beobachtete die winzige Meerjungfrau, wie diese die neue Umgebung erforschte. Sie schwamm ein Stück hinaus, tauchte hinab und kam wieder zurück. Während zunächst ein zurückhaltender, ja, misstrauischer Ausdruck auf ihrem Gesicht gestanden hatte, wich dieser alsbald einem begeisterten. Immer weiter, immer tiefer und immer länger wurden ihre Erkundungstouren, von denen sie ihrer Freundin mit glühendem Worten erzählte.

Eudora forderte sie auf, ins Wasser zu kommen und die beiden schwammen gemeinsam, ließen sich von dem Salzwasser tragen und von den Wellen schaukeln. Irgendwann war Theodrada erschöpft und durchgefroren. Sie stieg aus dem Wasser, kleidete sich an, setzte sich ins weiche Gras einer Düne und ließ sich von einer freundlichen Sonne wärmen. Glücklich lächelnd verfolgte sie das ausgelassene Spiel der winzigen Meerjungfrau, die, erkennend, ihr wahres Element gefunden zu haben, jegliche Scheu vor dem riesigen Ozean verloren hatte.

Am Abend errichtete die Prinzessin ein wenig abseits in den Dünen ihr Nachtlager und schaute noch lange hinab auf die glitzernde Wasseroberfläche, auf der sich millionenfach das Licht der Sterne widerspiegelte. Eudora konnte nicht genug bekommen. Wieder und wieder sah Theodrada, wir ihr schlanker Körper schillernd aus den Wellen schoss, wirbelnd tollkühne Figuren in der Luft vollführte und zurück ins

Wasser platschte. Bis zu ihr hinauf hörte sie Eudora jauchzen.

Als Theodrada am Morgen erwachte, währte es geraume Zeit, sich zurechtzufinden. Sie hatte wirre Träume von ihrem Vater und von ihrem Bruder durchlebt. Kämpfe hatten stattgefunden und Blut war geflossen. An Einzelheiten konnte sie sich nicht erinnern, aber es waren keine angenehmen Träume gewesen. Orientierungslos richtete sie sich auf und schaute hinunter aufs Meer, das glatt wie ein Spiegel vor ihr lag. Es dämmerte und rötliches Licht kroch über den Sandstrand. Dann fiel ihr ein, weshalb sie hier war, und suchend tastete ihr Auge den Strand und das Wasser ab. Jedoch konnte sie die winzige Meerjungfrau nicht ausmachen. Hastig zog sie ihren Umhang über und stolperte die Düne hinab.

»Eudora!«, rief sie. »Eudora!«

Aber nichts tat sich. Sicher ist sie weiter hinausgeschwommen, dachte sie bei sich und hockte sich in den Sand. Aber auch nach Stunden war von der winzigen Meerjungfrau nichts zu sehen, so oft sie auch ihre Rufe über das Meer hatte schallen lassen.

»Hast du deine Welt gefunden und mich so schnell vergessen?«, brachte sie mühsam hervor, berichtigte sich dann aber sogleich selbst. Nein, das konnte nicht sein! Sie kannte ihre Freundin. Eudora würde nicht verschwinden, ohne Abschied von ihr zu nehmen. »Hoffentlich ist ihr nichts zugestoßen!«, schickte sie ein Stoßgebet gen Himmel. Sie hatte doch von gefährlichen Haien und riesigen Kraken berichtet.

»Eudora!«, schrie sie verzweifelt. »Eudora!«

Das konnte doch nicht sein! Da hatten sie diese weite Reise unternommen, waren ihrem Bruder entkommen, hatten allen Unwegsamkeiten und Gefahren getrotzt, hatten tatsächlich ihr Ziel erreicht und nun sollte ...

Theodrada fiel weinend auf die Knie.

Aber vielleicht hatte sich die winzige Meerjungfrau in den Weiten des Ozeans verirrt? Sie kannte doch nur die kleinen

Bäche und Seen in und um Aachen und nun musste sie sich in diesem gewaltigen Meer zurechtfinden.

Irgendwann erhob sich Theodrada. Sie war sicher, dass Eudora, wenn ihr nichts zugestoßen wäre, zu ihr zurückkommen würde. So setzte sich die Prinzessin auf die Düne und schaute über das Meer. Am Abend kroch sie niedergeschlagen in ihren Unterschlupf und am nächsten Tag saß sie wieder wartend am Strand. Mit jeder Stunde, die verging, wurde ihr Herz schwerer und ihre Furcht nahm zu, dass sie ihre Freundin, aus welchen Gründen auch immer, nie mehr zu Gesicht bekäme. Am nächsten und am übernächsten Tag harrte sie ebenfalls vergeblich aus. Sie aß wilde Beeren und fand in einer nahen Bucht Muscheln, von denen sie sich notdürftig ernährte, aber sie litt unter dem einsetzenden Regen und dem kalten Wind, der über das Meer zog. Vor allem aber quälte sie ihre wachsende Verzweiflung.

Mehrere Male hatte sie sich schon, entschlossen, den langen Heimweg anzutreten, von der Düne erhoben und dem Meer den Rücken zugewandt, aber stets hatte sie nach wenigen Schritten wieder kehrtgemacht und noch eine Stunde oder noch einen Tag ausgeharrt. Sie wollte nicht wahrhaben, ihre Freundin nie mehr wieder zu sehen. Das konnte nicht sein! Ihre Rufe verhallten ungehört, nur einige Möwen fühlten sich gestört und flatterten auf.

Es kam, wie es kommen musste. Als sie sich wieder einmal – erschöpft, verzweifelt, deprimiert – erhob, sich abwandte und tränenverschleierten Blickes die ersten Schritte Richtung Aachen tat, hörte sie just in diesem Augenblick hinter sich ein tosendes Rauschen.

Erschrocken fuhr sie herum. Gerade noch hatte ein Windhauch die Wasseroberfläche sanft gekräuselt, nun schäumte und sprudelte es, weiße Gischt schoss empor, brach sich im Sonnenlicht und hüllte jeden einzelnen Tropfen in das farbenfrohe Licht eines Regenbogens. Wie bei einem Vulkanausbruch Rauch und glühende Lava in die Luft geschleudert wird, so schien das Meer in seinen Fundamenten erschüttert zu explodieren. Das wütende Brausen und Brüllen jagte Theodrada Angst ein und sie wäre fortgelaufen, wenn sie ihre Beine hätte bewegen können. Aber wie angewurzelt blieb sie auf der Stelle stehen und konnte den Blick nicht von dem unbeschreiblichen Spektakel, welches sich vor ihren Augen entwickelte, abwenden. Als ob sich ein gigantisches Ungetüm aus den Tiefen des Meeres erhöbe, türmte sich ein Etwas auf.

Theodrada konnte nicht erkennen, was es war, zu sehr hüllte schäumende Gischt es ein, aber als das Wasser ablief, glaubte sie zu träumen. Hatten Verzweiflung, Kälte und der beständige Hunger sie derart geschwächt, dass sie im Fieberwahn von Halluzinationen heimgesucht wurde? Wäre ein Wal vor ihr aus den Tiefen der See an die Oberfläche gestiegen oder hätte ein schauderhaftes Meeresungeheuer seinen mit Zähnen gespickten und Flammen schlagenden Rachen aufgerissen und sie in brodelnden Schwefelgeruch gehüllt, wäre sie nicht derart schockiert gewesen wie bei dem Anblick, der sich ihr nun bot.

Sie wusste, dass es riesige Wale gab – wer kannte die Geschichte von Jonas nicht! – und sie vermutete, dass Meeresungeheuer in der Tiefe lebten, und wäre eines dieser Wesen vor ihr aufgetaucht, so hätte sie sich gefürchtet, aber nie hätte sie mit einem Thron gerechnet. Ein Thron!

Ein rot und golden schimmernder, gigantischer Thron! Und auf diesem Thron ragte – noch unglaublicher als der Thron selbst! – ein Mann wie ein Berg auf. Weißes Haar wallte über seine mächtigen Schultern hinab und bedeckte einen Teil seines bloßen Oberkörpers, der wiederum in einem gigantischen Fischschwanz endete. Obwohl Theodrada Eudora kannte, zweifelte sie an ihrem Verstand, als sie dachte: Das muss Neptun sein! In der Hand hielt er einen Speer, der in drei Spitzen endete. Das musste der Dreizack sein, von dem ihr Eudora erzählt hatte! Das Herrschaftssymbol des Königs der Meere. Neptun!

Theodrada konnte den Blick nicht abwenden und musste wohl mit offenem Mund und einem Gesichtsausdruck wie ein Fragezeichen gestanden haben, denn plötzlich erschütterte ein Dröhnen die Luft, das in ihren Ohren schmerzte. Sie zuckte zusammen, aber nach einigen Sekunden begriff sie, dass das Dröhnen Lachen war. Neptun lachte! Er deutete auf sie, lachte schallend und schlug sich mit der flachen Hand klatschend auf den imposanten Bauch. Seine Miene war nicht unfreundlich und unter seinen buschigen Augenbrauen stand belustigtes Glitzern.

»Ist das deine Freundin?«, hörte sie ihn sagen und seine Stimme brauste kraftvoll wie ein Sturmwind, dass die Luft erbebte, ihre Eingeweide rumorten und sie beinahe in die Knie gegangen wäre. Den Sinn seiner Worte begriff sie allerdings erst, als neben ihm der winzige Mädchenkopf Eudoras aus dem Wasser tauchte.

»Ja!«, rief diese. »Das ist meine Freundin, Prinzessin Theodrada, die Tochter des mächtigen Karl.«

Sie schwamm die wenigen Meter an den Strand und winkte Theodrada, zu ihr zu kommen. Deren Füße aber schienen aus Blei gegossen und wollten immer noch nicht gehorchen.

»Eudora?«, brachte sie mühsam hervor. »Eudora? Ich glaubte dich ...«

»Ja, ich bin es! Ich bin wieder da. Und schau, wen ich mitgebracht habe!« Ihre Stimme klang voller Glückseligkeit. »Ich habe sie gefunden! Es gibt sie tatsächlich!«

Theodrada nickte, unfähig zu sprechen.

»Ist das nicht toll?«, rief Eudora. »Und sie mögen mich.«

»Toll!«, ächzte Theodrada, froh überhaupt ein Wort hervorbringen zu können. Immer noch war sie vom Anblick des Thrones mit Neptun, der wenige Meter vor ihr aus dem Meer ragte, wie hypnotisiert.

»Hab' keine Angst, mein Kind!«, dröhnte Neptun, aber sein Gesicht lächelte gütig. »Eudora hat mir von dir berichtet. Du hast sie gerettet. Du hast mir meine Ururururururenkelin wiedergebracht. Das werde ich dir nie vergessen! Sei meiner Dankbarkeit gewiss!«

Nun endlich gelang es Theodrada, einige Schritte auf Eudora und Neptun zuzugehen. Die winzige Meerjungfrau zwinkerte ihr stolz zu: »Siehst du! Ich bin auch eine Prinzessin! Das ist mein Ururururururgroßvater!«

Theodrada starrte ihre Freundin verwirrt an. Sie schien ihr größer! Aber nicht, weil sie sich in die Brust warf und die Schultern durchstreckte. Wenn ihre Sinne sie nicht im Stich ließen, musste Eudora gewachsen sein.

»Da staunst du, nicht wahr?«, rief diese glücklich, als sie den verwunderten Blick ihrer Freundin auf sich spürte. »So wie die Enge in den Bächen uns hat schrumpfen lassen, so wird die Weite des Meeres mich wieder größer machen. In einigen Tagen oder Wochen bin ich so groß wie die anderen!«

»Wie die anderen?«, echote Theodrada.

»Ja!«, sagte Eudora. »Schau doch!«

Sie deutete hinter sich und dort erschienen nun Dutzende von Köpfen und Körpern. Meerjungfrauen winkten ihr und … Theodrada wusste nicht, wie man männliche Meerjungfrauen nannte, aber auch diese lächelten sie an.

»Ich habe meine Familie gefunden!«

»Ich freue mich für dich!«, sagte Theodrada aus vollem Herzen. Und das meinte sie aufrichtig. Sie war froh, ihre Freundin glücklich zu sehen, und erleichtert, dass ihre Reise von Erfolg gekrönt war und Eudora nicht mehr die Verfolgung ihres Bruders fürchten musste. Auch wenn sie Traurigkeit verspürte, weil Eudora nun bei ihrer Familie im Meer leben, sie eine teure Freundin verlieren würde und allein den weiten Weg nach Aachen zurückgehen müsste. Aber Theodrada war kein eigennütziges Mädchen und deshalb überwog ihre Freude.

Eudora winkte ihr, ins Wasser zu kommen und nach vorsichtigen Annäherungen beider Seiten, spielte und tobte die Prinzessin ausgelassen mit den Meerwesen.

Drei Tage blieb Neptun in der Nähe des Strandes, drei glückliche Tage verbrachte Theodrada mit Eudora und den anderen. Sie fand neue Freunde und sie erfuhr unter dem Siegel der Verschwiegenheit vieles über das Leben tief unten im Meer. Man bat sie, dieses Wissen geheim zu halten und Theodrada fühlte sich zeitlebens an ihr Versprechen gebunden.

Nach diesen drei Tagen kam der Moment, Abschied zu nehmen. Am liebsten wäre sie für immer dort am Strand geblieben, aber Neptun und die Seinen mussten zurück in die Tiefe. Die Gefahr entdeckt zu werden, war zu groß. Schweren Herzens verabschiedete sich Theodrada von ihnen. Neptun schüttelte ihr mit seiner riesigen Pranke die Hand und fuhr ihr mit den Fingern durchs Haar. »Du bist ein gutes Mädchen!«, sagte er.

Am schwersten war der Abschied von Eudora, der unter reichlich Tränen stattfand. Die beiden umhalsten und umklammerten sich und wollten kaum voneinander lassen. Ein ganz klein wenig wurde dieser Abschiedsschmerz von einer Überraschung Neptuns gemildert. Er wollte, dass Theodrada sicher ihre Heimat erreichte. »Es ist nicht standesgemäß für eine Prinzessin, allein zu reisen!«, hatte er gesagt und einigen Wassermännern – so nannte man die männlichen Meerjungfrauen, wie ihr Eudora, schmunzelnd über ihre Frage, mitgeteilt hatte – befohlen, einen kleinen, gesunkenen Fischerkahn vom Grunde des Meeres zu bergen.

Notdürftig war das zerborstene Holz ausgebessert, die vermoderte Sitzbank ersetzt und mit Seegras gepolstert worden. Theodrada ließ sich mit sorgenvoller Miene in dem zerbrechlichen Gefährt nieder, aber ihre Befürchtungen erwiesen sich als unbegründet, denn zwei kräftige Wassermänner schleppten und zogen das Boot. Unter der Wasseroberfläche verborgen, begleiteten sie die Prinzessin auf dem Weg nach Aachen. Einige Bauern und Wanderer schauten verblüfft über das kleine Boot mit dem kleinen Mädchen, das ohne Ruder oder Segel flussaufwärts trieb. Sie schüttelten kurz den Kopf, taten das Gesehene als Unmöglichkeit ab und widmeten sich wieder ihrer Arbeit.

Die Meerwesen schlugen ein gehöriges Tempo an und schon nach wenigen Tagen erreichten sie die Pfalz ihres Vaters. Kurz vor Aachen halfen ihr die beiden Wassermänner ans Ufer, ließen den Kahn auf den Grund des Haarbachs sinken, verabschiedeten sich und schossen davon. Beklommen schaute Theodrada ihnen nach, winkte ihnen ein letztes Mal, ehe sie sich auf den Weg zum Palast machte.

Die Wachen an den Toren erkannten das abgerissene Mädchen nicht und verwehrten ihr den Zutritt, aber eine ältere Kinderfrau, die zufällig vorüberkam, wollte ihren Augen nicht trauen und zeterte so lange, bis mehrere Menschen zusammenliefen und die Prinzessin eingelassen wurde.

Karl hatte den Tumult im Hof vernommen und eilte herbei. Wie freute er sich, seine lang vermisste Tochter wiederzusehen.

»Theodrada, mein Kind!«, rief er überglücklich und diese stürzte ebenso glücklich in seine ausgebreiteten Arme.

»Mein Gott, ich hatte schon befürchtet, dich nie mehr wieder zu sehen!« Tränen glitzerten in des seligen Vaters Augen, derer er sich nicht schämte. »Ludwig berichtete mir von einem Ungeheuer und wir dachten, dieses Monster habe dich ins Wasser gezogen und ertränkt! Alle Bäche und Seen haben wir abgesucht! Er sprach von einer Meerjungfrau!«

»Ungeheuer? Monster? Meerjungfrauen?« Theodrada verzog spöttisch die Lippen. »Papa, ich glaube, Ludwig trinkt zu oft von diesem Bier. Du solltest wissen, dass weder Monster noch Ungeheuer existieren!«

Bewusst sagte sie nicht, dass es keine Meerjungfrauen gibt. Prinzessinnen lügen nicht.

»Ja, schon«, erwiderte Karl verlegen und wechselte das Thema. »Aber wo warst du denn?«

»Ach, Papa, das ist ein lange Geschichte. Aber jetzt bin ich wieder zu Hause.«

Später wurde Theodrada Äbtissin in Notre-Dame d'Argenteuil und in der Abtei Münsterschwarzach in Schwarzach am Main. Sie war eine kluge und gelehrte Frau, die weise Entscheidungen traf. Und oft saß sie in ihrem Klostergarten und dachte an ihre Freundin, die winzige Meerjungfrau, und fragte sich, wie es ihr wohl jetzt ergehen mochte.

Ruodolf und sein prächtiger Kirschgarten

In einigen Stunden war es wieder soweit. Ein Bote hatte ihm gestern den Befehl Karls überbracht. Wieder einmal ging es auf einen Feldzug. Ruodolf war ein großer Krieger. Sein erster Feldzug hatte ihn als jungen Burschen im Jahre 772 an der Seite seines Königs in das Gebiet der Sachsen geführt, sie hatten die Eresburg erobert und Ruodolf entsann sich seines Schauders, als Karl den heiligen Baum der Sachsen, die Irminsul, hatte fällen lassen. Aber kein Donnergott hatte seine Blitze auf ihn geschleudert. Sein und seines Königs Gott war um vieles mächtiger als die erbärmlichen Götter dieser Heiden. Seitdem war er jedes Frühjahr in den Krieg gezogen. An der Seite Rolands hatte er Pamplona erobert und die Niederlage in Saragossa miterleben müssen.

Als Lohn für seine treuen Dienste hatte Karl ihn vor einigen Jahren mit einem ausgedehnten Gutshof in Aachen als Lehen belohnt. Ruodolf war mehr als zufrieden. Sein Hof lag in der Nähe der prächtigen Pfalz und so konnte er dem jährlichen Ruf Karls für neue Heldentaten schnell Folge leisten. Er war ein Kämpfer, ein Krieger, nie hatte er etwas anderes gelernt. Schon als Junge hatte sein Vater ihm gezeigt, wie man mit dem Schwert kämpfte, die Axt schwang und den Speer schleuderte. Auf dem Rücken eines Pferdes fühlte er sich zuhause. Er war bei weitem kein junger Mann mehr, aber stark wie ein Bär und dennoch wendig und flink. Seit Jahren hatte ihn keiner mehr bei den Reiterspielen, die regelmäßig abgehalten wurden, besiegen können. Was man über Waffen, Ausrüstung, Strategie wissen konnte, wusste er. Deshalb war er glücklich, dass sein neuer Gutshof über einen fähigen Verwalter verfügte, denn vom Ackerbau, von der Viehzucht und vom Betreiben eines solchen Hofes hatte er keine Ahnung.

Das Besondere an seinem Hof war eine heiße Schwefelquelle, über der das Gebäude errichtet war. Schon vor vielen hundert Jahren muss an dieser Stelle eine Villa gestanden haben, denn die Mauern ruhten auf uralten Kellergewölben. Das Wasser der Quelle heizte nicht nur seinen Wohnraum, sondern speiste ein wunderschön mit farbigen Mosaiksteinen geschmücktes Becken, in dem er häufig für Stunden weilte, bis seine Haut ganz schrumpelig war. Das Baden tat seinen älter und älter werdenden Knochen wohl. An den strengen Geruch hatte er sich längst gewöhnt. Wer mit Soldaten in einem Feldlager unterwegs gewesen war, den konnte ein wenig Schwefelgeruch nicht schrecken.

Das Schönste an seinem Hof aber war ein riesiger Garten. Von einer hohen Mauer umgeben standen darin die herrlichsten Kirschbäume und Ruodolf liebte es, auf einer Bank zu sitzen, sich im Frühling der farbenprächtigen Blüten zu erfreuen und im Sommer der süßen Früchte. Zu seinem Bedauern konnte er dies nicht jedes Jahr genießen, denn im Frühling, im Sommer und im frühen Herbst fanden die Kriegszüge statt. Aber Gunhild, seine Köchin, weckte die Kirschen ein und konnte die wunderbarsten Kirschkuchen zaubern und allein der Gedanke an diese Kuchen ließ ihn, wann immer er daran dachte, das Wasser im Munde zusammenlaufen. Er liebte das Tirilieren der Vögel in seinem Garten, er liebte den Sonnenaufgang und er liebte den Sonnenuntergang. Oft saß er halbe Nächte in seinem Garten und betrachtete die Zweige, auf denen sich das helle Sternenlicht brach.

Dann ließ er die vielen Kriegszüge, an denen er teilgenommen hatte, vor seinem inneren Auge Revue passieren, er dachte an die heißen Sommer im Süden und an die eiskalten Nächte der Alpenüberquerungen. Am liebsten dachte er an den Tag, als Karl ihn für seine Taten mit diesem Gutshof belohnt hatte. Es war der schönste und bedeutendste Tag seines bisherigen Lebens gewesen und wahrscheinlich würde er keinen schöneren und bedeutenderen mehr erleben.

Es war an einem kalten und nassen Novembertag des Jahres 794 gewesen. Die kriegerischen Handlungen waren eingestellt, die Reiter und Fußsoldaten waren auf ihre Höfe heimgekehrt und hatten die Ernte eingefahren. Bevor die Straßen vollends unpassierbar wurden, hatte Karl zu diesem Fest geladen. Im Juni hatte er in Franconofurd eine Synode abgehalten und viele geistliche und weltliche Herren waren mit ihm in Anschluss in seine Lieblingspfalz nach Aquisgrani gereist und von weither waren die Reichen und die Mächtigen seinem Ruf gefolgt. Die gerade fertig gestellte Aula Regia, die gewaltige Königshalle, war festlich geschmückt. Tausende knisternde Fackeln erhellten den Raum und ließen das ungemütliche Wetter, das außerhalb der Mauern herrschte, vergessen.

Ruodolf erinnerte sich seines Staunens, als Karl in seinen prächtigsten Gewändern durch die bis zum Bersten gefüllte Halle schritt und sich am oberen Ende der Halle in der halbrunden Apsis auf seinem Thron niederließ. Begeistert stimmte er in die nicht enden wollenden Hochrufe auf den König ein, die von den bunt bemalten Tüchern, mit denen die Wände behangen waren, begierig eingesogen wurden, oder zur Decke strebten, die ohne Säulen und Pfeiler von mächtigen Holzbalken getragen wurde. Er hatte über die aufgerissenen Münder und Augen der Eintreffenden geschmunzelt, deren Blicke sich staunend und ein wenig ängstlich nach oben gerichtet hatten. Nie hatten sie einen derart großen und hohen überdachten Raum gesehen.

Die kostbare Kleidung trug Karl nur zu besonderen Anlässen. Es war bekannt, dass er das Gepränge nicht mochte und wann immer es möglich war, er die von seinen Töchtern hergestellte Wäsche aus Leinen, schlichte Hosen, Wadenwickel und die mit langen Riemen gebundenen Schuhe aus Leder den feinen Stoffen vorzog. Trug er ansonsten über der einfachen Kleidung eine Kutte aus aneinander gereihten Stoffstreifen und ein Wams aus Schaffell, das von einem schmucklosen Ledergürtel gehalten wurde, legte er ansonsten im Winter einen vor Kälte schützenden Schafspelz über seine Schultern, war er an diesem Tag in ein weißes Seidengewand gehüllt, das nach byzantinischem Vorbild in einem aufwändig bestickten Saum endete, darüber hing ein schwerer, roter Mantel, der seinen recht dicken Bauch nur unzulänglich verbarg. Über die Schulter hatte er einen Zobelpelz geschlagen. Die Krone glitzerte auf seinem Kopf, unter deren Rändern das helle Haar hervorlugte. Ein goldenes, mit Edelsteinen geschmücktes Zepter hielt er in der Hand, der Reichsapfel lag in seinem Schoß und an einem mit kostbaren Steinen besetzten Ledergürtel hing ein prachtvoller Säbel.

Ruodolf wusste, dass sein König die alte Auffassung vertrat, Kleidung diene hauptsächlich zum Schutz gegen Naturgewalten. Heute aber war das prächtige Ornat unabdinglich, Symbol seines Reichtums und seiner Macht. Wären die Feierlichkeiten und Zeremonien vorüber, würde Karl als erstes seine seidenen Gewänder zur Seite legen und seine Leinenwäsche anziehen.

Hinter Karls Thron standen seine Freunde und Berater, unter ihnen der weise Angelsachse Alkuin, dessen junger Schüler Einhard, Karls oberster Bauherr, Odo von Metz, der gerade die mächtigen Pfähle aus Eichenholz als Fundament für den Bau einer Kirche, wie sie die Welt noch nie gesehen hatte, fünf Meter tief in den Boden hat rammen lassen. Neben Karl saßen seine Kinder und die junge Liutgard aus Alemannien, seine Königin. Aus dem ganzen Reich waren adlige Herren und ihre Damen eingetroffen, Gäste aus fernen Ländern, Abgesandte aus Rom, Byzanz und gar aus dem fernen Bagdad, die kostbare Geschenke überreichten und Grüße ihrer Herrscher ausrichteten.

Ruodolf stand mit Kriegern und Lehnsleuten, die sich besonders verdient gemacht hatten und heute geehrt werden sollten, an der Seite. Er sah Karls Augen geringschätzig über die ausufernde Prachtentfaltung seiner Gäste schweifen, die in Marder- und Hermelinfelle gehüllt waren oder sich mit den Häuten phönizischer Vögel und Pfauen, die mit Seide eingefasst waren, kleideten. Ihre Haltung war gebeugt, da die edlen Tücher, die Pelze und der massive Schmuck auf ihren Schultern lasteten und letzterer bei der geringsten Bewegung klirrte und schepperte.

Die Augen des Königs glitten über die Königin und seine Kinder, denen er die eigene Bescheidenheit nicht hatte vermitteln können. Ruodolf glaubte einen leisen Seufzer Karls zu vernehmen, denn auch sie waren mit erlesenem Geschmeide aus Gold und Edelsteinen überladen. Trotz der hohen Temperaturen in der Halle trugen sie golddurchwirkte Schleier und Mäntel, ihre Haare waren mit Goldschnüren geflochten. Auf ihren Köpfen lasteten goldene Kronen und Diademe, und am Hals hingen Ketten aus Smaragd, Topas und anderen funkelnden Steinen. Selbst sein sechzehnjähriger Sohn Ludwig, den einige schon als den Frommen bezeichneten, glitzerte in seiner prachtvollen Kleidung wie ein Pfau. Der schweifende Blick Karls blieb an Ruodolf und den anderen Kriegern hängen und ein Lächeln umspielte seine Lippen. Das waren Männer nach seinem Geschmack. Seine glorreichen Panzerreiter.

Stunden währte das festliche Zeremoniell bereits, als Ruodolf und die anderen Kämpen einer nach dem anderen vor den König gerufen wurde. Er war der Letzte in der Reihe. Er hatte gegen die tapferen Langobarden gekämpft, gegen die wilden Horden der Sachsen, er war gegen die furchtbaren muslimischen Truppen angerannt, war den todbringenden Pfeilen der treffsicheren Bogenschützen der Awaren ausgewichen, aber nie hatten ihm die Beine so sehr gezittert wie an diesem Tag unter den Blicken der vielen. Vor dem Thron war er auf die Knie gefallen und hatte den Kopf tief gesenkt. Karl hatte seine Taten gelobt und sich bei ihm bedankt.

Jeder der anderen Krieger hatte ein qualitätvolles Schwert und einen kleinen Hof als Belohnung für seine Dienste erhalten. Ihm aber hatte Karl ein Schwert verliehen, wie es kein anderer seiner Mitstreiter besaß: ein Schwert aus der berühmten Schmiede Ulfberths. Damit nicht genug, hatte er darüber hinaus noch seinen Gutshof erhalten.

Ein Lächeln umspielte Ruodolfs Lippen, als er in seinem Kirschgarten saß und an diesen glorreichen Tag zurückdachte. Nun aber war es soweit, die Stunde war gekommen, da er dem Ruf Karls folgen musste. Er seufzte, erhob sich und ritt wenig später, gerüstet mit Helm und schwerem Kettenhemd über hartem Leder, die Axt und das Ulfberth-Schwert am Gürtel auf seinem Streitross zum Tor hinaus.

Das ausziehende Heer wurde von den Bewohnern der Pfalz verabschiedet und Ruodolf winkte den jubelnden Kindern am Straßenrand zu. Er empfand Wehmut, hatte er doch als kleiner Junge ebenso bewundernd zu den hehren Recken aufgeblickt und hatte wie diese Abenteuer erleben und Heldentaten vollbringen wollen. Wie viele Jahre waren seither vergangen! Nun war er alt, eigentlich zu alt für einen Heereszug, und er freute sich auf die Heimkehr, wenn er das harte Lager in dem zugigen Mannschaftszelt mit seinem weichen Bett und seinem Hof und die kargen Mahlzeiten mit den köstlichen Kirschkuchen Gunhilds vertauschen konnte, wenn er die von langen Ritten matten Glieder im Thermalwasser strecken und in seinem Garten sitzen konnte. In einigen Jahren würden diese Kinder an seiner Stelle ins Feld ziehen und für ihren König kämpfen.

Ruodolf ermahnte sich, seine Gedanken nicht abschweifen zu lassen und sich auf seine Aufgaben während des Feldzuges zu konzentrieren. Und bald vergaß er die Kinder.

Diese aber hatten den Auszug des Heeres nicht beobachtet, um die tapferen Krieger zu feiern und ihre blinkenden Schwerter zu bewundern, sondern aus einem gänzlich anderen Grund. Kaum waren die Reiter außer Sicht, als sie wie schon in den vergangenen Jahren zum Gutshof des

Ruodolfs liefen, die Gunst der Stunde nutzten, flink über die Mauer kletterten und in dem wunderschönen Kirschgarten spielten. Sie liebten diesen prächtigen Garten. Hier konnten sie ungestört toben und von den köstlichen Kirschen schmausen.

Im Laufe der Jahre war ihnen der Garten nicht nur ans Herz gewachsen, sie empfanden ihn als ihr persönliches Eigentum. Der Gärtner, die Köchin und sogar der Verwalter hatten vergeblich versucht, sie zu vertreiben. Aber lachend waren die Kinder, wurden sie der kochlöffelschwingenden Gunhild oder des alten Gärtners oder des feisten Verwalters ansichtig, über die Mauer geflüchtet, um wenig später zurückzukehren. Nur wenn Ruodolf in seinem Gutshof weilte, mieden sie den Garten. Ihn fürchteten sie und zu ihrem Glück fürchteten ihn auch der Gärtner, die Köchin und sogar der Verwalter. Keiner von ihnen hatte aus Angst, Ruodolf könnte sie für ihre Unfähigkeit, die Kinder fernzuhalten, bestrafen, gewagt, diese zu erwähnen.

Für die Kinder war der Garten perfekt. Hinter den Büschen konnten sie Verstecken spielen, auf den Wiesen laufen oder einfach im Gras liegen und den Vögeln lauschen. Am liebsten war den Kindern der Sommer, wenn die Kirschen reiften. Dann kletterten sie bis hoch in die Wipfel hinauf, lachten und scherzten und ließen sich die süßen Früchte schmecken.

Lange war ihr Treiben von Ruodolf unbemerkt geblieben. Stets hatten sie rechtzeitig das anrückende Heer gehört und waren, ehe Ruodolf in seinen Garten kam, flink über die Mauer verschwunden. Dieses Mal aber war das Heer früher im Jahr und noch dazu in der Nacht zurückgekehrt und als die Kinder am Morgen über die Mauer kletterten, saß Ruodolf auf seiner Bank und staunte nicht schlecht über die plötzliche Invasion. Er war müde und erschöpft, der Krieg war nicht so erfolgreich verlaufen, wie Karl erhofft hatte, und so würden sie im nächsten Frühjahr wieder ins Gebiet der Sachsen ziehen müssen.

»Wie!«, rief Ruodolf aufgebracht. »Ihr zertrampelt meine Blumen und stehlt meine Kirschen? Macht, dass ihr aus meinem Garten verschwindet und lasst euch nie wieder blicken, sonst werde ich euch das Fürchten lehren!«

Die Kinder rannten davon. Sie hatten Respekt vor dem riesigen Ruodolf.

Zufrieden seufzte dieser: »Ach, wären die Sachsen nur ebenso davongelaufen!«

Lange blieb er an diesem Tag in seinem Garten sitzen, genoss die Ruhe und aß von Gunhilds köstlichem Kirschkuchen.

Aber wie erschrak er, als er am nächsten Morgen den Garten betrat. Über Nacht war das Gras verdorrt, die Blumen verwelkt, die Büsche ließen kraftlos ihre Zweige hängen und die Kirschbäume hatten sämtliche Früchte und Blätter abgeworfen. Nackt und kahl standen sie in seinem Garten. Ein trostloser Anblick, der Ruodolf in der Seele schmerzte. Er hatte sich so auf seinen Garten gefreut und nun das! Wie hatte das geschehen können? Es war Ende Juli, aber die Temperaturen waren in der Nacht gesunken und am Himmel drohten dunkle Wolken.

Ruodolf trat auf die Straße und erschrak ein weiteres Mal. Die Sonne sandte ihre wärmenden Strahlen aus einem wolkenlosen Himmel. Er schüttelte verwundert den Kopf, wandte sich um und ging durch sein Haus zurück in seinen Garten. Hatte er geträumt? Aber nein, das gleiche beklagenswerte Bild wie vor wenigen Minuten bot sich seinen Augen. Wieder lief er auf die Straße. Dort schien die Sonne. Die Bäume trugen ihr Laub, kein Blatt war auf dem Boden zu finden. Das war doch unmöglich! Hatte er den Verstand verloren? Er kletterte auf einen nahen Hügel. Von dort hatte er einen guten Überblick auf die Umgebung und seinen Gutshof. Überall grünte es, die Sonne schien und Vögel zwitscherten, nur über seinem Haus hingen dichte Wolken, in denen Blitze zuckten.

Na ja, dachte er. Vielleicht war es doch möglich! Die Natur macht seltsame Dinge. Er hatte schon oft Gewitterwolken gesehen, die über einer Stelle niedergingen, während einige Meter weiter kein einziger Tropfen Regen fiel. Dass diese Wolken genau über seinem Gutshof standen, war sonderbar, aber wahrscheinlich doch nichts Außergewöhnliches. Traurig ging Ruodolf zurück und legte sich schlafen. Morgen wären die Wolken weitergezogen und alles sähe freundlicher aus.

Aber dem war nicht so. Als er am Morgen erwachte und sogleich in seinen Garten lief, standen die dunklen Wolken immer noch über seinem Hof. Sie schienen noch dichter und noch dunkler geworden zu sein, Blitze zuckten und er hörte grollendes Rumoren. Die Temperaturen waren weiter gesunken und Raureif lag auf den nackten Ästen. Ruodolf zog seinen Umhang enger um sich. Tote Vögel und ein Eichhörnchen lagen erfroren im verdorrten Laub. Verzweifelt schüttelte er seinen grauen Kopf.

Er würde sich auf den Weg zu Karls Hofschule machen. Dort lebten weise Gelehrte und hohe Geistliche. Wer sollte wissen, was vorging, wenn nicht diese! Er wollte sie um Rat fragen.

So wie er seinen Garten und sein Haus verließ, schien die Sonne und kein Wölkchen war am Himmel zu sehen. Er war noch nicht weit gegangen, da begegnete er dem weisen Einhard.

»Guten Morgen!«, sagte Ruodolf und verbeugte sich respektvoll, da dieser zu den fähigsten Köpfen des Hofes zählte.

»Einen schönen Tag wünsche ich dir, lieber Ruodolf!«, erwiderte dieser. »Du siehst verwirrt aus.«

»Ja, das bin ich wohl!«, seufzte Ruodolf und berichtete von seinem Unglück.

Einhard blickte ihn mit zusammengezogenen Augenbrauen an, als wollte er ihm keinen Glauben schenken, bis Ruodolf ihn um eine Häuserecke zog, die den Blick auf seinen Gutshof verhindert hatte. Als er die dichten Wolken sah, schüttelte Einhard verwundert seinen Kopf und folgte Ruodolf in den Garten. Dort angekommen stand der Gelehrte fassungslos vor der Verwüstung.

»So etwas habe ich noch nie gesehen!«, flüsterte er. »Ein wundersames Naturschauspiel, aber ich weiß keinen Rat. Wir sollten den weisen Theodulf fragen!«

Als sie etwas später mit Theodulf, den sie mit Mühe von seiner Arbeit in der Schreibstube hatten losreißen können, zurückkehrten, hatte es in Ruodolfs Garten zu schneien begonnen.

Irritiert blickte Theodulf: »So etwas habe auch ich noch nie gesehen!« Er bückte sich und griff in den Schnee, als wollte er seinen Augen nicht trauen. »Wir sollten den weisen Alkuin um Rat fragen!«

Aber auch der weise Alkuin, der als Abt von Saint-Martin de Tours gerade einige Tage am Aachener Hof verweilte, stand fassungslos vor der Verwüstung in Ruodolfs Garten. »Hm!«, machte er und massierte mit den Fingerspitzen seine Schläfen. »Das kann nur göttliches Werk sein.«

»Aber warum sollte Gott mich strafen?«, fragte Ruodolf. »Ich habe geholfen, die Heiden zum rechten Glauben zu bekehren!«

Alkuin nickte nachdenklich: »Du hast geholfen, den heiligen Baum der Sachsen zu fällen. Vielleicht ist das die Rache ihrer Götter.«

»Aber es gibt nur einen Gott!«, sagte Ruodolf.

»Wer weiß?«, gab Alkuin zurück, zog den Mantel eng um seine Schultern und eilte zurück in seine Schreibstube.

Am nächsten Tag war es noch kälter geworden. Eine dicke Eisschicht bedeckte den Boden und umklammerte die Bäume. Hagelkörner, groß wie Taubeneier, schlugen ein, Stürme umtosten Ruodolfs Garten, furchtbarer Donner grollte und Blitze fauchten. Zwei Kirschbäume waren umgestürzt und reckten ihre nackten Wurzeln anklagend in die Höhe.

Wieder eilte Ruodolf hoch zur Königshalle. Jemand musste doch Rat wissen! Jemand musste ihm doch helfen können! Auf dem Weg traf er Hildebold, Erzbischof von Köln und Erzkaplan der Hofkapelle, der als Freund und wichtiger Berater Karls zumeist in Aachen weilte. Ruodolf fiel auf die Knie, presste seine Lippen auf den Mantelsaum und erzählte von der Katastrophe. Auch Hildebold wollte ihm zunächst nicht glauben, sah aber die Angst in seinem Gesicht und folgte ihm. Als er den Garten betrat und das Ausmaß der Zerstörung erkannte, warf er sich zu Boden, riss sich die Mütze vom Kopf und erhob die Hände zum Gebet: »Das ist die Strafe Gottes!«

»Aber warum will Gott mich strafen?«

»Das, mein Sohn, kann ich dir auch nicht sagen!«, rief der Bischof und floh aus seinem Garten.

Was Ruodolf für unmöglich gehalten hatte, stand am nächsten Morgen in grausamer Deutlichkeit vor seinen Augen. Die vernichtende Gewalt der Natur oder der maßlose Zorn der Götter – was auch immer diese Verwüstung ausgelöst hatte – hatte noch eine Steigerung erfahren. Meterdickes Eis, wie er es bei den Gletschern in den Alpen gesehen hatte, bedeckte seinen Garten, gewaltige Hagelkörner prasselten unentwegt herab, sie würden ihn zermalmen, setzte er einen Fuß in den Garten. Er schaute hoch und blickte voller Entsetzen in ein schwarzes Loch, das sich rasend schnell drehte. Blitze schlugen krachend ein, so hell, dass er geblendet die Augen schließen musste. War das der von Johannes angekündigte Untergang der Welt?

Die Gottesmänner Hildebold und Theodulf, der kluge Einhard und selbst der weise Alkuin hatten keinen Rat gewusst. Ihm blieb nur ein letzter Ausweg. Er musste zu Karl. Von panischer Angst getrieben rannte er den Hügel zur Königshalle empor. Die Wachen am Tor grüßten ehrfürchtig den Helden vieler Schlachten und ließen ihn passieren, tauschten aber verstohlene Blicke, als sie seinen flirrenden Blick, den keuchenden Atem und den Schweißtropfen auf seiner Stirn gewahr wurden.

Ruodolf stürzte in den riesigen Saal, wo Karl ihn einst mit dem Ulfberth-Schwert und dem Gutshof belohnt und geehrt hatte. Auch heute saß der König auf seinem Thron und empfing Bittsteller. Ohne auf diese zu achten, lief Ruodolf bis vor den Herrscher, ließ jegliche Etikette vermissen und sich bäuchlings auf den Boden fallen. Ein Graf, der vor Karl kniete, hielt erschrocken mitten im Satz inne und schaute ihn empört an.

Karl runzelte die Stirn: »Was ist geschehen?«

Ruodolf war nicht in der Lage zu sprechen und sah seinen König wortlos an. Dieser kannte den Unerschrockenen gut und begriff, dass diesen nur etwas Außergewöhnliches derart außer Fassung hatte bringen können. Mit einer Handbewegung bedeutete er dem Grafen, dass die Audienz auf später verschoben war.

»Der Gutshof, mein König, den Ihr mir ...« Ruodolfs Stimme versagte. Wie sollte er diesen apokalyptischen Sturm beschreiben? »Hildebold, Theodulf, Einhard und selbst der weise Alkuin konnten es nicht erklären. Ihr müsst es mit euren eigenen Augen sehen, mein König!«

Karl erhob sich. Die Worte des alten Recken hatten ihn neugierig gemacht. Er hatte diesen noch nie derart aufgelöst gesehen und nie etwas erlebt, dass die Genannten nicht zu erklären vermochten. Auch kam ihm die Unterbrechung nicht ungelegen. Es war unabdingbar, die Anliegen, Klagen und Beschwerden seiner Untertanen anzuhören, aber für heute war es genug. Karl blickte zum anderen Ende der Halle, wo mehrere Dutzend Bittsteller auf eine Audienz warteten. Er seufzte ergeben. Sie sollten morgen wiederkommen.

»Vielleicht, mein König, solltet Ihr einen Umhang überlegen!«, sagte Ruodolf.

Karl blickte ihn lange an, nickte und winkte einem Diener, der einen Mantel brachte.

Als sie die Königshalle verließen, konnten sie schon von weitem die riesige, schwarze Windhose über Ruodolfs Gutshof erkennen, die wie der allgewaltige Finger Gottes aus dem Himmel heraus auf die Erde griff. Karl stutzte, sagte aber nichts und mit einem halben Dutzend Wachen machten sie sich auf den Weg hinab.

Wenig später stand der König vor dem Garten und blickte auf die Zerstörung. Ruodolf drängte Karl zurückzutreten: »Mein König, wenn Euch etwas zustößt!«

»Und Hildebold, Theodulf, Einhard und selbst Alkuin konnten sich dies nicht erklären?«, fragte er, die Augen zu schmalen Schlitzen zusammengezogen.

Ruodolf schüttelte verneinend den Kopf.

»Kommt, mein König!«, sagte er und griff den nachdenklichen Karl am Arm, der sich widerstandslos aus dem Gutshof auf den davor liegenden Platz führen ließ.

Dort schien Sonne aus einem heiteren Himmel. Karl schaute ins helle Blau, blickte zurück zu dem wirbelnden Trichter und schüttelte wieder den Kopf. Er setzte sich auf ein niedriges Mäuerchen und lud Ruodolf mit einer Handbewegung ein, sich neben ihm niederzulassen.

Der König massierte mit den Fingerkuppen seine Schläfen. Als er seine Fassung wiedererlangt hatte, drängte es ihn, dem offenbar unerklärlichen Phänomen, das keiner seiner Gelehrten zu deuten imstande war, auf den Grund zu gehen. Karl wusste, dass es Dinge zwischen Himmel und Erde gab, die für den menschlichen Verstand nicht zu fassen waren. Ob dieser Sturm über Ruodolfs Haus in diese Kategorie fiel, wollte er herausfinden.

Exakt ließ sich er von Ruodolf den Hergang der Katastrophe schildern. Als dieser seinen recht unzusammenhängenden Bericht beendet hatte, fasste Karl die ihm wichtig erscheinenden Fakten zusammen: »Als wir von dem Heereszug zurückkehrten, war noch alles in Ordnung?«

Ruodolf nickte.

»Und Kinder spielten in deinem Garten?«

Ruodolf nickte.

»Und du hast sie vertrieben!«

Ruodolf nickte.

Karl sann einen Augenblick, dann ließ er den Verwalter, den Gärtner und auch Gunhild rufen, die ihm unter seinem gestrengen Blick alsbald gestanden, dass die Kinder jedes Jahr im Frühling, im Sommer und im Herbst, solange Ruodolf sich auf Kriegszügen befunden hatte, in seinem Garten gespielt, die Früchte gegessen und sich einfach nicht hatten verscheuchen lassen.

»Und dieses Jahr sind wir schon im Sommer zurückgekehrt«, murmelte Karl für sich. Dann nickte er und ein Lächeln umspielte seine Lippen. »Ich glaube«, sagte er zu Ruodolf, »ich weiß, warum der Winter in deinen Garten eingebrochen ist.«

»Und warum?«, ächzte Ruodolf.

»Wegen der Kinder!«

»Wegen der Kinder?«, wiederholte Ruodolf verständnislos.

»Ja!«, bestätigte Karl. »Wegen der Kinder! Sie haben den Frühling mitgebracht. Ergäbe sich der Ursprung der Zerstörung aus den Gesetzen der Natur, hätten Einhard und Alkuin ihn unzweifelhaft erkannt, wäre er göttlicher Wille, wäre dies Hildebold und Theodulf nicht verborgen geblieben. So bleibt nur etwas zwischen Himmel und Erde. Oder wüsstest du eine andere Erklärung?«

Ruodolf schüttelte den Kopf. Nein, er wusste keine andere Erklärung und wer war er denn, seinem König zu widersprechen! Aber das mit den Kindern klang in seinen Ohren seltsam. Was sollten die Kinder mit dem Frühling zu tun haben?

»Ich sehe, mein tapferer Kämpfer«, schmunzelte Karl, »dass du meinen Worten keinen rechten Glauben schenken magst. Probiere es aus! Was kann es schaden? Suche die Kinder und lade sie in deinen Garten ein! Dann wirst du sehen, was geschieht!«

Mit diesen Worten verließ Karl mit seinen Wachen den Platz vor dem Gutshof und stieg wieder zu seiner Königshalle empor. Ruodolf sah dem König ratlos hinterher, fuhr mit einer Hand durch sein langes, schütteres Haar und mit der anderen zwirbelte er seinen an den Mundwinkeln herabhängenden Schnurrbart. Das tat er stets, wenn er ratlos war. Aber Karl hatte recht. Was konnte es schaden?

Sogleich machte er sich auf die Suche nach den Kindern, aber diese gestaltete sich schwieriger als erwartet. Er lief durch die vielen Gassen und Straßen der Pfalz, suchte in den stillen Winkeln der Handwerker, fragte auf den Märkten die Händler. Alle wunderten sich über seine Nachforschungen, war Ruodolf doch als eigenbrötlerischer, bärbeißiger, schrulliger Mann bekannt, der keine Kinder mochte, aber keiner konnte ihm helfen. Die Kinder waren wie vom Erdboden verschwunden.

Natürlich waren sie nicht vom Erdboden verschwunden, sondern verbargen sich vor dem grimmigen Ruodolf. Sie dachten, er wollte sie für ihr Eindringen in seinen Garten bestrafen. So suchte er den ganzen Tag, aber kein einziges Kind kam ihm zu Gesicht. Spät am Abend kehrte er müde und niedergedrückt zu seinem Gutshof zurück. Das Unwetter über seinem Garten tobte nach wie vor, der Sturm zerrte an den Stämmen der Kirschbäume. Lange würden sie nicht mehr standhalten.

Mit verquollenen Augen blickte Ruodolf nach einer unruhigen Nacht auf seinen Garten, als ihm plötzlich eine Idee kam. Er rief Gunhild und fragte, ob sie noch von dem Kirschkuchen hätte.

Sie nickte und brachte einen großen Teller des köstlichen Kuchens. Aber Ruodolf wollte den Kuchen nicht für sich, sondern stellte ihn vor seinem Haus auf das Mäuerchen, auf welchem er mit Karl gesessen hatte. Dann legte er sich ein gutes Stück entfernt auf die Lauer.

Tatsächlich sollte es nicht lange dauern, bis Ruodolf hinter einer Häuserecke einen wuschigen Kinderkopf erblickte, der nach allen Seiten spähte. Als alles ruhig blieb, wagte sich der Junge hervor und schlich, den Schatten der Bäume und der Häuser nutzend, zu dem Mäuerchen. Immer wieder duckte er sich und suchte mit den Augen den Platz ab. Endlich stand er vor dem Teller, seine Hand zuckte vor, aber er zog sie wieder zurück.

Ob der Junge denkt, der Kuchen sei vergiftet?, überlegte Ruodolf, den es vor Aufregung kaum in seinem Versteck hielt. Am liebsten wäre er zu dem Kind gerannt, aber er wusste, dass seine alten Beine nicht die geringste Chance gegen die flinken des Kindes hatten. Er musste Geduld zeigen.

Da, der Junge nahm ein Stück Kuchen und sauste wie der Blitz mit seiner Beute davon. Ruodolf war enttäuscht, auf diese Weise würde er keine Möglichkeit haben, mit dem

Kind zu reden. Aber kurze Zeit später tauchte der Junge mit zwei Freunden auf. Ruodolf hielt den Atem an. Zu dritt schlichen sie zu dem Kuchen, aber als sie gerade ihre Hände nach den Leckerbissen ausstrecken wollten, trat Ruodolf hinter seinem Mauervorsprung hervor.

»Ich tu euch nichts!«, rief er und hielt seine Hände in einer beruhigenden Geste vor sich, aber die Kinder griffen ein Stück Kuchen und flitzten davon. »Ich tu euch doch nichts!«, rief er ihnen nach, aber er wusste nicht, ob sie seine Worte hörten.

Niedergeschlagen lehnte er mit dem Rücken an der Hauswand und überlegte, wie er die Kinder überzeugen könnte. Und als er so dastand und nachdachte, sah er aus den Augenwinkeln, wie sich der Junge mit den strubbeligen Haaren mit einem halben Dutzend seiner Kameraden dem Kuchen näherte. Ständig hielten sie ihn im Blick, ständig zur Flucht bereit, in der Gewissheit, schneller zu sein als der alte Ruodolf.

Wieder rief er ihnen zu: »Ich tu euch nichts! Ich möchte euch in meinen Garten einladen!«

Die Kinder schauten misstrauisch. Er ging vorsichtig einige Schritte auf sie zu, sie traten dieselbe Anzahl an Schritten zurück.

»Ich habe noch mehr von dem Kuchen!«, lockte er.

Es währte einen weiteren Tag und weiterer Teller Kuchen, ehe die Kinder ihn näher an sich heranließen. Mit jedem Tag ein Stückchen mehr. Gunhild wetterte, dass er ihren Kuchen an die nichtsnutzigen Kinder verschwendete, aber Ruodolf beruhigte sie. Allerdings schaute er besorgt auf die schnell schwindenden Kirschvorräte. Was wäre, wenn diese aufgebraucht und Gunhild keine Kuchen mehr backen könnte, ehe die Kinder so viel Vertrauen zu ihm gefasst hätten, dass er sie in seinen Garten einladen konnte.

Seine Furcht war nicht unbegründet. Zwei Tage später überreichte ihm Gunhild unwirsch den täglichen Teller mit dem frisch gebackenen Kirschkuchen: »Das ist der letzte!«, schimpfte sie. »Es sind keine Kirschen mehr da!«

»Bitte!«, sagte Ruodolf mit Tränen in den Augen zu den Kindern, als er den Teller auf das Mäuerchen stellte. »Das ist der letzte Kuchen! Ich habe keine Kirschen mehr!«

Die Kinder hatten sich ihm bis auf wenige Meter genähert.

»Ihr seht ...«, sagte er und deutete auf die schwarzen Wolken über seinem Garten, »... die schweren Gewitter. Hagel und Schnee und Sturm zerstören meine Kirschbäume. Viele sind bereits entwurzelt. Und dies geschieht, weil ich euch vertrieben habe und ihr nicht mehr in meinem Kirschgarten spielt. Bitte, kommt und spielt wieder in meinem Garten! Ihr dürft auch in meinem Becken mit dem heißen Wasser baden!«

Die Kinder blickten skeptisch, sie trauten seinen Worten nicht, aber der Junge mit dem Wuschelkopf zerstreute ihren Argwohn. Allerdings wollte er Ruodolf nicht durch seinen Gutshof in den Garten folgen, sondern seinen früheren Weg über die Mauer nehmen. Dort hätten sie Möglichkeiten zur Flucht, falls Ruodolf sich als böser Zauberer entpuppte und ihnen etwas antun wollte.

Ruodolf war zufrieden. Er ging durch das Haus und stand am Rande seines Gartens, als die ersten Kinderköpfe vorsichtig über die Mauer lugten. Er erkannte ihr Staunen, als sie die Zerstörung wahrnahmen, aber schon in dem Moment, als sie über die Mauer in den Garten blickten, ließ der Sturm nach, die Windhose fiel in sich zusammen und die dichten Wolken lösten sich zusehends auf. Wachsam kletterten sie in den Garten, allen voran der Junge mit den strubbeligen Haaren. Zum ersten Mal seit Tagen blinzelte die Sonne durch das Schwarz und das Eis begann zu schmelzen.

Am nächsten Morgen hatte sich das Bild des Gartens vollständig gewandelt. Nur noch einige weiße Flecken Schnee waren zu sehen, frisches Gras brach durch den Boden, Blumen streckten ihre Köpfchen ins warme Licht und die Kirschbäume schlugen wie im Frühjahr aus. Vögel hockten in den Zweigen und tirilierten. Ein Eichhörnchen flitzte an einem Baumstamm empor und keckerte von oben herab. Die Kinder spielten und tobten auf der Wiese und Ruodolf saß auf seiner Bank und schaute ihnen glücklich zu.

Von Tag zu Tag legten die Kinder ihre Scheu vor dem gewaltigen Recken mehr ab und wenn sie müde vom Spiel waren, ließen sie sich vor ihm im Gras nieder und er erzählte ihnen von seinen Abenteuern. Sie plantschten mit ihm in dem Becken mit dem heißen Wasser. Die Kirschbäume trugen farbenprächtige Blüten, die alsbald zu roten, süßen Früchten wurden. Die Kinder schlugen sich die Bäuche voll und halfen Gunhild beim Pflücken. Ganze Körbe verteilten sie in der Nachbarschaft. Nie hatten die Kirschen so süß geschmeckt und Gunhild konnte gar nicht so viele Kuchen backen, wie Kirschen da waren.

Nach einigen Tagen schickte Ruodolf drei Kinder mit einem besonders schönen Kuchen zu Karl in seine Königshalle. Als dieser die Kinder mit dem Kuchen sah, wusste er, dass er richtig gelegen und sein Plan funktioniert hatte. Er fuhr mit der Hand durch den Wuschelkopf eines der Jungen, beschenkte alle Kinder, nahm auf seinem Thron Platz und aß genüsslich von dem köstlichen Kirschkuchen.

Burkhart und die Blaue Blume

Anmerkung des Herausgebers: In Aachen hat der Teufel einen ganz eigenen Namen: Krippekratz. Dieser stammt aus der Zeit der hohen Kindersterblichkeit. Das Böse, der Teufel, der an der Wiege – an der Krippe – kratzt.

»Hallo Krippekratz!«, tönte es aus den Büschen. »Ich wünsche dir einen wunderschönen guten Morgen!«

Eine schwarze Katze löste sich aus dem Schatten eines Haselstrauches. Ihre Stimme klang schnurrend und ihr Fell glänzte wie Seide. Steil reckte sie den Schwanz in die Höhe und ihr schlanker Körper wiegte sich anmutig bei jedem Schritt.

»Was willst du, Mobesin?«, brummte der Angesprochene mürrisch.

»Huch, welche Laus ist dir denn über die Leber gelaufen?«, fragte die Katze unbeeindruckt und ließ sich elegant auf den Hinterpfoten nieder.

»Das geht dich einen feuchten Kehricht an!«, fauchte Krippekratz.

Mobesin kicherte und ihre grünen Augen leuchteten vor Vergnügen. »Ich kann es mir schon denken«, mauzte sie. »Haben die Aachener dich wieder hereingelegt?« Sie deutete mit der Pfote hinab ins Tal, in der die Pfalz Karls des Großen lag. »Was ist denn passiert?«

»Nichts!«, grollte Krippekratz und steckte seinen Daumenstumpf in den Mund.

»Schmerzt es wieder?«, fragte Mobesin mitfühlend. Es musste furchtbar sein, einen Finger zu verlieren.

»Höllisch!«, antwortete der Höllenfürst.

»Dann dürfte es dir ja nichts ausmachen!«

»Halt dein Schandmaul!«, schimpfte dieser erbost, während die Katze begann, akribisch mit der Zunge ihr Fell zu bearbeiten. »Kannst du nicht damit aufhören?«

»Fellpflege muss sein!«, wehrte sie ab.

»Ich hab ja nichts gegen Fellpflege, aber dieses Ausspucken der Fellknäuel ist ekelerregend. Das hält ja der stärkste Magen nicht aus!«

»Na gut!«, seufzte Mobesin und würgte ein Fellknäuel hoch, welches sie in hohem Bogen ausspuckte.

»Bähh!«, rief Krippekratz und wandte sich ab.

»Tschuldigung!«, sagte die Katze. »Ich mache später weiter.«

Sie betrachtete den Herrscher der Unterwelt, der zusammengesunken wie ein Häuflein Elend auf einem Felsbrocken hockte, seine klauenartigen Hände auf den Magen presste und augenscheinlich Mühe hatte, einen Brechreiz zu unterdrücken.

»Ts, ts, ts!«, machte sie. »Was ist denn mit deinem Magen los?«

»Stress, Stress, Stress! Immer habe ich Stress. Ständig will jemand etwas von mir! Ich habe keine Minute Ruhe! Das schlägt mir auf die Nerven! Und als ob das alles noch nicht genug wäre, kommen mir dauernd diese vermaledeiten Aachener in die Quere. Ich glaube, ich habe ein Magengeschwür!«

»Du Armer!«, sagte Mobesin mitfühlend.

»Ja!«

Krippekratz machte eine Pause und schaute sehnsüchtig in die Ferne: »Früher war es hier so heimelig und ruhig. Ich genoss es, im heißen Wasser zu liegen und zu träumen. Schließlich bin ich nicht mehr der Jüngste! Seit der Geschichte damals mit Michael schmerzt mich ständig das Kreuz!«

Er fuhr massierend mit dem Daumen der Linken über seinen Rücken. Plötzlich grinste er: »Weißt du, wie viel Spaß ich mit Granus hatte? Das war ein Typ!« Er kicherte bei der Erinnerung. »Die paar Menschen, die zufällig vorüberkamen, waren leicht zu vertreiben. Ein höllischer Furz unter Wasser, hier ein wenig Zauberei, dort eine dunkle Gestalt, und schon stoben sie wie die Karnickel auseinander.«

Mobesin nickte. Sie hatte mehrfach Krippekratz' Aufträge dieser Art erledigt. »Ja, früher war alles besser!«

Der Höllenfürst fluchte: »…!« *(Anmerkung des Herausgebers: Aus Gründen des Jugendschutzes ist dieser Fluch nicht abgedruckt)*

Die uralten Eichen am Wegesrand wandten ihre Blätter ab und selbst der Stein, auf dem er saß, erschauerte: »Da habe ich Jahrtausende benötigt, diese heißen Schwefelquellen für mich einzurichten, und kaum sind sie fertig, glauben diese respektlosen Kreaturen, sie seien für sie geschaffen! Junge, Junge, Junge, was für eine unersprießliche und missratene Schöpfung! Völlig in die Hose gegangen! Aber mich bestrafen wollen!«

Tiefes Donnergrollen ließ den Boden erbeben und Mobesin war nicht sicher, ob es sich um einen Erdstoß gehandelt, oder ob das Epizentrum der Erschütterung in Krippekratz'gepeinigtem Magen gelegen hatte.

Zum Glück war sie weder Urheberin noch Ziel seines Unmuts, dennoch rückte sie sicherheitshalber ein Stück von ihm ab. Sie kannte ihn schließlich gut und wusste, dass sein Zorn sich von einem Moment auf den anderen entladen konnte. Dann wäre es besser, sich nicht in seiner unmittelbaren Reichweite aufzuhalten.

Ihr Gegenüber fuhr fort: »Am Anfang ging es ja noch, aber dann ließen sich die blöden Römer hier nieder. Sie waren zwar wesentlich hartnäckiger als die Kelten, aber schließlich sind auch die verschwunden. Haha! Da brauchte ich kaum nachhelfen. Die haben sich sozusagen selbst vertrieben! Nun hatte ich ein paar Jahrhunderte mehr oder weniger Ruhe, dachte, ich hätte diesen Talkessel wieder für mich, da muss dieser elende Karl mit seinem dämlichen Rheuma ausgerechnet hier seine Kirche hinstellen! Da soll man kein Magengeschwür bekommen! Die lassen sich einfach nicht vertreiben!«

»Hat das mit den Sandsä ...«

»Nein, natürlich nicht!« Krippekratz unterbrach sie. »Das war eine blöde Idee von dir!«

Mobesin legte die Ohren an und rutschte noch ein Stück von ihm ab: »Hat das mit den Sandsäcken nicht geklappt?« Ihr Schweif peitschte angespannt hin und her.

»Nein, sie waren zu schwer. Damit habe ich mir den Rücken total versaut! Jetzt bin ich nicht nur meines Daumens verlustig gegangen ...«, hin und wieder liebte Krippekratz, zufällig aufgeschnappte und gestelzt klingende Redewendungen an den Mann, respektive an die Katze zu bringen, »... sondern kann mich jetzt auch noch mit einem Bandscheibenvorfall herumquälen. Das habe ich dir zu verdanken!«

Mobesin sagte unbehaglich: »Dass du das Domportal derart zudonnerst und mit dem Daumen hängenbleibst, kannst du mir wohl nicht anlasten! Was war denn mit den Sandsäcken?«

»Die sind geplatzt! Da habe ich sie den ganzen Weg von der Nordsee hierhergeschleppt, bin ich schon fast in Aachen und da platzen diese blöden Säcke auf!« Er verschwieg wohlweislich, dass sie geplatzt waren, weil er sie zornig zu Boden geworfen hatte, und das, weil ein altes Mütterchen ihn hereingelegt hatte.

»Och härm!« *(Erneute Anmerkung des Herausgebers: Aachener Ausdruck des Mitgefühls)* Mobesin spürte, dass er mit maßgeblichen Einzelheiten der Geschichte hinter dem Berg hielt. Sie wagte ein Kichern. »Vielleicht solltest du nicht versuchen, dich an der ganzen Stadt zu rächen. Was nützt es dir, den Ort auszulöschen?«

»Dann kann ich wieder in Ruhe baden!«

»Und was ist mit den ganzen Sündern unten bei dir?«

»Alles nur Arbeit und Stress!«

»Aber ...«, die Katze rückte wieder ein Stück näher heran, »... wäre die Rache nicht viel süßer, wenn du eine besondere Person auswähltest?«

»Und wer soll das sein?«

»Na, wer wohl?«

»Karl?« Krippekratz schüttelte den Kopf. »Der ist zu mächtig! Der hat die Kraft Gottes auf seiner Seite und die geweihte Marienkirche kann ich nicht betreten. Der wird bestimmt noch einmal heiliggesprochen!«

»Ts ts ts. Dir fehlt jegliche Fantasie! Um dich an Karl zu rächen, musst du nicht unbedingt seine Person als Zielscheibe wählen. Jemand in seiner Nähe genügte schon. Jemanden, den er liebt. Das würde ihn im Herzen treffen!«

Krippekratz schaute die Katze, aufmerksam geworden, an. Ihre Fantasie war ohnegleichen. Schon öfter hatte sie mit höllischen Ideen brilliert und eigentlich war ihr Vorschlag mit den Sandsäcken gar nicht übel gewesen, wenn dieses alte Mütterchen ihn nur nicht ... »Rede weiter!«

»Du weißt, dass Karl seine Töchter abgöttisch liebt!«

»Ja. Aber an diese heranzukommen, ist auch nicht gerade leicht.«

»Na, bist du jetzt der Teufel oder nicht?«

»Ja, natürlich! Aber ...«

»Kein Aber!«

»Aber die kennen mich alle!«

»Die Tochter darf nicht merken, dass du du bist!«

»Ab ...« Er brach ab. »Sie darf nicht merken, dass ich ich bin?«

»Hm!«, stimmte Mobesin zu.

»Ich kann mich aber nicht verwandeln.«

»Nein, das kannst du nicht.«

»Aber du!«

»Aber ich!«, sagte die Katze, maunzte und verwandelte sich. Der Rücken spannte sich, wurde lang und länger, die Wirbelsäule trat wie ein überspannter Bogen hervor, die Gliedmaßen streckten sich. Das schwarze Fell verschwand und wich einem sanften Hautton. Die scharfen Krallen wurden zu gepflegten Fingernägeln.

Fasziniert schaute Krippekratz zu. Die Verwandlung schien mit enormen Qualen verbunden. Die Katze wand sich in eruptiven Zuckungen. Die grünen Augen erloschen für einen Augenblick, um in tiefschwarzen wiedergeboren zu werden, die wie polierte Kohle glänzten. Die Ohren verliefen in perfekter Rundung. Die spitzen Zähnchen wurden zu einer makellos weißen Reihe. Die Nase wölbte sich hervor und verlieh dem nun menschlichen Gesicht ein klassisches Profil.

Schließlich erhob sich eine wunderschöne junge Frau, die den Kopf in den Nacken legte und sich wohlig reckte.

»Nicht schlecht!«, knurrte Krippekratz kehlig, seine Augen leuchteten gierig auf und er leckte über seine Lippen.

»Nicht für dich!«, schnurrte das Mädchen. Sie hüstelte, würgte und spie ein Fellknäuel aus.

Angewidert trat er einen Schritt zurück und das lüsterne Glitzern in den Augen verschwand.

»Entschuldige!«, sagte Mobesin. »Aber das musste sein!«

»Und so willst du einer Tochter Karls begegnen?« Krippekratz schaute zweifelnd. »Als Mädchen?«

»Ich werde das für dich erledigen. Lass mich nur machen! Vielleicht können wir zwei Fliegen mit einer Klappe schlagen!« Sie schaute auf seinen Daumenstumpf. »Aber dann schuldest du mir einen Gefallen!«

»Das hängt davon ab, wie erfolgreich du bist!«

»Lass das mal meine Sorge sein!« Mobesin schwang ihr langes, schwarzes Haar, das ihr bis auf die Füße fiel, zurück.

Dann ging sie ein paar Schritte und tat, als humpele sie: »Na, wie sieht das aus?«

Krippekratz verzog die Lippen, wiegte den Kopf und stand auf: »Es geht! Das sollte dir besser gelingen!« Damit trat er mit seinem Pferdehuf auf des Mädchens Zehen, das einen spitzen Schrei ausstieß, das Bein anzog, den Fuß in die Hand nahm und auf einem Bein im Kreis hüpfte.

»Aua, aua, aua!«, rief es. »Was soll das denn?«

»Das sieht wesentlich echter aus.« Ein zufriedener Gesichtsausdruck stand in seinem Gesicht. »Außerdem war ich dir noch etwas für dein freches Mundwerk schuldig.«

Am nächsten Tag strich eine humpelnde, schwarze Katze durch die engen Gassen Aachens. Einige schimpften: »Hau bloß ab, du Drecksvieh!« Andere sagten: »Schaut, die arme Katze, wie schön ihr Fell glänzt, wie wohl genährt sie ist. Bestimmt gehört sie einem Reichen!« Die Katze aber achtete nicht auf sie, verschmähte gar eine hingeworfene Leckerei. Sie hatte ein besonderes Ziel im Visier.

Dieses Ziel hieß Burkhart. Burkhart war ein junger Bäckergeselle, Sohn des Bäckers Maw, dessen Ururururgroßenkel Peter Maw viele hundert Jahre später noch eine unrühmliche Rolle in Aachen zu erfüllen hatte, aber davon wussten weder Burkhart, noch sein Vater, noch die Katze. Ob Krippekratz zu diesem Zeitpunkt eine Ahnung dieser weiteren Bestimmung des jungen Bäckers Nachfahren hatte, wagt der Erzähler zu bezweifeln, ist aber für den Verlauf unserer Geschichte nicht maßgeblich.

Dieser Burkhart war nicht nur ein gutaussehender, sondern auch ein feinfühliger junger Mann, der, als er das humpelnde Tier sah, sogleich Mitleid empfand. Er hatte die halbe Nacht und den halben Tag gearbeitet und saß nun verschwitzt und über und über mit Mehl bestäubt am flachen Ufer des Paubaches und genoss die Ruhe.

»Komm zu mir, kleines Kätzchen! Was fehlt dir denn? Hast du dich verletzt?«

Die Katze maunzte herzzerreißend und legte noch mehr Ausdruck in ihr Humpeln. Katzen sind geborene Schauspieler, auch wenn ihre Pfote dank des gemeinen Tritts wirklich schmerzte. Burkhart strich mit der Hand über ihr Fell, kraulte ihre Ohren und die Katze schnurrte behaglich. Behutsam nahm er das Tier und legte es auf seinen Schoß, um die Pfote zu untersuchen. Er staunte, nie hatte er eine Katze derart laut und wohlig schnurren hören. Hätte er es nicht besser gewusst, hätte er das Schnurren als wollüstig bezeichnet.

»Da ist ja tatsächlich ein Splitter!«, sagte er, und ehe die Katze sich versah, hatte er das umsichtig dort deponierte Stückchen Holz entfernt.

»Danke!«, sagte die Katze und Burkhart ließ das Tier vor Schreck fallen.

»Aua!«, rief Mobesin.

Eine sprechende Katze? »Himmelherrgott!«, schrie Burkhart.

Die Katze schüttelte sich: »Nimm bloß nicht dieses Wort in den Mund!«

»Wer ... Was ...?«

»Wer ... Was ...?«, wiederholte die Katze ungeduldig. »Ich bin, der ich bin!« Den Satz hatte sie einst irgendwo gelesen und er hatte ihr gefallen. Er klang so mysteriös.

Burkhart starrte sie verständnislos an.

»Egal! Du hast mir geholfen! Du hast mich gerettet!«, rief sie theatralisch aus. »Dir verdanke ich mein Leben!«

»Aber es war doch nur ein winziger Splitter!«

»Wer weiß, was aus einem kleinen Splitter werden kann! Das kann sich entzünden, es kann eine Blutvergiftung folgen, daran kann man sterben! Du hast eine Belohnung verdient! Schau in das Wasser!«

»Was?«

»Schau in das Wasser!«

»Welches Wasser?«

»Hör mal, bist du nicht gescheit?«, fragte Mobesin und fügte leise für sich hinzu: »Das ist genau der Richtige!«

»Dort ins Wasser!« Sie deutete mit der Pfote auf den munter plätschernden Bach.

»Ach so! Und warum?«

»Mach schon!«

Burkhart blickte irritiert ins Wasser. »Ich sehe nichts!«

»Schau genauer!«

Er beugte sich vornüber und suchte die schimmernde Wasseroberfläche mit den Augen zu durchdringen. »Ich sehe nichts«, murmelte er enttäuscht. »Nur mein eigenes Spiegelbild.«

»... das dringend eine Wäsche benötigt«, konnte Mobesin sich nicht enthalten zu sagen. Burkharts durchdringender und strenger Geruch beleidigte ihre empfindliche Nase und in ihrem Fell klebten kleine Teigstücke. »Ich brauche ewig, das klebrige Zeug zu ent ...«

»Da!«, rief Burkhart plötzlich. »Da! Da ist ...«

Er atmete tief ein und sein Gesicht erhielt einen verklärten Ausdruck. Sich noch weiter nach vorn beugend, hätte er um ein Haar seinen Halt verloren und wäre kopfüber in den Bach geplumpst. »Sie ist schön!«

»Gefällt sie dir?«

»Hm! Wer ist das?«

»Das ist ...« Mobesin unterbrach sich. »Das möchtest du wissen?«

»Ja, natürlich! Nun sag schon! Bitte! Ich flehe dich an!«

»Ach, eigentlich ist das gar nichts!«, sagte die Katze beiläufig.

»Was, gar nichts? Das ist das schönste Mädchen, das ich je zu Gesicht bekommen habe.«

Mobesin warf einen prüfenden Blick ins Wasser: »Na ja, dann hast du wohl noch nicht viele Mädchen zu Gesicht bekommen!«

»Doch, ähm, ja … ehm ... nein!«

»Möchtest du sie kennenlernen?«

»Ja, bitte! Was soll ich tun?«

»Was würdest du tun?«

»Alles! Ich würde alles tun! So ein schönes ...«

»Ja, ja, ich weiß. Komm morgen Abend wieder her! Dann werde ich dir sagen, wer das Mädchen ist und wie du ihr Herz gewinnen kannst.«

»Erst morgen?« Seine Stimme klang enttäuscht. »Warum nicht jetzt?«

»Mein lieber Burkhart, du musst lernen, dich in Geduld zu üben!«

»Na gut!«, stimmte er niedergeschlagen zu. »Dann morgen!«

»Dann morgen!«

»Aber du kommst auch ganz bestimmt?«, fragte er plötzlich voller Angst.

»Ja!«, rief sie, in den Büschen verschwindend, und fügte für sich hinzu: »Worauf du dich verlassen kannst!«

Seufzend blieb Burkhart am Bach sitzen und suchte das Antlitz des geliebten Mädchens im Wasser zu sehen.

»Ach, so muss ich mich bis Morgen gedulden!«, sagte er schließlich und ging beschwingt nach Hause. In der Nacht tat er kaum ein Auge zu und wenn er für einige Minuten hinwegdämmerte, wurde er von wirren Träumen geplagt, in denen das schöne Mädchen mit einem anderen um seine Gunst stritt. Jedoch schien ihm, als läge eine düstere Bedrohung über ihnen. So war er froh, als sein Vater ihn mitten in der Nacht weckte und er aufstehen konnte, aber bei der Arbeit war er unkonzentriert und der Vater schimpfte, weil er das Brot im Ofen verbrennen ließ.

Mobesin ging unterdessen den Bach entlang und suchte, als sie die Stadt ein gutes Stück hinter sich gelassen hatte, Schutz unter einem Felsvorsprung. Erschöpft ließ sie sich nieder. Die Überführung in eine Gestalt, die nicht die ihre war, und das Verharren darin waren äußerst kräftezehrend. Als sie sich unbeobachtet wähnte, verwandelte sie sich wieder. Aber nicht in das Erscheinungsbild des schönen, schwarzhaarigen, jungen Mädchens, in dem sie Krippekratz begegnet war, sondern in ihre wahre Gestalt. Das herrliche schwarze Haar wurde grau und dünn und hing strähnig und matt von einem schädelartigen Kopf, das Glühen der Augen erlosch und stumpf blickten zwei wässrige Pupillen unter schweren Lidern. Bleiche, wächserne Haut umspannte hervorstehende Wangenknochen, die Nase wurde zu einem scharfen Grat und die Lippen zu dünnen, bitteren Strichen, die die schwarzen Stummel ihrer Zähne nicht verbergen konnten. Aber nicht nur ihr Kopf und ihr Gesicht waren dem grausamen Wandel der Vergänglichkeit unterlegen, sondern die ganze vornübergebeugte Gestalt. Die Muskeln erschlafften und die Haut hing faltig und fleckig über fleischlosen Knochen. Traurig schaute Mobesin auf ihre einst so wunderschönen und ebenmäßigen Hände, deren Haut wie trockenes Pergament ihre krallenbewehrten Finger umhüllte. Ihr Blick wanderte am eigenen Körper herab und Tränen standen in ihren Augen.

Wohin war ihre einstige Schönheit? Was nutzte es, Jahrhunderte zu leben, wenn man den eigenen Verfall derart miterleben musste? In einer Ecke rollte sie sich zusammen. Sie musste neue Kräfte sammeln für ihr Vorhaben.

Als am nächsten Morgen die ersten Sonnenstrahlen unter den Felsvorsprung tasteten und über ihren Körper glitten, erwachte Mobesin. Sie schaute an sich herab und schüttelte angewidert den Kopf. »Bäh!«, sagte sie. Aber sie war wieder zu Kräften gekommen und mit einem Gedanken verwandelte sie sich in die schwarze Katze.

Als sie etwas nach der verabredeten Zeit zum Paubach kam, wartete Burkhart bereits ungeduldig. Heute saß er nicht ruhig am Ufer, sondern marschierte rastlos den schmalen Pfad auf und ab. Viele Jahre später würde man diesen Weg Jakobstraße nennen.

»Hallo, kleine Katze!«, grüßte er. »Bist du's?«

»Wer denn sonst?«, gab Mobesin brummend zurück.

Burkhart nickte. Er hatte gezweifelt, ob seine Begegnung mit einer sprechenden Katze nicht nur ein närrischer Traum gewesen war. »Also doch!«, murmelte er.

Seine Gefühle waren zwiegespalten. Eine sprechende Katze, die ihm Bilder eines schönen Mädchens im Wasser zeigte? Er wusste, dass er nicht der klügste unter seinesgleichen war, aber wenn er nicht den Verstand verloren hatte, ließen sprechende Tiere und Bilder im Wasser nur eine Schlussfolgerung zu: Hier musste es sich um Zauberei handeln! Und davor fürchtete er sich. Zauberei war schlecht und böse. Gotteslästerlich! Hexen und Zauberer wurden gejagt und Menschen, die mit ihnen in Verbindung standen, ebenfalls. Andererseits schien ihm die Katze freundlich und nett und schließlich hatte er ihr beigestanden. Vielleicht gab es auch guten Zauber! Ihm war die Kunde von Wunderheilern zu Ohren gekommen, die Kranken geholfen hatten und deshalb nicht böse sein konnten, aber von Mönchen und Priestern als Ketzer gebrandmarkt wurden. Was also sollte er von dieser Angelegenheit halten?

Ausschlaggebend für Burkhart war letztendlich: Er wollte unbedingt noch einmal das Bild des schönen Mädchens sehen und wenn er die Worte der Katze richtig in Erinnerung hatte, gäbe es für ihn gar eine Möglichkeit, nicht nur ihr Bild zu sehen, sondern ihr Herz zu gewinnen. Sollte es sich dafür nicht lohnen, ein Risiko einzugehen? Er war im heiratsfähigen Alter und wenn er die Bäckerei seines Vaters übernehmen wollte, bräuchte er eine fleißige Frau an seiner Seite.

»Kannst du mir noch einmal das Bild des schönen Mädchens zeigen?«, bat er inständig.

Mobesin nickte und deutete mit der Pfote auf das Wasser.

Wieder beugte sich Burkhart vor, starrte ins kühle Nass des Paubaches und wieder konnte er zunächst nur perlendes Wasser, das über runde Kieselsteine plätscherte, erblicken. Als ihm nach scheinbar endloser Zeit immer noch nur das eigene Antlitz entgegenblickte, glaubte er sich getäuscht und wollte auffahren. Da sah er sie.

»Oh!«, murmelte er. »Sie ist noch schöner als gestern!«

»Ja«, erwiderte Mobesin entnervt und zog die Nase kraus. »Sie ist wunderschön!« Welche Frau hört schon gern von einem ansehnlichen jungen Mann das enthusiastische Lob über die Schönheit einer anderen Frau, auch wenn Mobesin in der Gestalt einer Katze auftrat.

»Wer ist das? Wie heißt sie? Wo lebt sie? Wo kann ich sie treffen? Wie kann ich ihr Herz gewinnen? Wie ...«

»Genug, genug!«, rief Mobesin auflachend. Das polternde Ungestüm Burkharts amüsierte sie. »Genug der Fragen! Du willst wissen, wie sie heißt?«

»Ja, um Himmels Willen! Ja, bei Gott!«

»Wenn du das noch einmal sagst, wirst du mich nie wiedersehen!«, fauchte die Katze.

Erschrocken schaute Burkhart. »Ist ja schon gut. Entschuldige! Also wie heißt sie?«

»Das ist Hiltrud!«

»Hiltrud«, wiederholte Burkhart und ließ mit verklärtem Gesicht den Namen wie süße Sahne über seine Lippen gleiten. »Hiltrud, Hiltrud, Hil ...«

»Das genügt!«

»Wo kann ich sie treffen? Bitte, sage es mir!« Burkhart war in die Knie gegangen, um auf Höhe seiner Gesprächspartnerin zu sein, nun sprang er ungebärdig auf und tanzte von einem Bein auf das andere.

»Weißt du, wer das ist?«, hakte Mobesin nach.

»Ja, das hast du mir doch gerade gesagt! Das ist Hiltrud! Bist du nicht recht gescheit?«

»Ja«, grollte die Katze. »Das ist Hiltrud. Aber wer ist Hiltrud?«

Burkhart schaute sie verständnislos an. »Das schöne Mädchen!«

»Junge, Junge, Junge, ist dein Kopf dem heißen Backofen zu oft zu nahe gekommen? Das ist nicht irgendeine Hiltrud. Schau noch einmal hin!«

Burkhart sah ins Wasser und plötzlich glitt Erkennen über seine Züge. »Willst du damit sagen …?« Sein Kiefer klaffte weit herunter und seine Augen wurden riesengroß.

»Genau! Endlich hast du begriffen! Wurde auch höchste Zeit!«

»Die Tochter … die Tochter … die …«

»Ja, die Tochter Karls!«

»Und ich …? Ich soll …? Die Tochter des Königs?« Er lachte laut auf: »Du musst vollkommen verrückt sein!«

»Sei vorsichtig mit dem, was du sagst!«, schnappte Mobesin. Dass Menschen immer so kleinkariert denken müssen! Aber sie rief sich in Erinnerung, dass Burkhart nicht den Hauch einer Ahnung von ihren Kräften und ihren Möglichkeiten hatte und unter normalen Umständen …

»Ja, das ist eine Prinzessin und du bist ein Bäckergeselle, ja und?«

»Ja und?« Wieder lachte er, dann wurde sein Gesicht traurig. »Eine Prinzessin und ein Bäckergeselle! Ich werde nie ihr Herz gewinnen! Sie würde mich auslachen! Käme ich ihr zu nahe, würde man mich einen Kopf kürzer machen!« Seine Stimme schlug vor Verzweiflung über. »Warum hast du mir dieses Bild gezeigt? Du bist grausam! Du hast mein Leben zerstört!«

»Nun warte einmal!« Mobesin verspürte Mitleid mit dem verliebten Jungen. »Ich habe gesagt, du könntest ihr Herz gewinnen, und das meinte ich auch so.«

Ungläubig schaute Burkhard sie an, aber er spürte die Ernsthaftigkeit in ihren Worten. »Meinst du wirklich?«

»Ja!«

»Echt?«

»JA!«

»Wie?«

»Das ist nicht so einfach!«

»Wusst' ich's doch!«

»Ich sagte, es ist nicht einfach, ich sagte nicht, es sei unmöglich!«

»Phhh!«

Die Katze fuhr ihre Krallen aus. Am liebsten hätte sie ihm rechts und links ihre Pfoten durch das hübsche Gesicht gezogen, aber sie beherrschte sich: »Es gibt eine blaue Blume, die du holen musst. Sie ist mittags blau, abends weiß und im Mondlicht wird sie rot. Nur dann darf sie gepflückt werden, soll sich ihre Kraft entfalten.«

Der junge Bäckergeselle war schlichten Gemüts und mit dieser Situation hoffnungslos überfordert: Die harte Arbeit der letzten Tage und der wenige Schlaf, eine sprechende Katze, das Bild eines wunderschönen Mädchens im Wasser, der beängstigende Gedanke an Zauberei, seine Verliebtheit, sein Traum, mit diesem Mädchen eines Tages die Bäckerei seines Vaters weiterzuführen, die Enthüllung, dass dieses Mädchen eine Tochter seines Königs war und nun noch die Geschichte mit der Blume, die ihre Farbe wechselte. Dies alles hätte noch ganz andere Geister in Verlegenheit gebracht.

So kicherte Burkhart albern: »Und welche Farbe hat sie morgens?«

»Du machst mich wahnsinnig!«, fauchte Mobesin.

»Ja, klar! Eine Blume, die ihre Farbe wechselt, die ich holen und der Prinzessin überreichen soll! Haha!«

»Du bist ein Schwachkopf!« Sie wandte sich ab und ging einige Schritte. »Ich habe den Falschen ausgesucht!«, rief sie laut.

»Halt! Warte!«, rief Burkhart ihr hinterher.

»Was ist?«

»Meinst du wirklich, dass ich …?«

»Ja!«

»Echt?«

»JA!«

»Ich werde tun, was du sagst.«

»Na endlich!«

»Was soll ich tun?«

»Blaue Blume!«

»Ach ja, die blaue Blume holen. Wo finde ich sie?«

»Das ist die erste vernünftige Frage, die du stellst.«

Mobesin beschrieb ihm den Weg in ein fernes, einsames Eifeltal. »Nur dort gibt es diese Blume. Und es gibt sie nur einmal! Und vergiss nicht! Du darfst sie erst pflücken, wenn sie rot ist.«

»Das ist aber weit!«

Mobesin schaute ihn eindringlich an.

»Ich muss doch in der Backstube arbeiten!«

Die Katze blies die Backen auf und stieß die Luft geräuschvoll aus: »Es ist allein deine Entscheidung! Liebst du das schöne Mädchen?«

Burkhart nickte.

»Dann los!«

Burkhart schaute ein letztes Mal ins Wasser, warf dem Bild des schönen Mädchens eine Kusshand zu und brach, nachdem er daheim ein Bündel mit altem, trockenem Brot als Wegzehrung geschnürt hatte, unverzüglich auf. Schweren Herzens schloss er in der Abenddämmerung heimlich die Tür hinter sich. Seine Eltern würden sich sorgen, aber vor seinen Augen stand das Bildnis des schönen Mädchens.

Er hatte Tage, wenn nicht Wochen zu wandern und da ein Sturm und Regenfälle mehrere Pfade unpassierbar gemacht, so manchen starken Baum entwurzelt und murmelnde Bäche in Flüsse verwandelt hatten, musste er weite Umwege in Kauf nehmen. Er kam an kleinen Weilern und Höfen vorüber, wo die Bauern den munteren Wandergesellen freundlich empfingen, ihn an ihren Tisch einluden und in ihren Scheunen schlafen ließen. Er musste steile Hänge erklimmen, durch kalte Bäche waten und einmal geriet er sogar in die Fänge einer kleinen Räuberbande, die ihn aber ungeschoren ließ, da er nichts Wertvolles bei sich trug. Der arme Junge!, sagten die hartgesottenen Räuber mitleidig und tippten sich mit dem Zeigefinger an die Stirn, als Burkhart ihnen offenherzig von seiner Liebe zu Hiltrud, der Tochter Karls, erzählte, und dass er auf dem Weg zu einer blauen Wunderblume sei, die er pflücken und zu einer sprechenden Katze bringen würde, um das Herz der Königstochter zu gewinnen.

Burkhart winkte ihnen zum Abschied, als er am nächsten Morgen gedankenvoll seine Reise fortsetzte. »Schau mal einer an!«, sprach er zu sich. »Da heißt es immer, Räuber seien böse und grausam, und diese ließen mich heute Nacht an ihrem Feuer schlafen, von ihrer Suppe essen und gaben mir Wegzehrung mit. Jetzt habe ich im tiefen Wald sogar neue Freunde gefunden.« Er klopfte frohgemut auf seine Tasche, pfiff ein Lied und schritt tapfer aus.

Nun war Burkhart harte Arbeit gewohnt, aber keine langen Wanderungen. Nie war er weiter als einen halben Tagesmarsch von Aachen entfernt gewesen. Er hatte zwar gehört, dass das Land sich hinter den Hügeln des Talkessels um die Stadt noch weit erstrecken sollte, aber niemals hätte er gedacht, dass es sich so weit erstreckte.

So marschierte er Tag um Tag. Sein Proviant war längst zur Neige gegangen, seine Muskeln in den Waden und in den Oberschenkeln schmerzten, die Tücher, die er um die Füße gewickelt hatte, waren zerschlissen und die rauen Innenseiten seiner Holzschuhe ließen Blasen an seinen Füßen entstehen und quälten ihn, aber der Gedanke an das schöne Mädchen verlieh ihm die nötige Kraft und die Ausdauer, immer wieder einen Fuß vor den anderen zu setzen – auch wenn er oft des Abends, wenn er keinen Unterschlupf bei einem Bauern hatte finden können und an einem mühevoll entfachten Feuer sein notdürftiges Lager aufschlug, an seine armen Eltern dachte, die sich sicher um ihn grämten, sich fragten, weshalb er davongelaufen wäre, und furchtbare Ängste seinetwegen ausstünden. Aber fände er die blaue Blume und gewänne er das schöne Mädchen, dann wären die Nöte und Sorgen seiner Eltern bald vergessen. Wie stolz wären sie auf ihren Sohn, führte er die Tochter des Königs zum Traualtar, und was bedeutete es für die kleine Bäckerei, arbeiteten er und Hiltrud gemeinsam dort. Die Menschen kämen in Scharen, um bei ihnen Brot und Gebäck zu erstehen.

Wann immer ihn nachts ein dunkler Alb quälte, morgens die klamme Kälte in seine Knochen kroch, er nichts zu essen fand und der Hunger ihm seltsame Bilder vorgaukelte, er vor Verzweiflung irgendwelche Kräuter, Beeren oder Pilze aß, gegen die sein Magen revoltierte, oder er vor Schmerzen kaum auftreten konnte, stellte er sich vor, mit der schönen Hiltrud gemeinsam in der Backstube zu arbeiten, ihr Brot zu verkaufen und nach getaner Arbeit gemeinsam hinauf in ihr Kämmerlein zu steigen. Ach, wie glücklich wären sie!

Und eines Mittags stand Burkhart tatsächlich in diesem fernen Eifeltal und tatsächlich fand er auch die blaue Blume. Sie wuchs einsam auf einem kleinen Erdhügel und sie war wunderschön. Der junge Bäckergeselle setzte sich vor die Blume und schaute sie erstaunt an. So eine schöne Blume hatte er nie gesehen, allerdings war ihr Geruch ein wenig streng.

Er streckte die Hand aus, um sie zu pflücken, da fuhren ihm die Worte der wunderbaren Katze durch den Sinn, er zog die Hand zurück und wartete auf den Abend. Zum Glück war ihm ihr Gebot noch rechtzeitig eingefallen! Und siehe da: Als es dämmerte, verblasste das Blau und die Blume erstrahlte in Weiß, und als der Mond aufging und sein bleicher Schein auf die Blume fiel, wechselte sie erneut ihre Farbe. Nun erglänzte sie in leuchtendem Rot.

»Rot ist die Farbe der Liebe!«, sagte Burkhart laut, auch um sich ein wenig Mut zuzusprechen, denn das Tal schien ihm nicht recht geheuer. Er wollte die Blume pflücken. Da drehte sie ihre Blüte zu ihm und ihm war, als hörte er eine warnende Stimme. Seine Hand zuckte zurück und er wagte nicht, sie zu berühren.

Den ganzen nächsten Tag blieb er vor der Blume sitzen und beobachtete fasziniert den Wandel der Farben, auch wenn sein hungriger Magen lautstark protestierte. Er schalt sich einen ängstlichen Narren und nahm sich fest vor, sich nicht mehr von den Geräuschen des Waldes ins Bockshorn jagen zu lassen. Als ob eine Blume zu ihm spräche!

Als der Mond in seiner schaurig schönen Größe voll am Himmel stand und Burkhart wieder die Hand nach der blauen Blume ausstreckte, wandte diese ihm erneut ihre Blüte zu und erneut vermeinte er eine Stimme zu hören. Aber dieses Mal biss er seine Zähne aufeinander.

Plötzlich jedoch, in dem Augenblick, als er den Stängel berührte, begann die blaue Blume zu sprechen: »Bitte!«, flehte sie. »Brich mich nicht!«

Wieder zuckte erschrocken seine Hand zurück und wie versteinert blieb Burkhart regungslos sitzen, bis der Morgen dämmerte.

In der nächsten Nacht wiederholte sich der Vorgang, aber dieses Mal währte sein Erstaunen nur kurz. Er hatte eine sprechende Katze erlebt, warum sollte es nicht auch sprechende Blumen geben!

Auf die wiederholte Bitte der blauen Blume, sie nicht zu brechen, fragte er rundheraus: »Warum?«

»Ich möchte leben, ebenso wie du!«, erwiderte die Blume säuselnd.

»Aber ...«, gab Burkhard bekümmert zurück, da ihn die Blume dauerte. War es recht, für seine Liebe das Leben dieser wunderschönen blauen Blume zu beenden? »Aber … ich muss dich pflücken, um das Herz eines geliebten Mädchens zu gewinnen.«

»Nein!«, sagte die blaue Blume. »Das musst du nicht. Wenn du mich pflückst, wird Böses daraus erwachsen!«

»Nein!«, widersprach der Junge. »Du bist für Hiltrud bestimmt!«

»Nein!«, beharrte die blaue Blume. »Wer immer dir geraten hat, mich zu pflücken, wollte dir nichts Gutes. Hiltrud und du seid ihm völlig gleichgültig.«

»Aber Hiltrud ist die Tochter des Königs und wie soll ich, ein armer Bäckergeselle, ihr Herz gewinnen, wenn nicht durch dich?«

»Es stimmt«, entgegnete die blaue Blume. »Ich habe Kräfte, aber ich kann keines Menschen Herz bewegen. In mir schlummert kein Liebeselixier. Dieser jemand will meine Kräfte für sich! Und er benutzt dich!«

Burkhart schaute unschlüssig auf die blaue Blume, die ihm ihre Blüte entgegenstreckte und ihn anzublicken schien. Sie hatte kein Gesicht, keine Augen, keine Mimik und dennoch war ihr Ausdruck voll Trauer.

»Wer mich bricht«, fügte sie bedeutsam hinzu, »muss jämmerlich sterben! Denn durch sein Leid wird meine Kraft erst wirksam.«

»Das glaube ich dir nicht!«, murmelte Burkhart unsicher.

»Du bist reinen Herzens und du liebst wahrhaftig, aber das wird dich nicht retten.«

»Das sagst du nur, damit ich dich nicht pflücke!«

»Ich dachte mir, dass du so denkst. Wenn du also bereit bist, die Konsequenzen zu tragen und für deine Liebe dein Leben zu geben, so pflücke mich!«

Burkhart zögerte. Sollte die blaue Blume die Wahrheit sagen? Sie hätte allen Grund, ihn anzulügen, damit er sie nicht bräche, aber tief in seinem Inneren fühlte er, dass sie die tatsächlichen, traurigen, bitteren Gegebenheiten aussprach. Das würde bedeuten, dass Mobesin ihn hintergangen hätte? Aber er hatte ihr doch geholfen! Hatte ihr den Splitter aus der Pfote gezogen! Sollte sie finstere Absichten haben? Soll …

Mitten in seine zweifelnden Gedanken hinein verschwand die Landschaft um ihn her, die Bäume stahlen sich fort, der Boden, selbst die blaue Blume versank im Nebel, änderte die

Gestalt und plötzlich stand ihm das Bild seiner Eltern vor Augen. Sein Vater arbeitete in der Backstube, seine Schultern waren von schwerer Last und Gram gebeugt, kaum fand er die Kraft, den zähen Teig zu kneten, die Mutter stand neben ihm und Tränen rannen über ihre Wangen. Das Bild schien Burkhart so real, dass er einen Seufzer ausstieß und seine Hand ausstreckte, um die Eltern zu trösten, aber er griff ins Leere. Da drehte ihm der Vater den Kopf zu und Burkhart hörte seine Stimme, ganz deutlich, als stünde er neben ihm: »Junge, worauf wartest du?«

Immer noch zögerte Burkhart. Da verschwamm das Bild der elterlichen Backstube und wie schon in den vergangenen Tagen und Wochen entwickelte sich aus der Nebelwand wie durch Zauberei das Antlitz des schönen Mädchens.

»Hiltrud!«, murmelte Burkhart. Das Mädchen wandte sich ihm zu, sah ihn treuherzig an, lächelte, ihre Augen erstrahlten und sie winkte ihm, zu ihr zu kommen. Da war es vollends um ihn geschehen. Er griff die blaue Blume und brach sie.

Im selben Augenblick durchbohrte Burkhart ein furchtbarer Stich, dass er glaubte, von oben bis unten zerrissen zu sein, als habe ihn der Blitz getroffen. Er stürzte besinnungslos zu Boden, aber selbst in der Ohnmacht hielt er die blaue Blume sicher in seinen Händen geborgen.

Als der Morgen dämmerte, erwachte er. Die unerträgliche Qual war verebbt, auch wenn er jeden Knochen, jedes Gelenk, jede Faser seines Körpers schmerzhaft spürte. Die blaue Blume hielt er immer noch in der Hand, aber sie hatte sich verändert. Der weiche Stängel war hart geworden, der rote Glanz gewichen und die Blätter und die Blüte waren versteinert. Burkhart hielt eine tiefschwarze, steinerne Blume in der Hand.

Stöhnend richtete er sich auf und blickte verwirrt umher. Er hatte es geschafft! Er hatte die blaue Blume gefunden und sie gepflückt! Jedoch spürte er keinen Stolz, keine Genugtuung, keine Freude, sondern fühlte sich erschöpft und krank, als brauste Fieber in ihm, und er fragte sich, ob die blaue Blume recht gehabt hatte und er sterben müsse. Aber er straffte seine Schultern und biss die Zähne aufeinander. Wenn es so wäre, wollte er nicht hier in diesem einsamen Tal sterben, sondern daheim bei seinen Eltern und er wollte das schöne Mädchen nicht nur in seiner Fantasie, nicht nur im Widerschein des Wassers, nein, er wollte sie leibhaftig sehen und ihr seine Liebe gestehen. Sollte sich dann sein Schicksal erfüllen!

Er nahm die blaue Blume, die nun schwarz und steinern war, auf den Arm. Sie schien ihm zentnerschwer. Als Bäckergeselle war er gewohnt, nicht leichte Lasten zu bewältigen, aber nun stöhnte er unter dem Gewicht des Steins, als er sich auf den Heimweg machte.

War der Weg in das Tal beschwerlich gewesen, hatten die Strapazen ihn an den Rand der Erschöpfung geführt, hatte er unter Kälte, Hunger und Muskelkrämpfen gelitten, war dies nichts im Vergleich zu dem, was ihn nun erwartete. Er schleppte sich Hügel hoch, stolperte über Äste und Steine, schlug sich Hände und Knie blutig, zurückschnellende Zweige trafen sein Gesicht und hinterließen blutige Striemen. Seine Holzschuhe hatte er längst verloren und barfuß musste er über Steine und Dornen gehen. Von den vielen Stürzen war sein Körper über und über mit Blutergüssen, Schrammen und klaffenden Wunden überzogen. In einem Bach war er auf einem glatten Kiesel ausgerutscht und auf einen Felsbrocken geschlagen. Seine rechte Seite schillerte in allen Regenbogenfarben. Wahrscheinlich war eine Rippe gebrochen, die jeden Atemzug zu einem schmerzhaften Unterfangen werden ließ.

Selbst die Natur schien sich gegen ihn zu verschwören, als wollte sie ihn an der Rückkehr hindern. Schwarz dräute der Himmel, Wolken hingen derart tief, dass sie die Spitzen der Fichten berührten, Donnerschläge krachten, dass sie ihn auf die Knie zwangen, blendend grelle Blitze schlugen um ihn her ein, die Bäume in brüllende Fackeln verwandelten, deren Flammen nach ihm griffen. Heftige Regenfälle hatten die Wege in Schlammgruben verwandelt, in denen er schmatzend bis an die Waden einsank und jeder Schritt und jedes Herausziehen seiner Füße ihn unsägliche Mühe kostete. Die Rinnsale und Bäche waren zu tosenden Flüssen geworden, durch deren eiskaltes Wasser er zu schwimmen hatte, und mehr als einmal wurde er von der Strömung mitgerissen und weit vom Weg abgetrieben halb ertrunken ans Ufer gespült.

War er auf dem Weg ins Tal Wanderern, Holzsammlern oder Pilgern begegnet, die ihm ein Stück Brot abgetreten hatten, hatten ihn Bauern an ihren Tisch eingeladen und ihn bei sich nächtigen lassen, hatten ihm selbst Räuber geholfen, traf er nun nicht mehr auf das geringste Zeichen menschlicher Existenz. Als wäre er der einzige Mensch auf der Welt, als befände er sich in einem Niemandsland.

Manchmal schoss ihm der furchteinflößende Gedanke durch den Kopf, dass das Pflücken der blauen Blume die von Johannes angekündigte Apokalypse ausgelöst und alles Leben auf Erden bis auf seines vernichtet hatte, denn die Abwesenheit von Leben betraf nicht nur die Menschen, nein, es fand sich keine Spur von Leben, auch die Tiere des Waldes, selbst die Vögel waren verschwunden.

Von Tag zu Tag wurde er schwächer und mit jedem Meter, den er zurücklegte, schien das Gewicht der blauen Blume ins Unermessliche zu wachsen. Er stürzte nieder und so lag er, bis er die Kraft aufbringen konnte, wenigstens sein Gesicht aus dem Schmutz zu drehen und sich auf den Rücken zu legen. Sein Atem ging stoßweise und er presste seinen Unterarm auf die gebrochene Rippe. Seine Augen tasteten hilfesuchend hinauf in den Himmel. Aber auch hier war das Leben verschwunden! Die ziehenden Wolken waren einem trüben Grau gewichen, das, so weit er blicken konnte, alles wie mit einer schmutzigen Decke umfing. Der Wind hatte aufgehört zu wehen, die Bäume standen regungslos. Nicht der kleinste Zweig bewegte sich. Als hätte eine unbeschreibliche Macht die Zeit angehalten.

Über Burkharts Schultern lief eine Gänsehaut und seine Nackenhaare stellten sich auf. Die Geräusche! Er lauschte. Nichts! Kein Rascheln der Blätter. Absolute Stille! Kein Plätschern eines Baches. Unheimliche, in den Ohren schmerzende Stille.

Unaussprechliches Grauen erfasste ihn, er raffte sich auf und mühte sich einige Meter weiter, bis er das nächste Mal zu Boden stürzte.

Die Anstrengungen gingen weit über die Grenzen des Menschenmöglichen hinaus und jedes Mal, wenn er zu Fall gekommen war und glaubte, sich nie mehr aufrichten zu können, und sich danach sehnte, liegenzubleiben und sterben zu dürfen, entstand wie durch Magie das Bild des schönen Mädchens vor seinen Augen, das ihm zulächelte und winkte. Auf diese Art und Weise gelang ihm, aus irgendeinem verborgenen Winkel seines geschundenen Körpers ein winziges Körnchen Kraft zu ziehen, sich an einem Baumstamm aufzurichten und wieder einige Schritte zu gehen oder, wenn das nicht möglich war, auf allen Vieren zu kriechen.

Aber selbst sein unbändiger Wille, die geliebte Hiltrud zu sehen, hätte nicht ausgereicht, die nötige Energie aufzubringen und die unbeschreiblichen Qualen zu überstehen. Doch spürte er in solchen Augenblicken eine seltsame Macht und ein wundersames Feuer in sich. Als ob er an unsichtbaren Fäden wie eine Marionette gelenkt würde. Dann fragte er sich, ob dies die Kraft der Blauen Blume sei oder eine finstere Gewalt, die ihn dorthin zurückzog, von wo er aufgebrochen war. Aber wie dem auch sei, er hatte ihr nichts entgegenzusetzen. Bis auf die Knochen abgemagert, loderte das Fieber hoch in seinem von Schmerzen und Schwäche gepeinigten Körper, aber selbst wenn er gewollt hätte, hätte er sich nicht unter einen Busch legen und dem Leben entsagen können. Wie eine Puppe riss es ihn hinfort.

Irgendwann, Burkhart hätte nicht im Entferntesten sagen können, ob er Monate, Jahre oder gar Jahrzehnte unterwegs gewesen war, jegliches Zeitgefühl war ihm abhandengekommen, gelangte er zu der Stelle, die Mobesin ihm bei seinem Aufbruch gewiesen hatte. Zu Tode ermattet brach er am Waldesrand zusammen. Kaum noch dieser Welt zugehörig, spürte er dennoch, wie ihm etwas eingeflößt wurde, das warm durch seinen Körper rann und seine Lebensgeister belebte.

Er schlug die Augen auf und nahm eine schöne, junge Frau wahr, die neben ihm kniete. Er hatte sie nie gesehen, aber er wusste, wer sie war.

»Hallo, Mobesin!«, krächzte er schwach. Er hatte so viel erlebt, dass ihn nicht einmal wunderte, anstelle einer sprechenden Katze eine schöne, junge Frau zu sehen. »Ich bin hier, wie ich versprochen habe.«

Die Frau schnurrte: »Hallo Burkhart! Wie ich sehe, hast du es tatsächlich geschafft, die blaue Blume zu bringen.«

»Ja, ich habe es geschafft. Hältst auch du dein Versprechen?«

»Ja, ich werde es halten! Du wirst das Herz der Prinzessin gewinnen! Aber erst müssen wir jemanden besuchen.«

»Wen?«, fragte Burkhart und sein Herz schlug vor Angst schneller.

»Lass dich überraschen! Wir müssen jetzt aufbrechen!«

»Jetzt?« Burkhart mühte sich um ein spöttisches Grinsen. »Ich kann keinen Schritt mehr gehen!«

Mobesin lächelte und träufelte ihm weitere Tropfen einer süßlichen Flüssigkeit aus einer kleinen Phiole auf die Lippen: »Das wird dich stärken. Heute ist Vollmond und heute ist Sabbat. Heute ist der Tag!«

Burkhart schmeckte die Süße. Die Schmerzen ließen nach und er spürte Kraft in sich aufsteigen. Die stumpfsinnige Lethargie der letzten Tage und Wochen, ohne die er den Weg niemals geschafft hätte und die ihn wie in einem Traumzustand einen Fuß vor den anderen hatte setzen lassen, wich und er richtete sich in eine sitzende Position auf. Seine Sinne belebten sich, er schaute umher und plötzlich waren auch die Geräusche wieder da. Erschrocken presste er die Hände auf die Ohren. Das Rauschen des Windes und der Blätter schien ihm unerträglich laut.

Nach einigen Minuten und weiteren Tropfen konnte er aufstehen. »Wofür ist heute der Tag?«, fragte er, aber Mobesin nahm ihn wortlos an die Hand.

Die Sonne, auch sie hatte ihre unermüdliche Fahrt am Firmament eingestellt, war zum Leben erwacht, und raste, als müsste sie die verlorene Zeit aufholen, über den Himmel und verschwand in einem purpurnen Aufblitzen am Horizont. Bald umgab Burkhart und Mobesin undurchdringliche Dunkelheit. Aber die schöne, junge Frau führte ihn sicher. Der Mond ging auf, die Wolken verzogen sich und bleiches, dämmriges Licht lag auf ihnen.

Burkhart kannte die Umgebung Aachens genau, oft war er nach einem heißen Arbeitstag in der Backstube durch die kühlen Wälder gestreift, aber dieser Ort war ihm fremd und unheimlich. Er fühlte sich beobachtet. Nebelschwaden waberten wie gigantische Finger über den Boden, schienen zu flüstern und nach ihm greifen zu wollen. Aus den Bäumen drangen klagende Schreie der Eulen, Fledermäuse umschwirrten sie und streiften mit ihren ledrigen Flügeln sein Gesicht. Zeichen von Leben, aber Burkhart hätte die vollständige, wesensleere Einsamkeit dieser unheilschwangeren Atmosphäre vorgezogen. Er entsann sich der warnenden Worte der blauen Blume: Bräche er sie, erwüchse Böses daraus.

Plötzlich erschrak er. Ein riesiger Hund löste sich aus dem Schatten einer Kiefer, kam auf ihn zu und schnüffelte an seinem Bein. Abgrundtiefes Knurren entströmte seiner Kehle, messerscharfe Fangzähne blitzten auf und glühende Augen starrten ihn an. Dann verschwand das Tier so unerwartet wie es gekommen war – war es überhaupt ein Tier gewesen?

Mobesin zog ihn weiter. Dem Geruch nach zu schließen, näherten sie sich einer der vielen Schwefelquellen, die es in und um Aachen gab. Und richtig, einige Meter weiter hörte Burkhart Wasser plätschern. Der vertraute Geruch und das vertraute Geräusch taten seiner verängstigten Seele wohl.

Eine Lichtung öffnete sich, in die das Mondlicht einfiel. Dampf entstieg einer Quelle und Burkhart erkannte, dass an der steinernen Einfassung die Gestalt eines Mannes lehnte. Trotz seiner körperlichen Schwäche, trotz seiner zähfließenden Gedanken, trotz der beängstigenden Atmosphäre, trotz seines Grauens, wunderte er sich, dass dieser Mann hier mitten im Wald einen hochgeschlossenen, dunklen Anzug trug. Eine Seite der Jacke war umgeschlagen und rotes Samtfutter glänzte darunter. Burkharts Blick wanderte von den schwarzen, unförmig scheinenden Schuhen hinauf zu seinem Gesicht, aber ein breitkrempiger Hut verdeckte sein Antlitz.

Widerstrebend ließ er sich von der schönen, jungen Frau vor den Mann ziehen, und während er staunend und ängstlich auf die dunkle Gestalt sah, fiel Mobesin vor diesem auf die Knie, ergriff seine Hand und führte diese an ihre Lippen.

»Meister!«, sagte sie. »Hier ist der junge Burkhart. Wie versprochen!«

»Und?«, fragte eine Stimme, die Burkhart das Blut in den Adern gefrieren ließ. »Und? Hat er die Blume?«

»Ja, Herr!«

Der derart Angesprochene hob den Kopf und Mondlicht erhellte seine strengen, gratigen Züge. Burkhart wich zurück. Glühende Augen, die ihn an die des Hundes mahnten, schauten ihn an. Diesem Blick konnte er nicht standhalten, er senkte den Kopf und bemerkte jetzt, dass die Hand des Mannes, die Mobesin noch in den ihren wie ein Heiligtum hielt, verbunden war. Die andere fuhr blitzschnell zu Burkhart. Die klauenartige Hand mit langen, gekrümmten Fingern, mit gelben, spitzen, scharfen Nägeln verharrte geöffnet dicht vor seiner Brust regungslos in der Luft. Jede Faser in Burkhart schrie entsetzt auf, wollte nur eines: Fort! Fort von diesem Wesen! Aber seine Beine waren bewegungsunfähig.

Ein Finger der Klaue zuckte fordernd und Burkhart wusste, was das bedeutete. Er nahm die steinerne, schwarze Blume und legte sie in die Hand.

»Ahhh!«, durchfuhr ein Seufzer die Nacht. Der Verband an der anderen Hand fiel wie von Geisterkraft bewegt zu Boden und Burkhart erkannte, dass der Daumen fehlte. Nun war ihm schaurige Gewissheit, wer der Fremde war. Dieser legte den Daumenstumpf auf die steinerne, schwarze Blume und stöhnte schmerzvoll auf. Und wieder erlebte die wundersame Blume eine Verwandlung. Risse zogen sich durch den spröden Stein, wurden tiefer und breiter, Burkhart glaubte ein Seufzen aus dem Stein zu vernehmen, als die Blume zu Staub zerfiel und wie schwarze Asche zu Boden rieselte. Er wollte fliehen, aber mit der frei gewordenen Hand packte der Fremde ihn im Nacken und zog ihn dicht an sich heran, sodass er dessen Atem auf seinem Gesicht spüren konnte.

»Ich danke dir!«, hörte er die Stimme an seinem Ohr.

Burkhart glaubte sein letztes Stündlein angebrochen und wollte ergeben die Augen schließen, aber sein Blick hing wie gebannt an dem Geschehen und mit Entsetzen musste er verfolgen, wie der Daumen nachwuchs. Der Teufel, Satan, Beelzebub, Krippekratz, wie auch immer man ihn nennen mochte, schrie vor Schmerzen, und so wie der Daumen der Hand entspross, so wurde Burkhard schwächer und schwächer, als zöge ihm sein Gegenüber die letzte, verbliebene Kraft aus seinem Mark. Mit verzweifeltem Blick schaute Burkhart zu Mobesin, die ehrfürchtig und gleichzeitig wissend lächelte. Dann brach er zusammen.

Ein unbändiges, höllisches Lachen und ein grausiges Rauschen erfüllte die Luft und er war mit Mobesin allein. Sie trat zu ihm, beugte sich herab, strich mit der Hand sanft über seine Wange und flüsterte: »Mein armer Burkhart.« Dann stand sie auf, wandte sich ab und ging auf den Wald zu.

»Mobesin!«, rief Burkhart mit letzter Kraft. »Mobesin! Du schuldest mir noch etwas.«

Die schöne, junge Frau blieb stehen. »Ich hätte nicht gedacht, dass du …!« Sie brach ab.

»Du schuldest mir etwas!«, wiederholte Burkhart mit Nachdruck. »Soll ich mein Leben für Nichts gegeben haben?«

Mobesin nickte: »Du hast recht. Ich schulde dir etwas.« Zu ihm tretend, flößte sie ihm weitere Tropfen ein und sagte: »Halte durch, mein tapferer, liebender Burkhart!«

Damit eilte sie davon und Burkhart sah, wie sich mitten in einem gewaltigen Sprung ihre Gestalt veränderte und als sie wieder den Boden berührte, waren es nicht mehr die Füße einer schönen, jungen Frau, sondern die Tatzen einer schwarzen Katze.

Burkhart schloss müde die Augen.

Prinzessin Hiltrud saß am frühen Morgen in ihrer Kammer und erstaunte nicht wenig, als eine schwarze Katze zu ihrem Fenster hereinsprang.

»Na du!«, rief sie lachend, als sie den ersten Schreck verdaut hatte. »Hast du dich verlaufen?« Sie mochte Tiere und ganz besonders die eleganten, geschmeidigen Katzen. »Du bist aber eine Schöne!«

Wie die meisten Menschen, die Tiere lieben, sprach sie laut mit ihnen. Ihr war bewusst, dass diese den Wortlaut nicht verstanden, aber auf den Klang der Stimme reagierten. Tiere wussten genau, wer es gut mit ihnen meinte.

Die Katze aber schien sich um die Prinzessin nicht zu bekümmern und sprang auf einen Tisch, auf welchem wie jeden Morgen eine Schüssel mit frischem Wasser auf die morgendliche Wäsche der Königstochter wartete. Hiltrud erhob sich und trat hinzu.

»Lässt du dich streicheln oder kratzt du?«, fragte sie und streckte vorsichtig die Hand nach der Katze aus.

Diese wich ihr geschickt aus und stieß mit der Pfote gegen die Schüssel. Hiltrud wunderte sich, schien ihr die Bewegung keine zufällige, sondern wie das Deuten einer menschlichen Hand. Als wollte das Tier ihr etwas zeigen.

Fragend war ihr Blick auf die Katze gerichtet, da nahm sie aus den Augenwinkeln eine Bewegung im Wasser wahr.

Durch den Stoß der Katze durchliefen die Oberfläche des Wassers konzentrische Kreise, das war nur natürlich, aber über den Kreisen lag ein Gesicht. Hiltrud glaubte ihren Augen nicht trauen zu können und fixierte das immer deutlicher werdende Bild. Das Bildnis eines jungen, hübschen Mannes. Müde sah er aus und sein verschleierter Blick war wehmütig, von unendlicher Traurigkeit durchdrungen.

»Oh!«, flüsterte sie. »Wer ist das?« Selbstverständlich erwartete sie von einer Katze keine Antwort.

Ihre Augen hingen gefesselt an dem Gesicht und die Melancholie darin rührte ihr Herz. Schwach und krank schien er. Sein langes, braunes Haar war wirr und einige Strähnen lagen über seiner Wange. Eine kräftige, blaue Ader zog sich an seiner Schläfe entlang. Der Kopf war ein wenig nach hinten gebeugt und Hiltrud sah einen schlanken, aber kräftigen Hals. Der Unterkiefer verlief in einer geraden, energischen Linie und endete in einem rundlichen Kinn mit einem Grübchen. Gern hätte sie seine Augen gesehen, aber obwohl sie leicht geöffnet waren, lag ein trüber Schleier über ihnen, sodass sie nicht einmal die Farbe seiner Augen erkennen konnte.

Der Mund war leicht geöffnet und gab den Blick auf zwei Reihen weißer Zähne frei. Die vollen Lippen waren anmutig und sanft geschwungen, aber blass und blutleer. Dennoch schienen sie Hildtrud verlockend und über sich selbst erschrocken stellte sie fest, wie gern sie einen Kuss auf diese einladenden Lippen gedrückt hätte. Ein Beben durchlief ihren Körper.

Plötzlich glaubte sie, eine Veränderung in den Zügen zu erkennen. Zunächst war sie nicht sicher, es hätte auch eine Bewegung im Wasser sein können. Sie beugte sich vor und ihre Augen schmerzten vor Anstrengung und als ob ein gemaltes Bildnis zum Leben erwachte, ruckte der Kopf, zuckten die Mundwinkel, die Augenbrauen hoben sich und die Lider öffneten sich weit. Der Blick tastete suchend umher und, als ob der junge, hübsche Mann sie in diesem Moment ebenfalls sehen könnte, blieben seine Augen an den ihren hängen.

Peinlich berührt wollte Hiltrud sich abwenden, aber der Ausdruck in seinen Augen, als sich ihre Blicke trafen, wandelte sich. Die Melancholie verschwand und unendliche Liebe sprach aus ihnen.

Wie gebannt starrte sie in das Wasser und ohne zu überlegen, zuckte ihre Hand vor und wollte über die Wange des jungen, hübschen Mannes streichen. Aber sie berührte keine Haut, ihre Finger fuhren ins Wasser. Das Gesicht verschwand in der bewegten Oberfläche.

»Oh, nein!«, rief sie und schaute die Katze an, als könnte diese ihr helfen.

»Ach, könntest du nur sprechen!«, seufzte Hiltrud. »Dann könntest du mir vielleicht sagen, wer dieser junge Mann ist und wie er heißt.«

Die Katze sprach nicht, sondern sprang zur Tür und ging auffordernd hin und her. »Möchtest du mit etwas zeigen? Möchtest du, dass ich mit dir komme?«

Unschlüssig erhob sich Hiltrud. Sollte sie dem Tier wirklich folgen? Sicher war der Katze nur ein appetitlicher Geruch aus der Küche in die Nase gestiegen, aber ihr Verhalten schien merkwürdig.

»Ach, was soll's!«, sagte sie laut, trat zur Tür und öffnete sie. Die Katze war mit einem Satz hinaus, blieb aber einige Meter entfernt im Gang stehen. Hiltrud ging auf sie zu, die Katze drehte sich um und lief die Stufen hinab. Auf jedem Treppenabsatz verharrte sie und wandte sich um, als ob sie sichergehen wollte, dass Hiltrud ihr folgte. Unten angelangt rannte sie durch den Hof zum Tor.

»Hm«, murmelte Hiltrud. »Zur Küche wolltest du also nicht. Aber ich darf nicht ohne Weiteres den Hof verlassen!«

Die Katze strich aufgeregt um sie herum.

»Na gut«, sagte Hiltrud. Ihre Neugierde hatte gesiegt. Ob die Katze dem jungen, hübschen Mann gehörte? Ob diese sie zu ihm führte? Ob er sie zu ihr geschickt hatte? Er schien sie zu kennen. Aber woher?

»Es ist ja noch ganz früh«, murmelte sie zu sich selbst. »Da bemerkt mich keiner.«

Geschickt schlüpfte sie, ohne gesehen zu werden, an den Wachen vorbei. Mit großen Sprüngen, sodass Hiltrud Mühe hatte, ihr zu folgen, eilte die Katze die Wege entlang, flugs aus der Stadt hinaus und in die nahen Wälder der Höhenzüge. Hiltrud wurde mulmig zumute. Was konnte einem Mädchen in diesen dunklen Wäldern nicht alles zustoßen! Gesindel trieb sich hier herum. Ihr Vater würde toben, erführe er von ihrem morgendlichen Ausflug. Aber sie war dem Tier schon so weit gefolgt. Es wäre töricht, nun wie ein ängstliches, eingeschüchtertes, kleines Kind, das sich im Wald vor den dunklen Schatten der Bäume fürchtet, aufzugeben und zurückzukehren. Schließlich war sie Tochter eines gewaltigen und tapferen Königs! Eine Prinzessin!

»Jetzt bin ich aber gespannt!«, schnaufte sie außer Atem, nachdem sie einen steilen Hügel bezwungen hatte. »Gnade dir Gott, wenn ich hier vergeblich hoch gerannt bin.«

Die Katze schaute sie an, maunzte böse und eilte weiter.

Endlich kamen sie auf eine Lichtung. Die Katze hielt inne und Hiltrud erkannte die verwitterte Einfassung einer Brunnenmauer. Dichter Dampf stieg in der morgendlichen Kühle auf.

Aha, dachte Hiltrud verwundert. Also gibt es auch hier eine dieser heißen Quellen.

Obwohl ihr die Umgebung recht gut vertraut war, war ihr diese Quelle unbekannt. Sie ging einige Schritte zu dem Brunnen und wie um ihre Gedanken zu bestätigen, stieg ihr Schwefelgeruch in die Nase.

»Das wolltest du mir zeigen?«, fragte sie ein wenig enttäuscht, an die Katze gewandt. »Ein alter Brunnen und eine Schwefelquelle?«

Diese jedoch strich nicht mehr um ihre Beine, sondern war an den Rand der Lichtung gelaufen. Hiltrud folgte ihr mit den Augen und nahm nun im Schatten einer mächtigen Kiefer eine reglose Gestalt auf dem Waldboden wahr.

»Oh, nein!«, rief sie, das Schlimmste befürchtend, und eilte hinzu. Es war tatsächlich der junge, hübsche Mann, dessen Bildnis sie im Wasser gesehen und der sie voller Liebe angeblickt hatte. Reglos lag er auf der Seite. Seine Augen waren geschlossen. War sie zu spät gekommen?

Sie ließ sich auf die Knie nieder und berührte vorsichtig seine Wange. Da öffnete er die Augen, sah sie, Erkennen durchlief seinen Blick und wie vorhin, löste sich der Schleier und er schaute sie an.

»Hiltrud!?« Kaum konnte sie ihn vernehmen, so schwach klang seine Stimme. Fassungslosigkeit und Unglauben schwangen darin mit, als könnte er nicht begreifen, was er sähe.

»Hiltrud!« Unendliche Sehnsucht sprach aus seinem Gesicht und Hiltrud traten Tränen in die Augen.

Der junge, hübsche Mann versuchte den Kopf zu heben, aber seine Kräfte reichten nicht aus. Da nahm sie behutsam seinen Kopf und bettete ihn in ihren Schoß. Sanft strich sie mit den Fingerspitzen über sein Gesicht und auch wenn ihr die Situation unwirklich wie ein Traumgespinst schien, war sie glücklich, nun nicht ins Wasser zu greifen, sondern warme Haut zu berühren.

»Es tut mir so leid!«, flüsterte er. »Es tut mir so leid!«

»Es wird alles gut«, erwiderte sie und ihre Tränen benetzten sein Gesicht.

»Ja«, sagte er. »Es ist alles gut.« Er blickte ihr tief in die Augen. »Ich liebe dich!«

»Ich liebe dich auch«, sagte die Prinzessin. »Obwohl ich dich heute zum ersten Mal sehe. Ich liebe dich aus ganzen Herzen, als würde ich dich ewig kennen.«

»Es tut mir leid!«, wiederholte er. »Ich hätte so gern ...« Seine Stimme wurde schwächer und schwächer. »... gern mehr Zeit ... mir dir verbracht, aber ... aber dieser eine Moment ...« Hildtrud beugte sich weiter hinab und brachte ihr Ohr nah an seinen Mund. »... in deinen Armen, deine Tränen ... zu spüren, die du meinetwillen ... vergießt, deine Worte ... zu hören, wiegt ... alles Leid auf.«

Hiltrud hob das Gesicht und presste ihre Lippen auf die seinen. Da glättete sich sein Antlitz und Frieden und eindringliches Glücksempfinden breitete sich auf seinen Zügen aus. Er tat einen tiefen Atemzug, der sein letzter sein sollte.

Lange noch saß Hiltrud mit dem jungen, hübschen Mann auf ihrem Schoß, dessen Namen sie nicht einmal kannte, der sie so geliebt hatte und den sie so liebte, im Schatten der mächtigen Kiefer. Die Katze hockte ihr gegenüber und Hiltrud schien, als würden dem Tier gleich ihr Tränen über die Wangen rinnen.

Am Nachmittag fanden sie Soldaten, die ihr besorgter Vater auf die Suche nach ihr geschickt hatte. Als sie die Lichtung betraten, verschwand die Katze mit einem Sprung im Dickicht. Die Männer geleiteten Hiltrud an den Hof. Den leblosen Körper des jungen Mannes nahmen sie mit. Sonst wäre sie ihnen nicht gefolgt. Karl schloss seine bebende Tochter liebevoll in die Arme.

Tage später fand man heraus, wer der junge, hübsche Mann war, der offenbar an Unterernährung und Erschöpfung derart grausam aus dem Leben gerissen worden war: Ein Bäckergeselle namens Burkhart. Seine Eltern hatten ihn lange vermisst. Sie konnten ihr Unglück nicht fassen und brachen über dem toten Körper ihres Sohnes zusammen. Dem König berichteten sie, dass ihr Junge vor Monaten spurlos verschwunden war, erklären konnten sie es nicht.

Warum er fortgelaufen war, wo er gewesen war, weshalb er wiedergekommen war, wussten außer Krippekratz und Mobesin weder sie, noch irgendein anderer. Bis heute ist nicht geklärt, auf welche Weise uns die Geschichte des armen Bäckergesellen Burkhart überliefert wurde, wer sie aufschrieb und wie sie den Weg in die alte Blechdose fand.

Aber in jenen Tagen behaupteten die Bewohner der Stadt, hämisches Gelächter habe über den Höhenzügen gelegen, das direkt aus der Hölle zu kommen schien, das die Milch in der Krügen sauer werden und das Blut in ihren Adern gefrieren ließ, und für lange Zeit wagten sich weder Wanderer, noch Jäger, noch Holzsammler in den Wald.

Auf Wunsch seiner Tochter ließ Karl den jungen Bäckergesellen Burkhart ehrenvoll bestatten.

Der Schmerz hatte die junge Frau überwältigt und klaffende Wunden in ihr reines, unschuldiges Herz gerissen. Hiltrud vergaß diesen Liebesschmerz bis ans Ende ihres Lebens nicht. Sie betete für Burkhart und besuchte täglich sein Grab, und obwohl im Laufe der Jahre viele tapfere Recken um sie warben, bat sie ihren Vater, ihrem Wunsch nachzugeben und sie wie ihre Schwester Theodrada in ein Kloster gehen zu lassen.

Die Glocke

Auf einer sanften Anhöhe, ein gutes Stück von der prächtigen Pfalz Kaiser Karls entfernt, befand sich ein Dorf mit einer Handvoll Bauern, die mit anderen ähnlichen Dörfern für die Verpflegung der vielen Menschen in Karls Palast, für die vielen Besucher und Gäste aus aller Herren Länder und für die vielen Gelehrten an der Hofschule in Aquisgrani, wie Aachen zur Zeit Karls hieß, Sorge zu tragen hatten. Es war ein kleines Dorf mit armen, hart arbeitenden Bauern. Aber sie waren glücklich, denn Karl, dem die Versorgung seiner Pfalz am Herzen lag, kümmerte sich gut um sie.

Jeden Samstag wurden die verschiedensten Waren an den Aachener Hof geliefert: Roggen, Gerste, Bier, Eier, Fische, Honig, im Herbst Äpfel und Nüsse, im Winter Kohl und vieles andere mehr. Manchem Bauern standen die Tränen in den Augen, die Früchte seiner harten Arbeit auf dem Weg nach Aachen verschwinden zu sehen. Für sie blieb meist nur Haferbrei übrig. Und doch waren sie stolz, teilhaben zu können, und jeder wollte den voll beladenen Wagen in die Stadt begleiten. Jeder wollte die prächtige Marienkirche sehen, dieses Wunderwerk aus Stein, und die gewaltige Königshalle. Keiner von ihnen konnte begreifen, wie man einen derart hohen Turm errichten konnte. Staunend standen sie, sooft sie ihn auch schon gesehen hatten, mit offenen Mündern, wenn sie ihre Waren in der Hofküche ablieferten. Es herrschte ein stetes und buntes Treiben, wenn Gesandte in prächtigen Gewändern aus fernen Ländern Kaiser Karl besuchten. Auf dem großen Platz zwischen Pfalzkapelle und Königshalle saßen und standen Gaukler, die ihre Kunststücke vorführten, Musiker bliesen in seltsame Geräte und entlockten ihnen wundersame Töne, andere fiedelten, leierten oder trommelten. Gelehrte und Geistliche eilten mit ernsten Gesichtern vorüber. So war das Leben in der Pfalz.

Der Alltag der Bauern unterschied sich wesentlich von dem sorglosen Leben dort. Sie arbeiteten von Sonnenaufgang bis Sonnenuntergang auf den Feldern, denen sie mühsam Halm um Halm abringen mussten. Doch eines Tages sollte sich das Leben für die Menschen in diesem kleinen Ort auf der sanften Anhöhe von Grund auf ändern.

Fridolf führte an jenem denkwürdigen Tag Caesar. Caesar war kein Mensch, sondern ein kräftiger Ochse, der Eigentum der gesamten Dorfeinwohnerschaft war.

»Hüh!«, rief Fridolf und Caesar, wie es sich für einen dieses Namens ziemte, stapfte los. Fridolf drückte den hölzernen Pflug mit aller Kraft in den steinigen Boden und trotz seiner mächtigen Schultern rann ihm der Schweiß bald in Strömen über den Rücken. Furche um Furche trottete er hinter Caesar her, der unermüdlich seine starken Hufe in den Boden grub. Nach jeder vierten Furche legte Fridolf eine Pause ein. Dann rief er: »Hoh, Caesar!«, und Caesar blieb stehen. Fridolf aß einen Apfel, trank einige Schlucke dünnes Bier aus seinem Schlauch, ehe er sich wieder an die Arbeit machte. Er schaute in den Himmel. Die Sonne stand schräg, aber ihm würden noch zwei oder drei Stunden bis zur Dämmerung bleiben.

Plötzlich machte es »Klonk!« und Caesar blieb stehen. »Hüh!«, rief Fridolf, aber so laut er auch rief, Caesar ließ sich nicht bewegen, einen einzigen Schritt weiter zu gehen.

Ob er müde ist, fragte sich Fridolf, oder ob er sich verletzt hat? Mit sorgenumwölkter Stirn, denn der Ochse war der wertvollste Besitz des Dorfes, löste er sich aus den Lederriemen und trat zu Caesar. »Was ist los?«, fragte er vorwurfsvoll und strich dem Tier über die Nüstern.

Wie erwartet erhielt er keine Antwort. Er schaute hinab zu den Hufen Caesars und da sah er etwas metallisch blinken. Dagegen musste Caesar gestoßen sein. »Was ist denn das?«, murmelte Fridolf verwundert, bückte sich und klopfte mit dem Fingerknöchel dagegen. Ein tiefer, dumpfer Ton folgte. Er scharrte mit den Händen ein wenig Erdreich beiseite und fein gearbeitetes, gerundetes Metall kam zum Vorschein. Aber nur ein Stück war zu sehen, der Rest war unter der Bodenkrume verborgen. Fridolf rüttelte und zog, aber das seltsame Ding rührte sich keinen Millimeter. Mit dem Ärmel seines alten Kittels rieb er den Schmutz von dem Metall und alsbald begann es bräunlich-rot zu glänzen. Fridolf kratzte sich verwundert am Ohr. Das tat er stets, wenn er sich wunderte. Das Ding im Boden musste um vieles größer sein als das, was zu sehen war. Wieso war er im vorigen Jahr, als er den Acker gepflügt hatte, nicht darauf gestoßen? Wie kam es hierher?

Caesar, der keinen Schritt mehr hatte gehen wollen, ließ sich nun willig zur Seite schieben und schaute ihn ausdruckslos an. »Dummer Ochse!«, murmelte Fridolf, kniete nieder und begann, emsig mit den Händen zu graben. Nach einer halben Stunde schmerzten seine Hände, die Finger hatte er sich an spitzen Steinen aufgerissen, aber er hatte das Ding längst nicht freigelegt. Er überlegte, ob er in seine Hütte gehen und eine Schaufel holen oder ob er den anderen Dorfbewohnern von seinem seltsamen Fund berichten sollte. Nach langem Nachdenken und viel Kratzen am Ohr – Fridolf war im Denken nicht der schnellste – entschloss er sich, ins Dorf zu gehen und die anderen zu holen. Gemeinsam würden sie das Ding ausgraben. Vielleicht war es wertvoll, vielleicht war es wichtig. Dann gehörte es dem gesamten Dorf.

Gesagt, getan, Fridolf ließ Caesar zurück – er würde nicht weglaufen – und eilte ins Dorf.

»Ich habe ein seltsames Ding gefunden!«, rief er. »Es steckt tief in der Erde und ihr müsst mir helfen, es auszugraben.«

Die Sonne hatte bereits den Horizont berührt, die anderen kamen müde und hungrig von ihren Feldern zurück, wollten sich waschen und freuten sich auf das Abendessen. Deshalb empfanden sie kein großes Verlangen, aufgrund der Hirngespinste des einfältigen Fridolf noch einmal aufs Feld hinauszugehen. Was sollte er schon auf seinem Feld entdeckt haben!

Aber Fridolf ließ nicht locker. Er zeterte und zerrte gar an ihren Jacken, bis sie endlich nachgaben und ihm mit einer kleinen Schar folgten.

Wie erstaunten sie aber, als sie das metallene Ding im Boden erblickten. Sie standen im Kreis, klopften darauf herum und begannen Spekulationen anzustellen.

»Sicher ist es ein Schatz!«, sagte Hubert.

»Quatsch!«, quäkte Gottfried. »Ein Schatz besteht aus silbernen oder goldenen Münzen, aus Schmuck oder mit Edelsteinen geschmückten Trinkgefäßen.«

»Vielleicht ist das ein Gefäß von Riesen gemacht!«

»Möglicherweise die Heimstatt des Granus!«

»Granus? Dass ich nicht lachte. Granus ist seit achthundert Jahren tot.«

»Vielleicht sind die alten Götter nicht tot. Vielleicht schlafen sie nur und vielleicht ist das die Schlafstätte eines von ihnen.«

Alle traten erschrocken mehrere Schritte zurück. Die alten Götter!

Sie waren Christen und sie waren gute Christen, sie glaubten an Jesus Christus, der am Kreuz für sie alle gestorben war. Aber die alten Götter? Vielleicht besaßen sie immer noch Macht?

»Wollt ihr ewig weiter schwätzen?«, meldete sich Fridolf zu Wort. Er hatte staunend zugehört und stemmte nun die Fäuste in die Hüfte. »Wenn wir wissen wollen, was das ist, müssen wir es ausgraben!«

Die anderen nickten, zögerten aber und erst, als Fridolf seine Schaufel, die er wohlweislich mitgebrachte hatte, in die Erde stieß, begannen auch sie zu graben. Schleunigst waren Grabwerkzeuge organisiert, Stöcke und Äste umfunktioniert und von mehreren Seiten gingen die Bauern ans Werk.

Hei, wie die Erdklumpen flogen! Alle waren wie von einem Fieber ergriffen und keiner von ihnen bemerkte, wie die Sonne unterging, das Licht schwand und sie – glücklicherweise in einer wolkenlosen Nacht – unter dem Glitzern der Sterne und eines hellen Vollmondes gruben. Schnell hatten sie ein gewaltiges Stück von dem seltsamen Ding freigelegt, aber immer noch konnten sie keinen Anfang und kein Ende erkennen.

Doch plötzlich rief Fridolf: »Ich habe eine Öse entdeckt!«

Alle ließen ihre Werkzeuge fallen und rannten zu Fridolf, der auf den Boden deutete. Er hatte recht. Auf dem gerundeten Metall saß eine gewaltige Öse.

»Lasst uns einen Strick daran binden und Caesar soll das Ding aus dem Boden ziehen!«, rief er glücklich.

»Willst du unseren Ochsen zuschanden machen? Das ist viel zu schwer. Das schafft er nie.«

Auch die anderen schauten skeptisch, aber Fridolf hatte bereits Riemen von seinem Pflug gelöst, sie an die Öse geknotet und an Caesars Joch befestigt. »Hüh, Caesar!«, rief er und Caesar zog an. Und wie von Wunderhand, bewegte sich das seltsame Ding.

»Hüh, Caesar!«, riefen nun auch die anderen, nahmen die Riemen auf und zogen.

»Eine Glocke!«, schrie schließlich Hartmut, als sie das Ding mit vereinten Kräften aus dem Boden gezerrt hatten.

»Eine Glocke?«, riefen sie verwundert, ließen die Stricke fallen und stellten sich reihum auf. Einige begannen, mit ihren Jacken und mit Tüchern das Metall zu reinigen. Sie rieben und polierten und bald strahlte es rot-golden in der aufgehenden Sonne. Die ganze Nacht hatten sie gegraben und darüber die Zeit vergessen. Müde aber war keiner von ihnen.

»Tatsächlich! Eine Glocke!«

»Wie kommt die denn hierher?«

»Was machen wir damit?«

Nun standen alle staunend und kratzten sich am Ohr.

»Was macht man wohl mit einer Glocke?!«, rief Fridolf, der sich zur Überraschung aller zum gescheiten Wortführer erhoben hatte. »Eine Glocke braucht einen Glockenturm. Wir müssen einen Glockenturm bauen!«

Die Männer schauten Fridolf an, als hätte er vorgeschlagen, auf den Mond zu reisen.

»Wie sollen wir das bewerkstelligen?«

»Das ist keine leichte Aufgabe.«

»Wir sind Bauern und keine Baumeister!«

»Wir bringen sie zunächst ins Dorf«, befahl Fridolf und wieder legten alle Hand an, die tonnenschwere Glocke ins Dorf zu schaffen. Sie schnauften und stöhnten und schwitzten, aber gegen Mittag erreichten sie den Dorfplatz. Die Bauersfrauen liefen herbei – sie hatten sich um ihre Männer gesorgt – und bestaunten die mächtige Glocke. Matt setzten sich Fridolf und die anderen auf den Boden, lehnten die schmerzenden Rücken an das Metall und beantworteten die neugierigen Fragen so gut sie konnten. Aber nur die wenigsten Fragen konnten sie beantworten.

»Jetzt gehen wir erst einmal schlafen«, sagte Fridolf, »Und dann überlegen wir, wie wir einen Glockenturm bauen können.«

Die Arbeit am Glockenturm ging nur langsam voran. Es war Zeit, die Felder zu bestellen, wenn sie im Winter nicht hungern wollten, und außerdem würde Kaiser Karl zornig werden, wenn sie das Getreide im Herbst nicht lieferten. Und das wollte keiner. Also arbeiteten sie tagsüber auf den Feldern und abends an ihrem Glockenturm. Fridolf hatte aus kleinen Holzstücken Modelle gebastelt und gemeinsam berieten sie, welches sie auswählen und wie sie es umsetzen könnten. Aus den nahen Wäldern schleppten sie mit Hilfe des bärenstarken Caesar gewaltige Baumstämme herbei, entfernten Äste und Rinde, schlugen die Stämme zu Balken und bald stapelte sich ein ansehnlicher Haufen Holz auf dem Dorfplatz.

Eines Tages an einem Sonntagmorgen kündigte sich hoher Besuch an. Der Fund der Glocke hatte sich herumgesprochen und in den letzten Wochen waren Bewohner aus den umliegenden Dörfern zu ihnen gekommen, um dieses Wunderwerk mit eigenen Augen zu sehen. Heute aber kündigten Reiter einen besonders hohen Besuch an. Kaiser Karl persönlich wollte die Glocke inspizieren. Als die Nachricht eintraf, versammelte sich die Dorfgemeinschaft in Windeseile auf dem Dorfplatz und verfolgte aufgeregt die Ankunft des Kaisers. Auf einem prächtigen Pferd sprengte Karl heran, von den staunenden Blicken der im Staub knienden Dorfbewohner verfolgt. Neben ihm ritten furchteinflößende Soldaten in schweren Kettenhemden und mit scharfen Schwertern an der Seite, sowie ein Geistlicher.

Karl schwang sich vom Pferd, trat zu der Glocke, die ihn, obwohl er alles andere als klein war, um Haupteslänge überragte, und pochte mit dem Fingerknöchel dagegen. Die Bauern hatten die Glocke auf Holzbalken gehoben, sodass ein Ton entstehen konnte. Karl nickte zufrieden, winkte Fridolf und die anderen zu sich und ließ sich die Geschichte des Fundes berichten.

»Was meinst du, Beseleel?«, wandte er sich an den kleinen, schmächtigen Einhard, der neben ihn getreten war. »Das wäre doch die richtige Glocke für unsere Marienkirche.«

Die Gelehrten um Karl hatten sich Pseudonyme gegeben und wegen seines technischen Talentes nannten sie Einhard nach dem Erbauer der jüdischen Stiftshütte Beseleel. Karl hingegen war David, der weise König aus dem Alten Testament.

Fridolf glaubte, seinen Ohren nicht trauen zu dürfen, und sein Blut geriet in Wallung. Was hatte der König gesagt? Karl wollte ihnen die Glocke wegnehmen? Die *sie* gefunden hatten?

»Mein Herr«, begann er. »Wir wollten Euch zu Ehren hier auf dem Dorfplatz einen Glockenturm errichten. Schaut, dort liegt schon das Holz bereit.«

Karl blickte ihn stirnrunzelnd an. Was wagte es dieser Bauernlümmel, ihn unaufgefordert anzusprechen!

»Dieses Dorf steht auf meinem Grund und dieses Holz habt ihr in meinen Wäldern geschlagen.« Seine Hand deutete in die Runde. »Das ist streng verboten und ihr wisst, dass hohe Strafen auf unerlaubten Holzeinschlag stehen. Ihr solltet schweigen und froh sein, wenn ich euch für diesen Frevel nicht auspeitschen lasse!«

Die Bauern senkten die Köpfe und wichen angstvoll einige Schritte vor Karls zornfunkelnden Augen zurück. Da hatte Fridolf ihnen schöne Scherereien eingebrockt. Warum hatten sie nur auf ihn gehört!

»Das Problem wird der Transport sein«, wandte der friedliebende Einhard ein, bemüht, der Unterredung eine weniger bedrohliche Richtung zu verleihen. »Wie sollen wir die Glocke in die Pfalz schaffen?«

»Unfug!« Karl winkte energisch ab. »Die Bauern haben mit nur einem Ochsen die Glocke aus dem Boden gezogen und hierhergebracht, und da sollte es uns nicht gelingen, sie in die Pfalz zu transportieren! Denk an die Marmorsäulen aus Ravenna! Die haben wir über die Alpen geschafft!«

Einhard wiegte nachdenklich den Kopf. Karl hatte recht. Er hatte die vielen Marmorsäulen, die nun seine Marienkirche schmückten, aus dem Kaiserpalast in Ravenna auf Ochsenkarren über die Alpen nach Aachen bringen lassen. »Aber diese Glocke ist um ein Vielfaches schwerer.«

»Die Glocke kommt nach Aachen!« Karls Stimme klang schneidend. Er wandte sein Pferd, ritt mit seinem Gefolge davon und ließ traurige Dorfbewohner zurück.

Zwei Tage später erschien der Kaiser erneut. Nun mit einem gewaltigen Aufgebot kräftiger Männer und zwei Dutzend Ochsen. Armdicke Seile wurden an der Öse befestigt, die Ochsen legten sich ins Zeug, aber die Glocke bewegte sich keinen Millimeter. Karls Soldaten trieben die Ochsentreiber an und diese ihre Tiere, dann legten sie sich selbst ins Zeug. Vergeblich. Karl schimpfte, befahl den Bauern mitzuhelfen und schließlich griff Karl höchstpersönlich nach einem Seil. Doch wie sie auch zerrten und zogen, wie die Ochsentreiber auch ihre Tiere antrieben, wie die Soldaten die Ochsentreiber antrieben, wie Karl seine Soldaten antrieb, die Glocke war wie festgewachsen.

Endlich ließ Karl das Seil fallen, blies in seine Hände, wischte sich den Schweiß von der mächtigen Stirn, schüttelte den Kopf und sagte: »Wenn wir mit zwanzig Ochsen die Glocke nicht bewegen können, die Bauern diese aber mit einem Ochsen dem Boden entreißen und hier ins Dorf ziehen konnten, muss dies Gottes Wille sein. Die Glocke soll nicht nach Aachen. Sie soll hier bleiben.«

Jubel brandete unter den Bauern auf und Fridolf schrie am lautesten: »Hoch lebe Kaiser Karl!«

Karls Baumeister begutachteten die Pläne Fridolfs, nickten erstaunt über dessen fantasievolle und kühne Architektur und erlaubten sich hin und wieder – in Absprache mit Fridolf – kleine Nachbesserungen. Handwerker halfen den Bauern, damit ihnen genügend Zeit für die Feldarbeit blieb. Karl erlaubte der Dorfgemeinschaft, Holz in seinen Wäldern zu schlagen und bald ragte ein imposanter Turm in die Höhe.

Über Seilzüge wurde die Glocke an ihre Position gehoben, und wie Karl erwartet hatte, genügte die Kraft eines Ochsen – nämlich die Caesars – um das Ungetüm einzuhängen. Ein mächtiger Schwengel entlockte der Glocke mächtige Klänge, die weithin und auch in der Pfalz Karls zu hören waren. Viele behaupteten, sie wäre, wenn der Wind günstig wehte, bis Herstal zu hören.

Lange Jahre hing die Glocke in ihrem Turm, klang landauf und landab, Karl war zufrieden und die Dorfbewohner waren stolz und glücklich. Dann allerdings ging sie irgendwann im Laufe der Jahrhunderte verloren. So wie keiner weiß, wie und woher sie gekommen war, so weiß keiner, wie und warum sie verschwand, keiner, wo sie heute ist. Es gibt eine Legende, die besagt, dass die Glocke in tausend Stücke zersprang, als das Reich Karls zerfiel, aber das ist eine andere Geschichte.

Der treue Oldun

Eines Tages, als Karl in den weiten Wäldern der Eifel auf der Jagd war, geschah, dass sein Pferd Fallada über eine Wurzel stolperte. Es hatte sich den Huf vertreten und humpelte. Um sein geliebtes Pferd, das ihn seit Jahren treu begleitete, von seiner Last zu befreien, stieg Karl aus dem Sattel.

»Ist ja gut, mein Lieber!«, murmelte er und streichelte Falladas Nüstern. »Dann müssen wir den Weg zurück wohl zu Fuß antreten.«

Von seiner Jagdgesellschaft war weit und breit nichts zu sehen. Die Hunde waren auf die Spur eines der selten gewordenen Auerochsen gestoßen und die Gruppe war ihnen gefolgt. War Karl ansonsten in erster Reihe der wilden Hatz zu finden und setzte er ansonsten als erster über Bäche und Büsche, wütete heute das Rheuma in seinen Fingern derart, dass er kaum in der Lage war, die Zügel zu halten. So hatte er »Brrr!« gerufen, dem verwunderten Pferd den Nacken getätschelt und war in langsamen Schritt gefallen. Die Rufe der Jäger, das Klappern der Hufe und das hohe Bellen der Hunde waren bald zwischen den Hügeln verklungen.

Fallada schnaubte und Karl inspizierte den Huf. Erleichtert stellte er fest, dass des Tieres Bein nicht gebrochen war. Nur eine leichte Verstauchung, die heilen würde. Er nahm sein Pferd am Zügel und marschierte los. Von seinem nicht unbedeutenden Gewicht befreit, konnte Fallada nahezu unbeschwert gehen.

Karl war guter Dinge, auch wenn er sich nach einer langen und beschwerlichen Reise, von der er gestern erst zurückgekehrt war, auf die Jagd, die nun so unersprießlich und vorzeitig für ihn endete, gefreut hatte. Ihm gefiel das ruhige Wandern durch den dichten Wald, er beobachtete die Sonnenstrahlen, die durch die Baumkronen fielen und bunte Formen ins Laub malten, er lauschte den Geräuschen des Waldes und suchte Vogelstimmen einzuordnen. Verwundert realisierte er, dass er das Alleinsein genoss. Eine seltene Wohltat für ihn, der stets von einer Vielzahl Höflingen umgeben war.

So schritt er munter aus und brummte ein Lied, das Bertrada ihn als Kind gelehrt hatte, als plötzlich auf einer Lichtung wie aus dem Nichts ein riesiger Auerochse aus dem Unterholz hervorbrach und mit gesenktem Kopf auf ihn losstürmte. Ehe Karl, für den unerwartete Angriffe aus dem Hinterhalt nichts Unbekanntes darstellten, jedoch reagieren konnte, hatte ihn der Ur bereits auf seine Hörner genommen und ihn mit einem Schlenker seines mächtigen Hauptes meterweit durch die Luft ins Unterholz geschleudert.

Karl blieb die Luft weg, seine Brust schmerzte, als wäre die gefällte Irminsul auf ihn gestürzt und lastete immer noch auf ihm, aber der Kampferprobte behielt einen kühlen Kopf. Der Bulle stand drei Meter vor ihm, das Schnauben seiner Nüstern wirbelte welkes Laub auf, blutunterlaufene Augen starrten ihn an. Mit dem rechten Vorderhuf riss er wutentbrannt den Waldboden auf. Die messerscharfen Spitzen der ausladenden Hörner funkelten. Karl hatte schon viele Auerochsen gesehen, viele gejagt, aber nie ein derart gewaltiges Tier. Sicher wog es mehr als eine Tonne.

Die aggressive Wildheit der Bullen während der Brunftzeit war ebenso legendär wie gefürchtet. Die sonst friedfertigen Tiere griffen in unaussprechlicher Wut alles und jeden an, das oder der die Unvernunft besaß, ihnen während dieser Monate zu nahe zu kommen.

Karl hatte gedankenversunken die Einsamkeit genossen und in seiner Wachsamkeit nachgelassen. Ein verhängnisvoller Fehler. Jeden Moment würde sich der Bulle auf ihn stürzen, ihn aufspießen, erneut wie einen Federball durch die Luft wirbeln und ihn mit seinen Hufen zertrampeln.

Er musste auf die Beine kommen, wollte er dem tödlichen Angriff entgehen. Zum Glück hatte der Bulle ihn nicht mit den Spitzen seiner Hörner, sondern mit seiner Stirn getroffen, seine Därme quollen nicht hervor, aber seine Rippen waren gebrochen. Die Zähne zusammenbeißend wollte er sich aufrichten, jedoch war sein rechter Fuß im Wurzelwerk verfangen. Er zog und zerrte, der Bulle setzte zum Angriff an, Karl glaubte, sein letztes Stündlein schlagen zu hören. Da nahm er aus den Augenwinkeln einen Schatten wahr, der mit zornigem Knurren aus den Büschen auf den Rücken des Auerochsen sprang und sich in dessen Nacken festbiss.

Wild brüllte der Bulle auf, ließ von ihm ab und suchte, das Tier auf seinem Rücken abzuschütteln. Karl erkannte Oldun, seinen besten Jagdhund. Seine Mutter war bei der Geburt gestorben. Er hatte den einzigen überlebenden Welpen mit der Flasche aufgezogen und der Kleine hatte sich zu einem prächtigen Molosser entwickelt. Karl schickte ein Stoßgebet gen Himmel, damit diesem nichts geschehe. Oldun war zwar auf Auerochsen abgerichtet, aber normalerweise jagte das ganze Rudel ein Tier, griff es von mehreren Seiten an, biss in die schlanken Beine und trieb es in die Enge, bis es vom Laufen ermattet und von Pfeilen geschwächt von den Jägern gestellt werden konnte. Nie hatte er gesehen, dass ein Hund auf den Rücken eines Auerochsen sprang.

Mit brennenden Augen verfolgte er den ungleichen Kampf. Der Ur bäumte sich auf, brüllte, dass Karl das Blut in den Adern gefror, trat mit den Hinterbeinen aus, schüttelte das mächtige Haupt und drehte sich mit einer Geschwindigkeit, die man dem massigen Tier nicht zugetraut hätte, um die eigene Achse. Wie eine Stoffpuppe wurde Oldun herumgeschleudert und verzweifelt suchte er Halt, aber ihm fehlten die scharfen Krallen einer Raubkatze. Als der Auerochse auf den Vorderhufen stehend seine Hinterbeine nahezu senkrecht in die Luft warf, landete Oldun dicht vor den Hörnern des Bullen auf dem Boden.

Inzwischen war es Karl gelungen, sich an den Zweigen eines Baumes vollends aufzurichten und seinen Fuß zu befreien. Ohne an die Gefahr zu denken, wollte er auf die Lichtung eilen, um Oldun beizustehen, aber bei dem ersten Schritt explodierte ein Schmerz in seiner Brust, der ihm den Atem raubte.

»Lauf, Oldun!«, rief Karl in dem Bewusstsein, dass selbst ein Molosser in der Größe Olduns allein nicht die geringste Chance gegen einen aufgebrachten Auerochsen hatte. Aber der treue Hund wich nicht und knurrte den Ur wütend an. Zur Bewegungsunfähigkeit verurteilt, musste Karl mit Tränen in den Augen ansehen, wie der Bulle auf Oldun losging, dieser auszuweichen suchte, nicht schnell genug war und von einer Hornspitze aufgeschlitzt wurde. Ein jämmerliches Aufjaulen erschallte über die Lichtung, das erstarb, als die scharfen Hufe seinen geliebten Hund zu einer unförmigen Masse zertrampelten.

Karl schloss die Augen. Wäre Oldun nicht gewesen, läge er nun dort an seiner Stelle. Oldun hatte sein Leben gerettet.

Aber er konnte seiner Verwirrung, seiner hilflosen Wut, seiner unermesslichen Trauer nicht lange Ausdruck geben, denn plötzlich standen die Jäger seiner Jagdgesellschaft auf der Lichtung, schossen Pfeile auf den immer noch tobenden Auerochsen und warfen starke Netze über ihn, in denen er sich verfing, sein Gleichgewicht verlor und zu Boden ging.

Männer eilten zu Karl und stützten ihn. Ihre besorgten Fragen wischte er mit einer unwirschen Handbewegung beiseite. Seine Augen waren auf die aufgewühlte und blutgetränkte Lichtung gerichtet, wo die Helfer wie stets, wenn sie einen Auerochsen in die Enge getrieben hatten, starke Pfähle rings um diesen in den Boden rammten. Als sich der Kreis eng geschlossen hatte, sodass er nicht mehr entkommen konnte, befreite man ihn von den Netzen. Mit zitternden Flanken, die von weißem Schaum bedeckt waren, stand der Ur und blickte sie durch die Pfähle hindurch mit blutunterlaufenen Augen an. Er war am Ende seiner Kräfte, sein Atem ging bebend und sein Lebenssaft rann unaufhörlich aus den vielen Wunden, die die Zähne Olduns und die Pfeile der Jäger gerissen hatten. Und doch würde keiner wagen, dem verletzten Tier zu nahe zu kommen.

Hartmut, ein treuer Gefährte des Königs, hatte einen Bolzen auf seine Armbrust gelegt und blickte Karl fragend an. Dieser schüttelte den Kopf. Er biss die Zähne zusammen, presste den Ellbogen auf die gebrochenen Rippen, stieß den Mann, der ihn stützte, beiseite und trat zu dem Ur: »Du hast Oldun getötet und du hast tapfer gekämpft!«

Das Tier starrte ihn ausdruckslos an. Karl nahm ein Messer, griff durch die Pfähle und schnitt dem Auerochsen die Stirnlocke samt Haut vom Schädel ab. Dann reckte er seine blutige Hand mit dem Fellstück gen Himmel und rief: »Daraus werde ich mir einen Gürtel fertigen, der mich immer an den treuen Oldun, der mich vor dem wütenden Ur rettete, erinnern wird!«

Die Jäger und die Treiber jubelten: »Hoch Oldun!«

Dieses Abschneiden der Stirnlocke war uraltes Ritual. Sie galt nicht nur als Trophäe, sondern man war der festen Überzeugung, dass die unbändige Kraft des Ur sich darin verkörperte und sich auf die Fruchtbarkeit der Frauen positiv auswirkte. Karl hatte seinen Frauen stets einen Gürtel aus der Stirnlocke eines Auerochsen geschenkt und die Vielzahl seiner Nachkommen bestätigte den Mythos.

Der verletzte Fallada, der bei dem Angriff des Auerochsen in den Wald geflohen war und dessen Augen immer noch panisch flackerten, wurde am Zügel herbeigeführt. Während zwei kräftige Männer Karl halfen, in den Sattel eines anderen Pferdes zu steigen, töteten seine Jäger den Ur und schnitten sein Herz heraus. Dabei wurde sein kreuzförmiger Herzknochen freigelegt, dem neben der Stirnlocke ebenfalls magische Kräfte zugeschrieben wurden. Karl war gläubiger Christ, aber ganz konnte er sich den Mythen und Legenden der alten Lehren nicht entziehen. Die Hörner des Auerochsen wurden herausgebrochen. Sie würde Karl in Gold einfassen und verzieren lassen und als Trinkhorn nutzen, auch sie zum Gedenken an den treuen Oldun.

Nach dem beschwerlichen Heimweg, der Karl das Äußerste an Kraft und Selbstbeherrschung abverlangt hatte, versorgten in der Pfalz Ärzte seine Wunden. Drei Rippen waren gebrochen, aber zum Glück war es kein offener Bruch. Wenig Bewegung und ein enger Stützverband sollten die Knochen wieder zusammenwachsen lassen. Ein Zwang zur Unbeweglichkeit, der Karl alles andere als zusagte, den er aber wohl oder übel über sich ergehen lassen musste.

Oft dachte er in diesen Wochen der Untätigkeit an den treuen Oldun. Seine Gelehrten hatten hinter seinem Rücken den Kopf geschüttelt, als er den Welpen mit der Flasche aufgezogen hatte, dem sie keine Überlebenschance eingeräumt hatten. Der Welpe hatte überlebt, hatte ihm treu als Freund zur Seite gestanden und letztendlich sein Leben für ihn hingegeben. War es Schicksal, göttliche Fügung oder einfach Glück, dass er damals nicht den Stimmen seiner Berater gefolgt war? Er beschloss, ein Denkmal für Oldun zu errichten, ein Symbol unbedingter Treue.

Als Karls Kräfte allmählich zurückkehrten, füllte er Pergament um Pergament mit Skizzen, dann rief er seine Baumeister und seine Eisengießer zu sich und erläuterte ihnen sein Vorhaben. Ein halbes Jahr später wurde das Denkmal gleich neben dem Reiterstandbild Theoderichs feierlich enthüllt.

Bei seiner Kaiserkrönung in Rom im Jahre des Herrn 800 hatte er auf dem Kapitol das Reiterstandbild Marc Aurels gesehen, das ihn tief beeindruckt hatte. Solch ein Standbild hätte er auch gern in Aachen, seinem zweiten Rom, gehabt, und als er auf seinem Heimweg durch Ravenna gekommen war und dort das vergoldete Reiterstandbild aus Bronze des

Ostgotenkönigs Theoderichs erblickt hatte, hatte er dieses gewaltige, überlebensgroße Werk kurzerhand abbauen, es auf Ochsenkarren über die Alpen transportieren und auf dem großen Freiplatz zwischen Königshalle und Marienkirche aufrichten lassen.

Seither erfreute sich Karl jeden Morgen an diesem Reiterbild, das erhöht auf einem Podest stand und dessen Vergoldung in den ersten Sonnenstrahlen weithin glänzte.

Nun sollte sich ein zweites Standbild zu dem ersten gesellen. Um dem Spektakel beizuwohnen, waren nahezu alle Bewohner der Stadt anwesend und viele Besucher und Gäste waren von weither angereist. Sie hatten die Mär des treuen Oldun vernommen und waren neugierig, ob die Künstler und Handwerker an Karls Hof es mit den alten Meistern aufnehmen konnten.

Sie reckten die Hälse und erblickten ein gewaltiges, steinernes Podest. Als das schwarze Tuch herabgezogen wurde, lief erstauntes Raunen durch die Menge. Nicht nur, dass auf diesem Podest ein riesenhafter Molosserhund hockte, der der Größe des Reiterstandbildes in nichts nachstand, er glänzte und glitzerte wie jenes in der Sonne. Karl hatte die Figur aus Eisen fertigen und mit silbernen Platten beschlagen lassen, damit sie ebenso prachtvoll wie Theoderich in der Sonne erstrahlte.

In den folgenden Jahren bewunderten Besucher aus allen Teilen der Welt neben dem goldenen auch das silberne Meisterwerk und berichteten darüber in ihrer fernen Heimat, ebenso wie sie die Geschichte des tapferen Oldun tradierten.

So verging die Zeit. Karl starb und sein Sohn Ludwig übernahm die Herrschaft. Die Menschen in Aachen erlebten die Teilung des Karolingischen Reiches, mussten die Plünderungen der Nordmänner über sich ergehen lassen, freuten sich über den Aufstieg der ruhmreichen Stadt als Krönungsort, feierten die Heiligsprechung Karls und erlebten den Niedergang der Stadt im 16. und 17. Jahrhundert, der mit dem großen Brand vom 2. Mai 1656 einen traurigen Höhepunkt erreichte. Nahezu 95 Prozent der Häuser waren der wütenden Feuersbrunst zum Opfer gefallen, aber auf dem großen Platz zwischen Dom und Rathaus thronte immer noch Oldun. Er hatte Schrammen und Macken davongetragen, das Silber war angelaufen und es fehlte manches Stück.

Zunächst überlegte man, die niedergebrannte Stadt aufzugeben und irgendwo anders neu zu beginnen, aber dann beschlossen die Aachener Bürger, die Stadt als mondänen Badeort aus den Trümmern wiederauferstehen zu lassen. Und so wurde auch das Denkmal Olduns wiederhergerichtet und bald erglänzte es von Neuem in strahlend silberner Pracht. Das vergoldete Reiterstandbild Theoderichshingegen war bereits seit langem verschollen. Keiner wusste zu sagen, was mit diesem geschehen war. Wahrscheinlich hatte man es der wertvollen Bronze wegen eingeschmolzen.

Abermals verstrichen einige Jahre, als ein erschöpfter Storch auf seiner Reise nach Afrika ausgerechnet den Rücken Olduns für eine Rast erwählte.

»Hallo, lieber Storch!«, sagte Oldun. »Ich heiße Oldun, und du?«

»Ach«, klagte der Storch. »Störche haben keine Namen. Aber du kannst mich Adebar nennen.« Neugierig fügte er hinzu: »Wie kommt es, dass ein Hund einen Namen besitzt?«

»Der große Karl nannte mich Oldun!«, sagte der Hund würdevoll und der Storch nickte beeindruckt, auch wenn er noch nie von dem großen Karl gehört hatte.

Oldun erzählte seine Geschichte. »Hast du schon einmal solch einen riesigen Auerochsen gesehen?«, endete er nicht ohne Stolz, sich mutig einem dieser wilden Tiere in den Weg gestellt zu haben.

»Nein«, antwortete Adebar. »Es gibt keine Auerochsen mehr. Sie sind, wie ich gehört habe, ausgestorben.«

»Ausgestorben?« Oldun staunte. »Siehst du, ich stehe seit Jahrhunderten auf diesem Podest und weiß nicht, was auf dieser Welt vorfällt. Früher erhob sich neben mir noch ein prächtiges Reiterstandbild und mit dem Pferd verstand ich mich prima. Wir waren Freunde und wir unterhielten uns stundenlang. Ich kann dir alles über das römische und über das gotische Reich erzählen, und über Theoderich, den man in der Dichtung Dietrich von Bern nennt, aber über die heutige Zeit weiß ich so gut wie nichts. Ach, es ist eine Schande!«

»Aha!«, machte der Storch und klapperte.

»Nur ab und zu ...«, fuhr Oldun fort, »... schnappe ich ein paar Brocken auf von den Menschen, die an mir vorübergehen. Deshalb bin ich sehr froh, mich mit dir unterhalten zu können. Sonst sitzen nur Tauben auf meinem Rücken und Tauben sind ziemlich dumm. Sie beklagen sich ständig über das Wetter und über die Menschen, die ihnen zu wenig Körner auf die Wege streuen. Außerdem plagen mich ihre Hinterlassenschaften.«

»Ups!«, machte der Storch verlegen. Auch er hatte einen weißen Fleck auf dem Podest hinterlassen. »Wird nicht wieder vorkommen!«

»Schon okay«, murmelte Oldun. »Das konntest du ja nicht wissen. Aber erzähl doch mal von dir! Ich stelle mir herrlich vor, als Vogel hoch in den Wolken zu fliegen und alles zu überblicken. Sicher hast du die halbe Welt gesehen.«

Nun war es an dem Storch, sich stolz in die Brust zu werfen. »Ja«, nickte er und klapperte erneut mit seinem Schnabel. »Aber das ist auch ganz schön anstrengend. Heute zum Beispiel habe ich höllischen Muskelkater in meinen Flügeln. Und ich muss jede Menge Frösche jagen.«

»Frösche?« Oldun hätte sein Gesicht verzogen, wäre es ihm möglich gewesen.

»Frösche schmecken super«, verteidigte sich Adebar.

»Wohin fliegst du?« Oldun wollte das Thema wechseln.

»Ich bin auf dem Weg nach Afrika«, verkündete der Storch.

Nun war Oldun beeindruckt. »Nach Afrika? Donnerwetter! Und warum?«

»Hier ist es im Winter zu kalt.« Adebar schüttelte sich. »Ich fliege über Frankreich und Spanien, überquere die Meerenge und gelange nach Nordafrika. Da ist es warm. Ich raste und erhole mich. Dann muss ich noch weiter nach Süden durch die Wüste fliegen. Wenn ich diese durchquert habe, erwartet mich ein Paradies. Endlose Seen mit fetten Fröschen.« Bei diesem Gedanken verzog er genüsslich sein Gesicht.

»Und warum bleibst du nicht dort, wenn es in Afrika so schön ist?«, erkundigte sich Oldun interessiert.

»Wenn hier Winter ist und ich nichts mehr zu Essen finde, herrscht in Afrika Überfluss. Wenn dort aber der Sommer kommt, trocknet alles aus und ich finde nichts mehr zu beißen. Deshalb muss ich wieder in den Norden fliegen.«

»Aha! Und das machst du jedes Jahr?«

Der Storch nickte. »Jetzt raste ich ein paar Tage und schöpfe Kraft, ehe ich weiterfliege.«

»Ach, du fliegst in ein paar Tagen schon wieder fort?« Olduns Stimme klang traurig.

»Ja«, erwiderte Adebar. »Das muss ich, will ich nicht verhungern. Aber auch ich unterhalte mich gern mit dir und lausche deinen spannenden Geschichten. Oldun, du bist ein netter Kerl.«

»Danke«, sagte Oldun geschmeichelt. »Es wäre schön, wenn du mich morgen wieder besuchtest und mir mehr erzähltest.«

»Das mache ich!«, erwiderte der Storch, breitete seine Flügel aus und flog davon.

»Tschüss und Adieda!«, rief Oldun ihm hinterher. Wie gern wäre er dem Storch gefolgt.

Oldun konnte kaum den nächsten Tag erwarten und hoffte inständig, dass sein neuer Freund sein Versprechen halten und ihn besuchen würde. Und tatsächlich. Am frühen Abend landete Meister Adebar auf seinem Podest.

»Guten Abend, mein lieber Adebar«, grüßte er freundlich. »Wie geht es dir?«

»Guten Abend, mein lieber Oldun«, entgegnete der Storch.

Höflichkeit ist unter intelligenten Tieren eine Selbstverständlichkeit.

»Mir geht es ausgezeichnet. Der Muskelkater ist verschwunden!« Wie zum Beweis breitete er seine mächtigen Schwingen aus. »Und ich bin rundherum satt. Die Gegend ist wie für mich geschaffen. Überall Bäche und Tümpel und sumpfiges Gebiet, wo ich schmackhafte Frösche im Überfluss finde.«

Er präsentierte seinen Bauch und Oldun meinte, eine runde Wölbung zu erkennen, die dort gestern nicht gewesen war.

Jeden Tag besuchte Adebar den eisernen Jagdhund. Er blieb länger in Aachen, als er ursprünglich geplant hatte. Nicht nur, weil die Jagdgründe ergiebig waren, er konnte nicht genug von Olduns Erzählungen über die Geschehnisse der letzten tausend Jahre bekommen. Was war nicht alles in dieser langen Zeit geschehen, und obwohl Oldun glaubte, nichts zu wissen, hatte er von seinem hohen Podest doch einiges verfolgen können. Und Adebar versorgte ihn im Gegenzug mit den neuesten Nachrichten.

Der Storch und Oldun wurden Freunde, aber allmählich wurde Adebar ungeduldig. Gern wäre er länger geblieben, aber sein Instinkt drängte ihn zum Aufbruch. Mittlerweile war es Ende September, die Temperaturen waren merklich gesunken und kühle Regenschauer fielen aus den dichten Aachener Wolken.

»Morgen werde ich mich von dir verabschieden und meinen Weg nach Afrika antreten«, sagte er eines Abends. »Aber nächstes Jahr werde ich dich wieder besuchen«, fügte er schnell hinzu, als er Olduns traurigen Hundeblick auf sich spürte.

»Würdest du mir, bevor du nach Afrika fliegst, noch einen letzten Freundschaftsdienst erweisen?«

Adebar klapperte zustimmend mit seinem Schnabel. Er spürte, dass den Freund etwas bekümmerte. »Was kann ich tun?«

»Ach«, seufzte Oldun. »Ich habe in meinem Leben viel Unrecht begangen, ich habe Tiere gejagt und getötet. Diese Sünden lasten seit Jahrhunderten schwer auf meiner Seele. Ich bereue sie aufrichtig und möchte Gutes tun, um die Waagschale der Gerechtigkeit ein wenig auszugleichen, aber ich kann nicht von meinem Sockel herab. Könntest du mir helfen?«

Adebar staunte: »Wie könnte ich dir helfen?«

»Über viele Jahre hindurch errichteten ein Bauer und seine Frau hier auf diesem Platz gleich neben meinem Podest ihren Stand mit Gemüse, welches sie an Markttagen verkauften. Sie waren immer freundlich und gut zu den Menschen und obgleich sie arm waren, verschenkten sie manchen Kohlkopf. Dann starb die Frau und seit Monaten bringt der Bauer kein Gemüse mehr. Ich glaube, er ist zu alt, um seinen Acker zu bestellen. Und sein Sohn zu jung. So sitzen die beiden an meinen Sockel gelehnt und betteln. Ich sehe, wie es dem armen, alten Bauern peinlich ist, wenn er den Vorübergehenden seine Hand hinhält.«

»Und was ...«, unterbrach ihn der Storch, » ... kann ich da machen?«

»Weißt du, warum ich in der Sonne glänze?«

Adebar schüttelte den Kopf.

»Eigentlich bin ich aus Eisen, aber Karl ließ mich mit silbernen Platten verzieren. Silber ist wertvoll. Du verfügst über einen kräftigen Schnabel. Bitte reiße ein Stück meines Silbers herunter und bringe es dem armen, alten Bauern und seinem Sohn! Er wohnt am Rande der Stadt in einer armseligen Hütte, du kannst ihn nicht verfehlen.«

Der Storch riss seine Augen weit auf. »Aber dann fehlt dir ein Stück!«

»Das macht nichts.«

»Wie du willst!«, entgegnete Adebar und zog und zerrte so lange an einer Silberplatte, bis sie sich löste. Er breitete seine Schwingen und flog mit der silbernen Platte im Schnabel davon. »Bis morgen!«, rief er noch, als er eine letzte Schleife um das Podest flog.

Seine Worte waren kaum zu verstehen. »Mit vollem Munde spricht man nicht!«, schmunzelte Oldun glücklich.

Als Adebar am nächsten Tag kam, fragte Oldun ihn begierig, ob er die Hütte des armen Bauern und seines Sohnes gefunden habe. Der Storch nickte: »Ja, an seiner Hütte fließt ein schmales Rinnsal vorüber, da konnte ich zwei fette Frösche fangen.«

»Du und deine Frösche«, lächelte Oldun. »Aber was ist mit dem Silber?«

»Ich habe die Silberplatte vor seine Tür gelegt und mit meinem Schnabel an das Holz gepocht. Dann flog ich in einen hohen Baum und beobachtete, wie der Bauer öffnete, sich verwundert, dass keiner vor der Tür stand, umschaute, das Silber erblickte und es freudig aufhob.«

»Das ist schön«, erwiderte Oldun zufrieden. »Jetzt kann er das Silber verkaufen und hat für den nahenden Winter ausreichend zu essen.«

Adebar nickte: »Ja, der Winter naht. Es ist kälter geworden. Ich muss mich von dir verabschieden! Wenn alles gut geht, sehen wir uns im nächsten Jahr wieder!«

Er wollte sich erheben, aber Oldun bat: »Bitte, bleib noch! Ich kenne eine arme, alte Frau, die kaum mehr laufen kann. Früher verkaufte sie ihre Handarbeiten hier auf dem Platz, aber sie leidet unter Rheuma. Ich weiß, wie schmerzhaft das sein muss. Mein lieber Karl konnte oft nächtelang vor Schmerzen nicht schlafen. Seit Jahren kann die arme, alte Frau ihre Stricknadeln nicht mehr halten und muss betteln, aber in den letzten Wochen sitzt sie zusammengesunken auf ihrem Platz und die Menschen geben ihr nichts. Bitte, nimm noch eine Platte und bringe sie ihr!«

»Na gut!«, sagte der Storch, dem Oldun leid tat. »Aber das ist das letzte Mal. Ich muss nach Afrika! Wenn es noch kälter wird, werde ich sterben.«

Am nächsten Tag schilderte Adebar die Freude der alten Frau, als sie das Silber gefunden hatte, und Oldun lächelte glücklich.

Über Nacht fand ein Wetterumschwung statt, es war bitter kalt, erste Schneeflocken wirbelten über den Platz und Oldun trug bereits ein weißes Käppchen.

»Nun muss ich aber wirklich los!«, meinte Adebar fröstelnd.

»Bleibe bitte noch einen Tag!«, flehte Oldun. »Einen letzten Tag. Da ist ein kleines Mädchen, das Streichhölzer verkauft. Ihre Eltern starben beide im Frühjahr, sie hat niemanden auf dieser Welt und wenn der Winter kommt, wird sie erfrieren. Bitte, lieber Adebar, bring auch ihr eine Platte meines Silbers!«

Wieder ließ sich Adebar erweichen. Was sollte er machen? Ihn dauerte Oldun, der nicht von seinem Podest konnte und unter seinen Sünden derart litt, dass er seine kostbaren Silberplatten für die Armen hergab.

»Was hat das Mädchen gesagt?«, fragte Oldun aufgeregt am nächsten Abend.

»Sie war überglücklich«, gab Adebar zurück und hüpfte von einem Bein auf das andere, weil der Schnee, der auf dem Podest lag, so kalt war.

»Bitte, bleib noch einen Tag!« Wieder flehte Oldun und wieder löste der Storch eine Silberplatte und brachte sie einem Armen, an diesem Tag, am nächsten Tag und an den darauffolgenden, und mit jedem Tag wurde es kälter. Die Temperaturen sanken, der Schnee wurde zu Eis, die kleine Kugel an Adebars Bauch schmolz dahin. Er fand keine Frösche mehr, aber er brachte es nicht über sein mitfühlendes Herz, Olduns Flehen zu überhören.

Schließlich war kein Silber mehr übrig, Oldun hatte alles weggegeben. Er glänzte nicht mehr, sah nackt und erbärmlich aus. Erster Rost begann an ihm zu nagen.

»Jetzt kannst du nach Afrika fliegen«, sagte er. »Ich habe kein Silber mehr. Ich danke dir für deine Hilfe. Ich glaube, nun ist die Waagschale der Gerechtigkeit im Gleichgewicht.«

Adebar lächelte traurig. »Das habe ich gern getan.« Aber er breitete nicht seine Schwingen aus und flog nicht über Frankreich und Spanien über die Meerenge hinüber nach Afrika. Es war zu kalt geworden und er zu schwach. »Ich bleibe noch eine Nacht bei dir. Vielleicht fliege ich morgen Früh.« Müde und erschöpft ließ er seine Flügel hängen und legte sich neben Oldun auf das Podest.

Am nächsten Morgen, wieder hatte es in der Nacht gefroren, lag ein toter Adebar neben Oldun. Als dieser ihn sah, wurde er sehr traurig und dachte bei sich: Adebar hat sein Leben gegeben, um meine Seele zu erleichtern.

Oldun war so voller Trauer, dass mit einem Krachen, das über den ganzen Platz erscholl und die Menschen erschrocken aufblicken ließ, sein eisernes Herz zerbarst.

»Was ist das für ein stinkender Kadaver?«, fragten die Bauern, die ihre Stände aufbauten, und warfen den toten Storch den Hunden vor. »Und was ist das überhaupt für ein scheußliches Ding auf dem Sockel?«

Der Silberplatten beraubt, begann das Eisen, aus dem Oldun gemacht war, zu rosten.

Die Geschichte des tapferen Oldun hatten die Menschen längst vergessen, sie wussten nicht einmal mehr, dass Karl der Große das Bildwerk hatte aufstellen lassen. Sie hatten sich an ihm erfreut, weil es so schön in der Sonne glänzte, und sie waren stolz gewesen, wenn Besucher aus aller Welt dessen Pracht bewunderten. Nun aber war Oldun unansehnlich, rotbraune Schlieren liefen wie Tränen an seinem Körper herunter und kurze Zeit später waren erste Rostlöcher zu erkennen. Jetzt gab es kein Halten mehr. In aller Eile wurde das Bildwerk vom Sockel gerissen und als Metallschrott landeten die Reste in einer Scheune.

Erneut gingen etliche Jahre ins Land und wie der Zufall oder das Schicksal es wollte, gerieten einige vergilbte Zeichnungen in die Hände eines jungen Historikers, auf denen Oldun auf seinem Sockel zu sehen war. Allerdings war er miserabel wiedergegeben und Wasserflecken überdeckten Teile der Zeichnung. Es war nicht zu erkennen, dass es sich um einen Hund handelte. Den jungen Mann interessierte die Geschichte, die dahinter verborgen sein mochte, und er begann zu forschen. Genaueres fand er nicht heraus. Aufzeichnungen gab es keine und die Leute, die er fragte, zuckten ratlos mit den Achseln. Immerhin konnte er einem Hinweis nachgehen, der ihn zu den nahezu vollständig verrotteten Eisenstücken führte, die achtlos in einer Scheune lagerten. Sie waren aber derart bruchstückhaft, dass unmöglich die Gestalt zu rekonstruieren war. Hier ein Stück Rumpf, dort ein Bein, dort ein Stück eines Gebisses. Er erkannte, dass es ein Tier gewesen sein musste und zwar ein riesiges.

Nur eine alte Frau glaubte sich an eine Geschichte erinnern zu können, die ihr jemand in ihrer Kindheit erzählt hatte. Allgemein bekannt sei, dass Karl der Große ein begeisterter Jäger gewesen war, der über eine Heerschar von Jagdhunden verfügt hatte. Er habe riesige Hunde gezüchtet, erinnerte sich die alte Frau, und einer dieser Hunde, hier senkte sie die Stimme zu einem geheimnisvollen Flüstern, soll ein Monster gewesen sein.

»Ein Monster?«, fragte der junge Mann enttäuscht. Die alte Frau würde seinen Wissensdurst nicht stillen können.

»Ja!«, erwiderte die alte Frau und sah sich verstohlen um. »Es hatte keine Ähnlichkeit mit einem Hund. Es war ein Monster. Ein riesiges Maul mit messerscharfen Zähnen, Krallen wie ein Löwe, ein breiter Stierrücken und einen langen, mit Stacheln bewehrten Schwanz. Höllischer Geruch nach Schwefel entstieg seinem Maul.«

»Aha!«, sagte der junge Mann. Doch plötzlich wurde er nachdenklich. Wenn er auch die wahre Geschichte nicht ans Licht bringen könnte, wäre dies doch eine schöne Idee für ein Monument.

Da in Aachen kein Fluss, kein See, kein Meer zu finden ist, gibt es eine Vielzahl herrlicher Brunnen und ständig war man auf der Suche nach Vorschlägen für weitere fesselnde Brunnen oder Denkmäler mit spannenden Geschichten. Und wirklich wurde einige Zeit später am Büchel das Bildwerk eines monströsen Wesens errichtet.

Da man aber die wahre Geschichte Olduns nicht kannte, glaubte man aus den vergilbten Zeichnungen, den verrosteten Eisenstücken und aus verschiedenen Erzählungen schließen zu können, dass dieses Wesen in unterirdischen Gängen gehaust und ahnungslose Gaststättenbesucher überfallen habe, um ihnen ihr Geld zu rauben. Sie nannten es Bahkauv, das Bachkalb. Aber dies ist nur eine Legende.

Sie, liebe Leser, kennen nun die wahre Geschichte und es ist an der Zeit, dem treuen Oldun Gerechtigkeit widerfahren zu lassen und die wahre Geschichte weiterzugeben.

Gutenberg hätte geweint

Wie allgemein bekannt ist, ließ Karl in Aachen, dort wo sich heute das gotische Rathaus erhebt, seine überaus prächtige Königshalle bauen. Eine gewaltige Halle, unermesslich in der Höhe, ein Wunderwerk der Architektur. Alle Besucher, ob einfache Bauern oder Gelehrte aus fernsten Ländern, rissen vor Staunen den Mund weit auf, legten den Kopf in den Nacken und starrten auf die immensen Balken, die hoch über ihnen von Mauer zu Mauer verliefen und die flache Decke ohne Pfeiler, ohne Säulen trugen. Manch einer vermutete, dass eine überirdische Kraft die hohe Decke trüge, wie einst Atlas das Himmelsgewölbe. Hier hielt Karl Gericht, hier empfing er Gesandte und Bittsteller, hier wurde gefeiert.

Warum Aachen? Der fränkische Gelehrte Einhard, Freund und Berater Karls, schreibt in seiner berühmten *Vita Karoli Magni*, der Biografie Karls, dass der Kaiser unter Rheuma litt. Und weil ihn seine geplagten Gelenke schmerzten und ihm das Baden in den heißen Quellen Linderung verschaffte, hatte er diese Pfalz zu seiner Lieblingspfalz erkoren. Keine andere Pfalz besuchte er derart häufig. Er baute Aachen zu seinem Regierungssitz aus und in der Tradition der römischen Kaiser sollte es ein zweites Rom werden. Aus seinem gewaltigen Reich und weit darüber hinaus lud er die fähigsten Köpfe an den Aachener Hof, um mit ihnen über Wissenschaft und Künste zu sprechen, denn vieles, was man im Römischen Reich gewusst hatte, war in den Wirren der Völkerwanderung verloren gegangen.

Karl wollte die Weichen für eine reiche, sichere und friedliche Zukunft stellen und so ließ er, wenn er in Aachen weilte, einmal im Monat Inventores zu sich kommen, Erfinder, die glaubten, etwas erfunden zu haben, was das neue Reich festigen könnte. Und konnte ein Inventor ihn von seiner Idee überzeugen, unterstützte er ihn. Das meiste jedoch, was ihm vorgetragen wurde, hatte weder Hand noch Fuß und wenn ihm eine besonders große Dummheit präsentiert wurde, überlegte er ein ums andere Mal, sich keinen weiteren Unfug anzuhören. Trieben seine Untertanen Schabernack mit ihm? Wollte man ihn narren? Hätte es die Schildbürger bereits gegeben, hätte er vermutet, dass seine Untertanen Bürger Schildas wären.

Zum Beispiel schlug jemand allen Ernstes vor, die Henkel großer Tongefäße an der Innenseite anzubringen, dann störten sie nicht beim Stapeln und brächen nicht ständig ab; ein anderer wollte Kopfbedeckungen aus Glas, dann bräuchte man sich nicht bücken, fielen sie hinunter; wieder ein anderer stellte ein Gerät vor – er nannte es Spülautomat - welches das schmutzige Geschirr säubern sollte. Alles lediglich unbrauchbares Zeugs.

Bei solchen Vorschlägen verschlug es Karl den Atem. Er hatte so viel zu tun, sein riesiges Reich zu regieren, er verbrachte gern Zeit mit Jagen und mit seinen vielen Kindern, die er über alles liebte, und da saß er hier und musste sich diesen Schwachsinn anhören.

»Man könnte ein Ding bauen …«, sagte eines Tages ein zotteliger alter Mann zu ihm. Er sagte »Ding«, denn das Wort Maschine gab es noch nicht. »Also man könnte ein Ding bauen, das Hafer anpflanzt.«

Karl wurde hellhörig. Eine gesicherte Versorgung der Bevölkerung lag ihm am Herzen.

»Ein Ding, das regelmäßig die jungen Pflänzchen wässert, sie hegt und pflegt.«

»Wie soll man dies dem Ding beibringen?«, unterbrach ihn Karl neugierig.

»Weiß ich nicht«, antwortete der Mann. »Aber man müsste es so bauen. Also das Ding hegt und pflegt die Saat, zupft das Unkraut, erntet schließlich, löst das Korn von der Schale, zerkleinert es zu einem Brei und isst sich anschließend selbst auf.«

Karl starrte den Mann wortlos an. Dieser missdeutete den Blick und warf sich stolz in die Brust.

»Und wozu soll dieses Ding gut sein?«, fasste sich Karl, der spürte, wie der Zorn in ihm aufstieg.

»Das weiß ich nicht, aber es wäre doch ein fantastisches Ding!«

Kaum war der Mann zur Tür hinaus, trat der nächste ein.

»Was hast du für einen Unsinn mitgebracht?«, donnerte er ihn an.

Dieser sackte ob der Begrüßung vor Angst in sich zusammen und hätte Einhard ihm nicht aufmunternd zugenickt, hätte er kein Wort mehr hervorgebracht.

»Lieber Karl …« Er zögerte, merkte, dass dies nicht die passende Anrede für seinen Kaiser war, wusste aber nicht, wie der Herrscher richtigerweise angeredet werden sollte und suchte aus seinem Gedächtnis alle möglichen Formen zusammen: »Großer Karl, mein Kaiser, Erleuchteter, mein König, Euer Gnaden …«

»Das genügt!«, fuhr Einhard dazwischen, der bemerkte, wie Karls Zornesader anschwoll. »Zeige, was du mitgebracht hast!«

»Es geht um Eure neu entwickelte Schrift, die karolingische Minuskel. Ich habe ein System entdeckt, mit dem man die einzelnen Buchstaben ...«, bei diesen Worten zog er kleine, aus Holz geschnitzte Würfelchen aus seiner Tasche, »... auf das Pergament drücken kann und dies beliebig oft. Das Schreiben würde ...«

»Hinaus!«, brüllte Karl zornig und der Mann floh. Wenn der schlaue Einhard ihn nicht zurückgehalten hätte ...

»Du musst Geduld haben, mein König«, sagte er. »Unter all diesem Blödsinn wird irgendwann einmal die eine, die große Idee sein!«

Karl schaute seinen Berater und Freund zweifelnd an, aber er beruhigte sich. Wäre er geduldiger gewesen, hätte Gutenberg sich fast siebenhundert Jahre später die Haare gerauft.

Karls Traum

In dieser Nacht schmerzten Karls Hände wieder sehr, kaum schloss er ein Auge. Die Fingergelenke waren rot und geschwollen, Entzündungen pochten in ihnen. Ruhelos wanderte er im Zimmer auf und ab, schaute aus dem schmalen Fenster, ob die Morgenröte nicht bald die Nacht vertriebe, aber sie schien noch fern. Er trat zu dem niedrigen Schrank und strich über das glatte Haifischleder seines Säbelgriffs. Er bewunderte die hohe Kunstfertigkeit der Waffenschmiede und der Handwerker am Hofe Harun ar-Raschids. Mit dem Zeigefinger berührte er die scharfe, stählerne Klinge. Dieser Säbel war ein Geschenk des Kalifen aus Bagdad, der zusammen mit Abul Abbas, dem weißen Elefanten, nach Aachen gelangt war. Er konnte sich genau an den Tag erinnern, es war der 20. Juli im Jahre des Herrn 802, als sein Gesandter Isaak mit dem Rüsseltier in Aachen eingetroffen war. Die ganze Stadt war außer Rand und Band gewesen. Nie hatte man Derartiges zu Gesicht bekommen. Auch er hatte gestaunt. Zwar wusste er, dass die Welt selbst hinter dem fernen Bagdad nicht zu Ende war, dass dahinter im Land der aufgehenden Sonne weitere gewaltige Reiche und blühende Kulturen existierten, wo monströse Tiere lebten, er hatte die kleinen, scharfen Pfefferkörner gekostet, die auf verschlungenen Wegen durch himmelhohe Gebirge, über weite Meere und trockene Wüsten zu ihm gelangt waren, und seine Gelehrten hatten ihm von Kriegszügen berichtet, die ein gewaltiger Herrscher, namens Alexander, vor über tausend Jahren in diesen fernen Reichen geführt hatte.

Er schmunzelte bei der Erinnerung an die erstaunten Gesichter seiner lieben Aachener, als Abul Abbas den Weg zum Markthügel hinaufstapfte. Ein letztes Mal strich er über die Scheide des Säbels, die aus Haifischhaut gefertigt, mit Gold beschlagen und mit Edelsteinen besetzt war.

Seine Augen schweiften durch den Dämmer des Raums und blieben an einer kleinen Tonfigur hängen. Sie war weder wertvoll noch künstlerisch bedeutend, aber er liebte diese zierliche Statue, die seine Tochter Ruodhaid vor vielen Jahren für ihn gefertigt hatte. Karl durchquerte humpelnd den Raum, heute Nacht plagten ihn nicht nur seine Hände, sondern auch seine Hüfte. Er ergriff die Figur und hielt sie zärtlich. Traurig betrachtete er sie. Seine kleine Ruodhaid, die im vergangenen Jahr gestorben war. Fast alle seine vielen Kinder hatte er schon beerdigt. War es nicht wider die Natur, so alt zu werden und die eigenen Kinder zu überleben?

Vorsichtig, damit die Figur nicht seinen ungelenken Fingern entglitt, stellte er sie zurück, schüttelte müde den grauen Kopf und setzte sich auf sein Bett. Was sollte er mit den langen Stunden bis zum Morgengrauen beginnen? Er zog das Schreibtäfelchen unter seinem Kopfkissen hervor, fasste mühsam den Griffel und versuchte Buchstaben in das Wachs zu ritzen. Aber er konnte die metallene Nadel nicht halten und ärgerlich warf er das Schreibgerät zu Boden. Das harte Wachs des Täfelchens zerbarst in tausend Teile, die über die Bodenfliesen schlitterten. Erneut fluchte Karl. Er kannte die Buchstaben, er konnte lesen und er konnte schreiben, nur war ihm nicht möglich, mit seinen schmerzenden Händen den Griffel zu führen. Zu gern hätte er die von seinen Gelehrten entwickelte neue Schrift – die man später nach ihm Karolingische Minuskel nennen sollte – versucht. Was nutzte ihm eine neue Schrift, wenn er sie nicht beherrschte. Er, der so viel Wert auf Bildung legte, der die fähigsten Köpfe aus seinem riesigen Reich und weit darüber hinaus an die Aachener Hofschule kommen ließ, um mit ihnen die Probleme der Zeit zu erörtern und wenn möglich zu lösen, der sich in die Tradition der römischen Kaiser stellte und seine Lieblingspfalz Aachen zu einem Zweiten Rom ausbaute, der Schulen einrichtete, der seine vielen Söhne und Töchter von den begabtesten Lehrern am Hofe hatte unterrichten lassen! Man würde hinter seinem Rücken über ihn spotten. Der Begründer der Karolingischen Renaissance, würde man sagen, könne selbst nicht schreiben!

Sein verflixtes Rheuma! Schmerzten seine Finger nicht derart, könnte er ohne Probleme das Alphabet üben. Seine Ärzte, diese Quacksalber, konnten seine Pein nicht lindern. Sie hatten keine Ahnung. Im Gegenteil wollten sie ihn auch noch einer seiner letzten Freuden berauben, indem sie ihm verboten, gegrilltes Fleisch zu essen. Dabei liebte er es, in den weiten Wäldern der Umgebung auf die Jagd zu gehen. Und was sollte ihm die Jagd, wenn er das erlegte Wild nicht verspeisen durfte! Was ging über eine saftige Rehkeule oder über einen gespickten Wildschweinrücken?

Dieser Gedanke ließ ihm das Wasser im Munde zusammenlaufen und er rief nach seinem Kammerdiener, der gähnend in den Raum stolperte und ihm schleunigst einen Teller mit kaltem Braten aus der Küche holte.

Als die Sonne aufging und ihre ersten wärmenden Strahlen durch das kleine Fenster sandte, ließen die Schmerzen in den Fingern ein wenig nach und Karl legte sich, ermattet von einer durchwachten Nacht, erneut zu Bett. Später würde er in den heißen Quellen baden, das versprach Labsal für seine gemarterten Hände. Aber das genossene, kräftig gewürzte Fleisch lag ihm schwer im Magen und er fiel in einen unruhigen Schlaf, begleitet von wirren Träumen.

Karl träumte, gestorben zu sein, und er fand sich auf einem steilen Weg, der in engen Serpentinen einen Berg hinanführte. Er schwitzte und keuchte. Hoch über sich in der Ferne sah er das golden leuchtende Himmelstor, aber wie häufig in Träumen, geht und rennt man, ohne sich seinem Ziel im Mindesten zu nähern. Seine Lungen stachen, sein Herz raste, das Blut pochte in seinen Ohren und das Atmen fiel ihm schwer. Muskelkrämpfe tobten in seinen Beinen und sein Magen revoltierte und stieß sauer auf.

Irgendwann, nach Ewigkeiten der Qual und der Pein, stand er auf dem Gipfel vor eben jenem Tor. Er beugte sich, stützte die Hände auf die Knie und japste nach Luft. Als sein Puls sich ein wenig beruhigt hatte und er den Blick neugierig hob, wunderte er sich, dass dieses Himmelstor den bronzenen Portalen seiner Marienkirche glich. Selbst die beiden Löwenköpfe fehlten nicht.

Er blickte umher. Mutterseelenallein stand er, kein Petrus war in Sicht, kein Diener öffnete ihm.

»Schlechte Organisation!«, schimpfte er leise vor sich hin. »Wenn an meinem Palasttor ein Wächter seinen Posten verließe und einen wichtigen Gast warten ließe, dieser würde vielleicht ...«

Erwartungsvoll klopfte er mit dem Fingerknöchel an das Tor und stechender Schmerz zuckte durch seine Gelenke. Auch dies wunderte ihn. In den letzten Jahren hatte der Gedanke an den Tod in der Hoffnung, seiner Schmerzen ledig zu werden, einen Großteil seines Schreckens verloren.

Sein Tod? Sein Tod! Mit einem Mal wurde ihm bewusst, dass er gestorben sein musste, dass seine Existenz auf Erden ein Ende genommen haben musste, aber er empfand weder Trauer noch Glück. Gleichgültigkeit bemächtigte sich seiner. Er hatte zwar noch vieles vorgehabt, diese Aufgaben müssten nun andere erledigen. Jetzt war sein Sohn Ludwig Nachfolger und Kaiser. Aber vielleicht begegnete er hier seinen vielen verstorbenen Kindern! Das würde ihn freuen, wenn ihm auch unbehaglich bei dem Gedanken zumute war, seinen mittlerweile ebenfalls verstorbenen Ehefrauen zu begegnen. Nicht, dass er sie nicht geliebt hatte, jede einzelne hatte er vergöttert – na ja, mehr oder weniger – jeder einzelnen würde er gern wieder begegnen, aber allen zusammen? Wie würde das nun im Himmel ablaufen?

Immer noch ließ sich weder Petrus noch ein anderer Torwärter sehen.

»Hallo!«, rief er laut, und geräuschlos öffnete sich das gewaltige Tor. Er trat ein und blickte sich wissbegierig um. Die bergigen Höhen des Aufstiegs waren weitem Grün gewichen, das sich nach allen Seiten unter strahlendem Blau erstreckte. Eine grüne und eine blaue Fläche. Den Himmel hatte er sich interessanter vorgestellt.

Plötzlich spürte er, dass jemand neben ihm stand. Er fuhr herum und sah sich einem älteren Mann gegenüber. Einen Kopf kleiner als Karl schaute dieser ihn aus ruhigen Augen an.

Gott, dachte Karl zufrieden. Gott persönlich empfängt mich am Himmelstor. Das ist nicht mehr als richtig, ich bin – ich war, verbesserte er sich in Gedanken, schließlich der Kaiser.

Gott lächelte freundlich: »Weißt du, warum ich dir deine Sünden verzeihe, und warum du hier bei mir im Himmel bist?«

Was war das denn für eine Begrüßung!

»Sollte ich vielleicht in der Hölle schmoren?«, blaffte Karl. Er hatte keine Lust auf Rätsel. Er war aus dem Gleichgewicht gebracht. Schließlich stirbt man nicht alle Tage.

Gott legte den Kopf zur Seite: »Denke an die vielen Menschen, die du tötetest!«

»Das war im Krieg!«

»Meinst du, das ist etwas anderes? Und was ist mit den vielen Menschen, die du erbarmungslos abschlachtetest? Stichwort Sachsen!«

Karl schüttelte verständnislos den Kopf: »Aber das waren Heiden! Ich führte Kriege um das Christenreich.«

»Du führtest Krieg für dein Reich! Für dein sogenanntes Karolingisches Reich!« Gott schmunzelte.

»Ich wollte die Heiden bekehren, dass sie deine Liebe erkennen, deine Lehre annehmen und auch ihnen dein Himmelreich zuteilwird.«

»Es gibt keine Heiden. Alle Menschen sind meine Kinder, auch wenn sie mir verschiedene Namen geben.«

Karl änderte seine Beweisführung. Offenbar mochte Gott nicht, wenn Menschen getötet wurden, selbst wenn diese Heiden waren. »Ich pilgerte nach Rom, fastete und betete über dem Grab Petri. Wo ist er überhaupt?«

Gott zuckte die Achseln: »Der Arme kann nicht ständig am Himmelstor stehen. Er ist auch nicht mehr der Jüngste.«

»Ich schützte den Kirchenstaat, ich schützte deinen Stellvertreter auf Erden!«

Gott schüttelte mitleidig das greise Haupt: »Ich brauche keinen Kirchenstaat und keinen Stellvertreter auf Erden. Ich bin, der ich bin! Auch dein Papst handelte nicht aus Uneigennützigkeit, sondern um sein Reich zu wahren und seinen Reichtum und seine Macht zu mehren. Das soll mir wohlgefällig sein?«

»Ich errichtete dir zu Ehren eine wundervolle Kirche, von der man im gesamten Abendland spricht und deren Ruhm bis ins ferne Bagdad drang.«

»Du errichtetest dir zu Ehren diese Kirche. Warum sonst überragt zum Beispiel deine Aula Regia, deine Königshalle, die Kirche?«

Karl schwieg. Darauf hatte er keine Antwort. Das hatte ihm schon der Papst vorgeworfen.

»Ich holte das Kleid Mariens, das Enthauptungstuch Johannes des Täufers und den Lendenschurz deines am Kreuze gestorbenen Sohnes nach Aachen, um sie den Menschen zu zeigen, damit sie daraus Kraft schöpfen.« Die Windel Jesu ließ er unerwähnt. Das klang selbst ihm zu seltsam.

»Ach, die alten Fetzen!«, winkte Gott ab.

»Ich ließ kostbare Schreine aus Gold erbauen und tausende Pilger strömen nach Aachen, um zu beten.«

»Und das Gold dazu stahlst du den Menschen bei deinen Kriegszügen.«

Das Argument überhörte Karl beflissentlich: »Aber die Pilger beten für ihr Seelenheil.«

»Tausende Pilger strömen nach Aachen, bringen Geld und füllen deine Truhen«, lächelte Gott.

»Ja, das auch«, gab Karl zu. Allmählich gingen ihm die Argumente aus.

Gott lächelte und wiederholte seine Eingangsfrage: »Weißt du jetzt, warum ich dir verzeihe?«

»Weil ich Schulen errichtete?«

Gott schüttelte den Kopf.

»Weil ich mit meinen Gelehrten die Landgüterverordnung hervorbrachte, die den Hunger und die Krankheiten im Lande mindert?«

Gott schüttelte den Kopf.

Karl war konsterniert: »Aber genau dies sind die Dinge, die ich tat, weil ich dachte, sie führten mich in dein Reich!«

Gott lächelte.

»Und weswegen vergibst du mir nun?«

»Wahrscheinlich wirst du dich nicht erinnern, es ist …«, Gott zögerte. »Ach, diese ewigen Zahlen! So viel geschieht! Wer soll dies alles behalten und dazu noch diese Zahlen! Es ist einige Jahre her. Als du nach deiner Krönung zum König der Langobarden zurück über die Alpen wandertest, kam deine Reisegruppe an einem kleinen Dorf vorüber.«

»Ach ja«, sagte Karl. »Ich entsinne mich. Damals war ich noch ein junger Mann. Das muss ...« Er hielt inne und rechnete. »Das muss im Jahre 774 des He … in deinem Jahr gewesen sein.«

Gott nickte: »Ja, schon möglich. Auf dem Umbrailpass gerietet ihr in einen Schneesturm. Es war kalt, eure Pferde starben, der Schnee lag hoch, ihr frort und littet Hunger.«

»Ja. Es war furchtbar! Das Wetter schlug unerwartet um und ich glaubte, niemals lebend diesen Pass zu passieren.« Karl überlief in der Erinnerung ein kalter Schauder und vermeinte, den scharfen Wind im Gesicht zu spüren. »Wir flehten und beteten zu dir. Und wir schafften es mit deiner Hilfe. Und als Dank für unsere Rettung gründete ich das Kloster Müstair. Und wegen dieser Klostergründung verzeihst du mir?« Karl lächelte, er glaubte, das Rätsel gelöst zu haben, aber Gott schüttelte erneut den Kopf.

»Nein, nein, nicht deshalb. All diese Taten sind Tand. Taten, von denen die Menschen glauben, sie seien mir gefällig, in Wahrheit dienen sie ihnen selbst. Mir sind andere Dinge wichtig.«

Karl schaute Gott fragend an.

»Ihr führtet die überlebenden Pferde am Zügel, Ochsenkarren hattet ihr zurückgelassen, ihr hattet Tücher und Kapuzen über eure Häupter gebunden, hieltet die Köpfe gesenkt, um eure Gesichter nicht dem eisigen Wind auszusetzen.«

Karl nickte.

»Kurz vor dem Pass ...«, fuhr Gott fort, »... stand ein junger Hund am Wegesrand. Deine Weggefährten gingen achtlos an ihm vorüber. Er war verwahrlost und voller Flöhe, vor Hunger traten seine Rippen hervor, er konnte sich kaum auf den Beinen halten, er war so schwach, dass er sich nicht einmal vor dem schneidenden Wind in eine schützende Ecke in Sicherheit bringen konnte. Du sahst ihn, tratst aus der Reihe, nahmst ihn auf den Arm, legtest ihn auf den Sattel deines Pferdes und hülltest ihn mit einer warmen Decke ein.«

»Ja«, erwiderte Karl mit wehmütigem Lächeln. »Ich erinnere mich. Ich nahm ihn mit und er war mir ein treuer Begleiter für viele Jahre. Und als er zu alt für die Jagd wurde, ließ ich ihn bei mir vor dem Ofen liegen. Ich liebte diesen Hund, aber ... aber es war trotz allem nur ein Hund!« Er konnte nicht begreifen, dass all seine Werke, die er unternommen hatte, um Gottes Ruhm zu mehren, diesem unwichtig schienen, und allein die Rettung des Hundes diesen gnädig stimmte.

Gott spürte seine Verwunderung und nickte: »Es war nicht nur ein Hund. Alle Geschöpfe auf Erden sind meine Geschöpfe und mir gleich viel wert. Dieser Hund gilt mir ebenso viel wie der mächtigste König oder der treueste Bischof. Die Fische in den Flüssen und Meeren, die Vögel in den Lüften und alles, was kreucht und fleucht, selbst die kleinen Mücken, die nicht nur euch piesacken ...«, bei den letzten Worten kratzte Gott sich am Unterarm, wo Karl eine rötliche Schwellung erkennen konnte, »... sind meine Kreaturen, sind mir lieb und teuer. Und weil dein Herz mit diesem armen Hund Mitleid hatte und du ihn rettetest, werde ich dir deine Sünden vergeben.«

Danksagung

An erster Stelle möchte ich meinen Leserinnen und Lesern Dank aussprechen, die nicht nur das Buch erworben, sondern mir ihre wertvolle Zeit geschenkt haben. Ich hoffe, dass Sie weder Ausgaben noch Aufwand bereuen …

Stellvertretend für die vielen Mitarbeiterinnen und Mitarbeiter des Eifeler Literaturverlages, der dafür gesorgt hat, dass Sie das fertige Buch in den Händen halten, bedanke ich mich bei Herrn Christoph Swiontek, dass er meinem Manuskript aus dem Wust von Zuschriften besondere Aufmerksamkeit hat angedeihen lassen und das Risiko eingegangen ist, einen unbekannten, deutschen Autoren zu veröffentlichen.

Ich danke Franz Josef Kochs für seine ausdrucksstarken und liebevollen Zeichnungen, die den neuen Sagen und Legenden um Kaiser Karl erst Leben eingehaucht haben. Du bist ein großartiger Künstler und auch ein lieber Freund. Danke dir.

Friedhelm Petrovitsch und Andreas Herrmann danke ich für ihr mühevolles Unterfangen, selbst mein Bildnis recht passabel aussehen zu lassen.

Meinen Eltern und meinen Lieben Natascha, Larissa, Claudia und vor allem meiner Carmen statte ich herzlichen Dank ab. Eure umfassende Geduld und euer großherziges Verständnis, wenn ich selbst an den Wochenenden und gar im Urlaub nicht aus der Geschichte zu holen war, machten mir das Schreiben erst möglich.

Aachen, im Frühjahr 2023
Josef Gülpers

Josef Gülpers wurde 1960 in Aachen geboren und studierte nach einer wechselhaften Berufslaufbahn in Bonn Geschichte und Deutsch. Im Anschluss daran widmete er sich dem Studium der Kunstgeschichte in Aachen. Während dieser Zeit verfasste er etliche wissenschaftliche Aufsätze.

Seine Liebe zum freien, kreativen Schreiben entdeckte er mit Anfang vierzig. Neben autobiographisch geprägten Gedichten und Kurzgeschichten und drei Jugendbüchern erschien 2011 sein erster Roman »Gefangen«.

Franz-Josef Kochs wurde 1951 geboren.

Ausbildung als Grundschullehrer und Grafik-Designer (Schwerpunkt Illustration)

Teilnahme an Ausstellungen seit 1983

2009 erhielt er den Kaiser-Lothar-Preis der Stadt Prüm.

Franz-Josef Kochs lebt und arbeitet in Alsdorf bei Aachen. Sein bevorzugtes Arbeitsmaterial ist Pappkarton (gerne gebrauchter aus dem Supermarkt). Seine Werkzeuge sind Blei-, Bunt- und Wachsstifte, Kamera … und Schere.

Er ist viel unterwegs, vornehmlich zwischen Maas, Rur, Rhein und Mosel, um Feste und Bräuche mit Kamera und Zeichenstift zu beobachten und zu begleiten.

»Mit der größten Selbstverständlichkeit … durchwandern Weihnachtsmänner, Nikoläuse und menschliche Könige seine Zeichnungen.« (Pierre Doome, 2009)

»Franz-Josef Kochs ist eigentlich ein malender Puppenspieler.« (Annekethe Barthel, 2000)

» … all meine Bilder erzählen Geschichten und bedürfen zumeist wohl keiner Erklärung. Und wenn der Betrachter an die Schiebetheater und Bilderbögen der Kindheit erinnert wird, so liegt er nicht falsch.«

BERND MÜLLENDER

Ach, Aachen!

Ansichten, Aussichten,
Ameröllche und Amerölle

388 Seiten, 15,00 EUR
ISBN: 978-3-96123-034-1

Aachen wähnt sich einmalig. Ist es auch, zumal natürlich jede Gemeinde einmalig ist. Aber: Keine Stadt wähnt sich so besonders einmalig wie Aachen. Aachen ist schön, zumindest an manchen Stellen. Aachen leidet bisweilen an Selbstüberschätzung, sieht sich gern als karlsmäßiger Mittelpunkt Europas und ist gleichzeitig eine randständige Provinzmetropole. Aachen ist ganz vorne im Alphabet (weshalb man offiziell auf den Titel »Bad« verzichtete), und in Aachen liebt man das Niedliche: Da geht man gerne für ein kleines Päuschen ins Städtchen, um im Sönnchen ein Bierchen zu genießen.

Ebenfalls im Eifeler Literaturverlag

Günter Krieger

Das Schloss im See

Sagenwelten zwischen Aachen, Köln und Trier

220 Seiten, 15,00 EUR
ISBN: 978-3-96123-066-2

Die Hobbits von J.R.R. Tolkien, Harry Potter und Hogwarts oder zuletzt die Starks, Lannisters und Targaryens aus der »Game of Thrones«-Welt sind Beweis genug: Auch in den heutzutage hochtechnisierten Zeiten interessieren sich die Menschen für fantastische Geschichten über Zauberer und Hexen, Zwerge und Gespenster, Ritter, Elfen und Drachen. Wer weiß: Vielleicht brauchen wir diese Art von Geschichten ja sogar …

Hogwarts, Mittelerde und Westeros jedenfalls scheinen gleich um die Ecke zu liegen, und dies gilt insbesondere für die Eifel, die Ardennen und das Rheinland! In den hier angesiedelten, uralten Sagen und Legenden wimmelt es geradezu von verwunschenen Burgmauern, Allianzen mit dem Teufel, wütenden Kobolden, durchtriebenen Hexen und allerlei anderen seltsamen Gestalten und Orten. Günter Krieger hat viele dieser Eifeler Heimatmythen gesammelt und erzählt sie hier neu, ohne jedoch ihren Kern zu verändern.

Ebenfalls im Eifeler Literaturverlag

Renata A. Thiele

Burtscheider Halbwahrheiten

Erforschte und erfundene Geschichten aus über eintausend Jahren

116 Seiten, 12,80 EUR
ISBN: 978-3-96123-004-4

Denn schau ich Burtscheid in seiner Pracht, ist das mir der Beweis: wir haben hier rund um Gillesbach ein Stückchen Paradies

In sechs spannenden Episoden zwischen damals und heute, zwischen Fiktion und historischer Wirklichkeit, erkundet die Stadtführerin und Autorin Renata A. Thiele die lange und bewegte Geschichte Burtscheids – oder »Botscheds« auf Öcher Platt.

Hier begegnen wir geheimnisvollen Wolkenschleiern, die nachts durch die Flure des Abteitors huschen und lüsterne Gedanken verursachen, entdecken das heute als Musikbunker genutzte Bauwerk als dunklen, zwielichtigen und mitunter lebensgefährlichen Ort, lehnen uns gemeinsam mit der Äbtissin der einst mächtigen Reichsabtei Burtscheid gegen den brutalen Grafen der Frankenburg auf und schauen den Erbauern des Viadukts zwischen Burtscheid und Frankenberger Viertel über die staubigen Schultern.